清滝仁志著

近代化と国民統合

―イギリス政治の伝統と改革―

木鐸社刊

目次

凡例と略記法

一　地名人名などの日本語表記はできる限り原音に近いものとしたが、慣用的な日本語表記が定着しているものについては、それに従った。
一　本書を通じて、Church of England はイギリス国教会と訳した。
一　引用文中の［　］は著者のものであり、傍点は原文イタリックの箇所である。本書で取り上げる著述家の主要著作からの引用は、それぞれ以下の略記法を用いて本文中に表記する。

【トマス・アーノルド】

LC…Arthur Stanley, *Life and Correspondence of Thomas Arnold*, 2vols, 12th ed, John Murray, London, 1881. 引用には、巻数と頁数を示す。

MW…Thomas Arnold, *Miscellaneous Works*, London, B. Fellwes, 1845. 引用には、頁数を示す。


【マシュー・アーノルド】

Super…*The Complete Prose Works of Matthew Arnold*, 11vols, by R. H. Super, The University of Michigan, 1960-1977. 引用には、巻数と頁数を示す。邦訳には、多田英次訳『教養と無秩序』（岩波文庫、一九四六年）がある。


【トマス・カーライル】

カーライルの文献について左記全集を用いた。

Thomas Carlyle's Works, 17vols, by The Ashburton, London, Chapman and Hall, 1885-1887. 邦訳には『カーライル選集』全六巻（日本教文社、一九六二年）がある。本書関係では『チャーティズム』、『過去と現在』、『衣装哲学』が所収されている。

FR…*French Revolution*, 2vols. 引用には、巻数と頁数を示す。邦訳には、柳田泉訳『仏蘭西革命史』（春秋社、一九二九〜一九三〇年）がある。

PP…*Past and Present.* 引用には、頁数を示す。

SR…*Sartor Resartus.* 引用には、頁数を示す。

ME…*Miscellaneous Essays*, 3vols. 引用には、巻数と頁数を示す。


【ウォルター・バジョット】

WB…*The Collected Works of Walter Bagehot*, 15vols, by Norman St. John-Stevas, London, Economist, 1965-1986. 引用には、巻数と頁数を示す。邦訳には、小松春雄訳「イギリス憲政論」、『世界の名著六〇』（中央公論社、一九七〇年）がある。


【ヒュー・セシル】

C…Lord Hugh Cecil, *Conservatism*, London, Home University Library,1912. 引用には、頁数を示す。邦訳には栄田卓弘訳『保守主義とは何か』（早稲田大学出版部、一九七九年）がある。


【ウィリアム・テンプル】

CSO…William Temple, *Christianity and Social Order*, London, Shepheard-Walwyn, 1976. 引用には、頁数を示す。

CS…William Temple, *Christianity and the State*, London, Macmillan, 1928. 引用には、頁数を示す。

近代化と国民統合

――イギリス政治の伝統と改革――

問題の所在

一九世紀後半から二〇世紀初頭を通じて、ヨーロッパ社会に飛躍的変化が起こっていた。当時、通信、運輸、貿易の世界的拡大現象が生じ、世界経済が急速に一体化していた。著述家マシュー・アーノルドが一八八三年にアメリカに講演旅行に出かけた際、リバプールからニューヨークまで蒸気船で一〇日あまりしかかかっていない。穀物市場は世界的に拡大し、安価な農産物がヨーロッパに流入する一方で、欧米各国の工業製品は市場を求めて激しい競争の只中にあった。世界経済の一体化という状況に対し、西欧の列強は全世界において激しい争覇戦を展開していた。

一九世紀後半の近代国家の形成は、このような世界の拡大と密接に結びついている。この場合の近代国家とは、中央集権が進展し、教育、鉄道、郵便、電信、公衆衛生、警察などの諸事業を政府がおこなう状況にある国家をいっている。この世紀は、その前半と後半において国家の姿を大きく変えている。国家の改変は、世界をめぐる列強の競争過程で、国民と資源を可能な限り動員するために推し進められていた。近代国家体制は、世界的展開とともに確立されていったといっても大げさではない。そしてアングロ・サクソン諸国は、近代国家の政治的原動力としてデモクラシーを確立したことで、争覇戦において優位に立った。

本書で注目するのは、イギリス社会において、近代国家形成とデモクラシー化を両立させた状況である。そのことを可能にした政治統合において、宗教の果たした役割は評価すべきであろう。宗教と政治の関係については、『アメリカのデモクラシー』で知られる政治思想家アレクシス・ド・トクヴィルが注目していた。彼は、宗教を政治制度として考察し「宗教はいかにしてアメリカにおいて民主的共和政の維持に強力に役立っているか」という問いを発している。彼は、アングロ・アメリカ文明の精神的起源をピューリタニズムに求め、その教義とデモクラシー的・共和主義的政治理論との一致を見出している。(1) 一九世紀、イギリスの近代国家形成において国民統合をデモクラシーという政治制度の枠内で実現することを可能にしたものとして、宗教――トクヴィルが指摘したように政治制度としての宗教――の役割を見逃すことはできない。

宗教と国家の問題は、一六世紀の宗教改革の時代から一九世紀を通して、長い間、イギリスの政治社会に繰り返し登場してきた。一六、一七世紀の宗教的熱狂の時代ならば、いざ知らず、近代国家体制を確立しようとしていた一九世紀イギリスにおいて、宗教が政治的論争の重要なテーマとなっていたことは特筆に価するであろう。それは、教権、教育制度、地方自治、市民的諸権利など、政治社会のあらゆる場面にまで影響を及ぼしていた。近代化の過程においてイギリスの宗教的要素は、大陸ヨーロッパのいかなる国家に比しても強いものがある。たとえば、初等教育をみると、フランス、ドイツは、いちはやく世俗的な国家教育が実現されたのに対し、イギリスにおいては、宗教組織の権限争いの結果、国家教育の本格的実施は大幅に遅れた。

近代まで宗教は、イギリス政治社会のあり方を基礎づける基本的要素であった。しばしば有機体にたとえられるイギリスの伝統的国家体制は、王室・貴族・議会・裁判所・軍隊・大学・国教会などの諸要素が相互に連関して形成されている。その各要素は、制度的合理性にもとづくというより、歴史的に形成されたデ・ファクトな存在である。イギリスの保守主義には、連綿と続いてきたこの制度の維持自体が政治的価値をもつという考えが貫かれている。議論は、抽象的な政治理論を適用することよりも、安定した社会秩序を維持する方法に重点がおかれる。宗教は、この制度の存在理由を普遍的に基礎づける基本原理である。ヒュー・セシルが『保守主義（*Conservatism*）』の中で、宗教こそ保守主義を階級的利害から超越させる基礎であると主張したように[2]、デ・ファクトな伝統的国家体制を維持する活動は、宗教によって普遍性を与えられ、聖化される。イギリスにおいて伝統的国家体制のあり方を問う議論は、宗教について言及する必要があった。

イギリス政治において宗教のもつ特別な地位は、世俗的国家の政治的権威と国教会体制の宗教的権威が密接に結びついているエラストゥス主義的国家体制によるところが大きい。プロテスタント宗教は、名誉革命に示されるようにある意味で王統よりも重視されていた。〈教会と国家〉の組み合わせは、長らく、伝統的国家体制を擁護する者の合言葉であった。聖俗の二つの権威は、密接に結びつくことで、イギリスの伝統的国家体制を支えてきた。

このような伝統的国家体制の性格について、ジョナサン・クラークは、一八三二年の選挙法改正までのイギリスの政治社会を〈旧体制〉として、君主、貴族ジェントリ、教会の密接な関係からなる「コンフェッショナル国家」と位置づける[3]。この国家の社会的・知的生活の中心に教権があった。国教会は〈旧体制〉の下で法的・政治的に特権的地位を与えられ、伝統的支配層のヘゲモニーにおいて、不可欠な場所を占めている。クラークは、宗教が単なる信仰の制度であるだけでなく、政治的・イデオロギー的結集をつくりだす手段でもあると考えている[4]。〈旧体制〉において、各人は独立した権利義務関係の主体というより、共有する価値体系の一部分であり、その体系下での位置によって政治・社会関係が規定されている。

この〈旧体制〉がフランスのアンシャン・レジームと異なっていたのは、その開放的性格である。フランスの貴族階級と聖職者階級は閉鎖的カーストを形成し、その「政教癒着」は共和主義的原理によって否定された。イギリスの場合、貴族は開放的なアリストクラシーであり、国教会は教義において厳密でなく、開放的であった。一九世紀半ば以降の「改革の時代」に〈旧体制〉が崩されていき、政治・行政・社会制度の近代化がおこなわれた。近代化実現の背後には、因循姑息な貴族ジェントリと古色蒼然たる国教会を批判する世論による推進力があった。この時期のイギリスは、民衆化・イデオロギー・世論・産業化の時代であり、自由主義は近代化を主導した有力な政治思想である。それは、〈旧体制〉で政治的・法的に疎外されたディセンターの知的世界と深い結びつきをもっていた。新しい政治原理によって主張される個人主義・経済的自由は、伝統とヒエラルヒーに挑戦するものであった。この自由主義は、普遍的・一般的性格をもち、イギリスの近代化における代表的政治思想として取り上げられる。

〈旧体制〉の特権的地位は、一八三〇年代の改革によって失われたものの、伝統的国家体制を支えてきた価値体系は、一掃されたわけではない。それは、新たな多元的社会——デモクラシー化によってその傾向は加速される——において、世俗的・近代的・理性的な自由主義原理と依然として競合する力をもっていた。両者は、エスタブリッシュメントの知的世界における優越的地位をめぐって争うことになる。

本書では、〈旧体制〉から近代的国家体制に移り変わるイギリス政治社会を、〈知の支配〉をめぐる闘争という観点から考察している。[5] イギリス政治をみると、相互的連関性をもつ諸制度全体を変革する前段階には、それまでの制度と一体となっていた人間観や社会・国家の役割の評価にまで広範な議論が展開されている。個々の政策論議は、この議論によって体系性と説得力を与えられる。プラグマティックに見えるイギリス政治は、同時にプリンシプルの主張を求めていることを忘れてはならないだろう。一九八〇年代、イギリスが自由競争原理の導入、規制緩和、小さな政府という市場化政策を推進する中で、産業精神の衰退、個人のモラルの回復、社会規範の再編をめぐる文化や倫理の論争が並行して展開された。(6) それはまさに、福祉国家を支えてきた「合意の政治」観に対し、市場経済主義が挑む知的闘争というべき状況であった。八〇年代の市場化のための改革は、知的転換という原動力なしでは語れないであろう。(7) イギリスの近代国家形成をめぐって、〈知の支配〉はその性格を見るうえで欠かせない重要な検討事項である。

一九世紀の〈知の支配〉を理解するには、イギリスの政治的権威における多層的展開を前提にする必要がある。政治社会における行動規範・生活様式の下で最も威信をもつものは、過去に有力だった支配階級とつながりをもつのが一般的である。イギリスの場合、エリート教育が国教会組織との結びつきを維持することで、その命脈が保たれたのである。伝統的支配階級の価値規範は一九世紀にパブリック・スクールと大学での教育において、近代国家における専門家の知的世界に伝達される中で再構築された。この教育は、デモクラシー社会における政治的リーダーシップを正統化する知的権威を付与する威信と役割をもっていた。多元的社会において、教育ヒエラルヒーが政治的リーダーを制度的に権威づけることになった。このヒエラルヒーは、伝統的価値体系との距離によって序列づけられていた。自由主義は世論において有力であったが、教育ヒエラルヒーにおいては、それにふさわしい地位には恵まれず、政治統合の支配原理とは結局ならなかった。

我々は、この教育による権威形成に、一九世紀の多元的社会における〈旧体制〉の知的権威の延長を見出すのである。国教会の特権的地位を法定化した価値体系は、近代的国家体制の下で教育を通じて存続していた。(8) そしてイギリスにおける統治エリートは、長らくこの体系を共有し、知的に親和力をもつ集団を形成していた。このことが統治エリート集団間の利害対立を深刻にせず、イギリスの近代国家への転換――とくに議会制デモクラシー、近代的行政の確立――を安定したものにした[9]。さらにいうならば、イギリス政治の特徴とされる政治的権威に対する国民の信従（deference）は、このエリート支配が国民的基盤をもっていることを示すものである。この精神的権威のあり方に注目することこそ、伝統的国家体制とデモクラシー、産業化、福祉国家が共存してきたイギリスの政治思想の奥義を理解することになると考えられる。

本研究では、とくに政治思想史的観点から、近代イギリスの知の状況を解明する手法をとる。それは、同時代の著述家における問題関心をたどることによって、統治にかかわる知的世界を総合的・連関的に明らかにする試みである。彼らは、同時代の市場化とデモクラシー化に直面し、伝統的国家体制の危機を感じながら著作活動を展開した。ここで強調しておきたいのは、この政治思想史的考察は、彼らの著作における抽象的な体系を解明するのでなく、その思考を制度・慣習・社会関係と連関させることである。「改革の時代」は政治家だけでなく、著述家においても、政策的思考を必要としていた。本研究では、同時代の危機に対して、彼らの判断とその解決手段として打ち出した政策を視野に入れる。

本書で取り上げる著述家は、論証によって知的体系を確立し、それを実践するという方法をとっていない。彼らの問題関心は、同時代人であるトクヴィルに共通するところがある。『アメリカのデモクラシー』で「まったく新しい世界に新しい政治学が必要である」と言ったトクヴィルは、その直前にデモクラシーと教育について次のように述べている。

「デモクラシーを教育し、できうればその信条を活気づけ、その運動を統御し、無経験なデモクラシーに少しずつ政治教育をおこない、その盲目的本能に換えるにその正しい利点とは何かを教える。デモクラシーの政治を時と処に適応させ、環境と人とに応じて修正する。これが今日、社会を指導する者に課せられた第一の義務である[10]」。

本書での著述家の問題関心は、多大な力を発揮する一方で御しがたいデモクラシーを彼らの考える理想状態に知的活動を通じて導くことに向けられていた。そのために彼らは、政治制度そのものよりも、国民の知性・慣習・思想の現状を重視したのである。

イギリスでは、オックスブリッジが長らく国教会聖職者の養成機関であったことに象徴されるように、統治エリートの知的世界は、大陸のそれに比べて、宗教的価値の影響を強く受けている。そこで国教会をめぐる論議とそれに関連する教育問題に焦点をあてることで、知の編成が転換しつつある同時代の状況を明らかにする。従来、政治と没交渉的に分析されてきたイギリスの知の状況は、政治的観点と関連させることで〈知の支配〉として、立体的にとらえられる。この作業をおこなうことで、個別の著述家が同時代の政治・社会状況における位置を明らかにできるであろう。

本研究でとりあげる著述家は、民衆化・イデオロギー・世論・産業化の時代にあって、伝統的国家体制のもつ価値体系を何らかの形で維持することが、社会の調和と安定化に向かうと考えていた。その意味で彼らは、イギリスの保守主義の系列に連なることができる人々であろう。

(1)　小山勉「解説」、トクヴィル『旧体制と大革命』(筑摩文庫、一九九八年)所収、五五五頁。

（2） Cecil(1912), Ch. 5 参照。

（3） Jonathan Clark, *English Society 1660-1832*, 2nd Ed. (Cambridge, 2000) 参照。

（4） J. Black, Confessional State or Elect nation?, Religion and Identity in Eighteenth-century England, in T. Claydon and I. McBride eds., *Protestantism and National Identity* (Cambridge, 1998), p. 54.

（5） このことについて、たとえばハロルド・パーキンは、一九世紀イギリスの知的状況に関して、諸階級の理念（idea）の争いという図式を描いていた。諸階級は、それぞれ自身の階級に特別の地位と役割を与える理想的社会の理念をもっていた。この諸理念の闘争について、彼は、次のように説明している。「この教育およびモラルの争いにおいて、メンバーを統合し、その理念を他の階級に認めさせることに最も成功した階級が同時代を支配し、現在の社会に最も大きな影響力をもち、多かれ少なかれ、彼らの理想にその社会を近づけていく。一九世紀初頭に新しく生まれた階級社会の争いは、人間の精神と感情をめぐるものである。それは理念と理念との争いであった」。パーキンは、この理念の論争を実際に担ったのが「忘れ去られた中産階級」であるプロフェッショナルであると指摘する。本書で取り上げる著述家もそれらに属している。Harold Perkin, *The Origin of Modern English Society 1780-1880* (London, 1969), p. 220. 参照。

（6） 一九八〇年代唱えられていたヴィクトリア朝の徳について歴史的正統化を試みた文献として、G. Himmelfarb, *The Moralization of Society: From Victorian Virtues to Modern Values* (New York, 1995) 参照。この研究の評価について、D. Canadaine, *History in Our Time* (Penguin Book, 1998), pp. 188-196 参照。

（7） 市場経済制度は、ボールディングのいうように、単独で社会統合システムを生み出すことができない。彼は、宗教、ナショナリズム、教育、家族などの他のものから生み出された統合システムによって、交換経済の制度が支持されるとする。ボールディング『経済学を超えて：社会システムの一般理論』公文俊平訳（竹内書店、一九七〇年）、五二頁。市場化をめざすにあたって国民統合とそれをめぐる議論は、基本的な前段階であるといえる。

（8） 統治エリートにおける貴族ジェントリ文化の優位を強調し、産業精神の衰退の原因としたのが、バーネットやウィーナーの分析である。彼らは、パブリック・スクール、大学におけるエリート教育の反産業的性格を指摘する。Correlli Barnett, *The Audit of War* (London, 1986); Martin Wiener, *English Culture and The Decline of The Industrial*

Spirit, 1850-1950 (Cambridge, 1981). 邦訳ウィーナ『英国産業精神の衰退』原剛訳（勁草書房、一九八四年）参照。この議論は、八〇年代イギリスにおける市場主義の台頭と軌を一にする政治イデオロギーという面をもっており、シンクタンク（The Institute of Economic Affairs）による実証分析 Arthur Pollard ed., *The Representation of Business in Literature* (London, 2000) も登場している。これに対し、ジェントルマン文化の産業化への貢献を指摘した文献として、F. M. L. Thompsom, *Gentrification and the Enterprise Culture: Britain 1780-1980* (Oxford, 1994); P・J・ケイン／A・G・ホプキンス『ジェントルマン資本主義の帝国Ⅰ』竹内幸雄・秋田茂訳、『ジェントルマン資本主義の帝国Ⅱ』木畑洋一・旦裕介訳（名古屋大学出版会、一九九七年）参照。

（9）　アーモンドとヴァーバは、イギリスにおける市民文化（Civic Culture）を近代化と伝統主義の出会いの産物とする。そこでは、伝統的エリートの政治文化が一九世紀の政治変動にもかかわらず、継続していたことを次のように描いている。「貴族主義ホイッグは、非国教徒の商業者や企業家との連合に加わることで議会での優位と代表の原理を安全確実にすることが可能と考えた。伝統的貴族や君主支持の勢力は、この市民文化に十分に同化し、世俗主義者が民衆の支持を求めようとする傾向に対抗し、その合理主義を緩和させ、彼らに神聖な国家と古来の制度に対して愛着と尊敬の念をもたせることができた」。これによって、イギリスに「多元主義文化」、「合意と多様性の文化」、「変化を受け入れ、穏和化する文化」である「市民文化」が生じたとされる。G. Almond and S. Verba, *The Civic Culture: Political Attitudes and Democracy in Five nations* (Princeton, 1963), pp. 7-8.

（10）　Alexis de Toqueville, *Oeuvres Completes* (Paris, 1958), Tome I. p. 5.

第一章　「旧体制」の危機
――トマス・アーノルドにおける教会と国民統合――

第一節　トマス・アーノルドと国民統合

イギリスでは、二〇世紀のデモクラシーの時代にあっても安定した政治エリートが存在し続けていた。イギリスの統治階級について、その統治に対する資質を高く評価する議論は、ヨーロッパにおいて根強く存在している。たとえば、J・シュンペーターは、デモクラシーにおける政治エリートの役割を論ずる中で、イギリスの政治エリートの統治能力が社会の安定と維持に果たしたことを強調している。

「イギリスの政治家のたぐいなき誠実性や比類なく有能で教養をもつ支配階級の存在が、他では不可能なことを容易にしている。とくに、この支配階級は、堅苦しい伝統への執着心と、新しい原理・状況・人物への極端な適応力を最も効果的な割合で結びつけている。彼らは支配することを望んでいるが、変化する利益を代表して支配する用意が十分できている。それは、農業国イギリスと同様、工業国イギリスを、自由貿易のイギリスのみならず保護主義のイギリスを統治する。そしてそれは敵対勢力の綱領ばかりでなく、頭脳までも自分のものにしてしまうまったく比類のない才能を有している[1]」。

そこでは、自分の天職として政治に従事する支配層が共通の政治的訓練を施されて登場する。他方、一般国民は、政治参加をおこないながらも、このような統治者の資質と政治的権威を認める傾向にある[2]。このイギリス支配階級における統治資質を語る上で〈ジェントルマン〉教育の存在を無視することはできない。インド植民地行政官としての経験をもつフィリップ・メイソンは、イギリスのインド統治が、植民地文官を行政官というより統治者としての彼らに多くの自由裁量を与えた制度であったとする。彼は、その文官をプラトンの『国家』における守護者（guardian）にたとえて、次のように描写する。

「プラトンがいうには、国家の守護者はその両親を知らないと。イギリス人はそこまでは至らないが、統治に預かる者として選ばれた子どもは、八歳になると一年の三分の二も親元から離され、母親や自分の名前も口にしないように教えられ、プラトンが賞賛したスパルタの伝統に沿って育てられる。そして子どもは、大きくなると真の守護者となる。歴史上、彼らのように無私に国家に奉仕する者はいない[3]」。

メイソンは、この支配階級を生み出す機関としてパブリック・スクールを強調する。彼は、パブリック・スクールが支配者にふさわしい資質——たくましさ、沈着、冷静、苦痛と危険を前にして自若を保つこと、自分の下した決定に自信をもつこと――を将来の統治者にもたらすと考える[4]。パブリック・スクールは、統治者の候補生をめぐまれた財産と家庭から引き離し、パブリック・サービスのための政治的訓練を施す場であった。

トマス・アーノルド（Thomas Arnold, 1795-1842）は、パブリック・スクールがこのような統治エリートを養成する機関として転換するのに、大きな役割を果たした偉大な教育者として評価されている。ブリッグスの『ヴィクトリア朝の人々（*Victorian People*）』における賞賛、ストレイチーの『すぐれたヴィクトリア人（*Eminent Victorians*）』における嘲笑のいずれでもアーノルドは、ラグビー校の校長として描かれている[5]。

しかし、ラグビー校の校長としてのアーノルドの実績をみると、画期的な改革といえるものは意外に少ない[6]。彼の評価は、校長としての実績よりも、支配者としてのジェントルマン精神を強調する彼の教育理念の影響力によってもたらされた。その影響は、彼の教え子たちやラグビー校卒業生の人的影響を通じて、オックスフォードを中心に広まった[7]。

政治的観点からみれば、アーノルドがラグビー校で実践した教育理念は、伝統的支配層にデモクラシー化という新たな状況に一つの自己適応方法を示したものといえる。彼がめざした理想的な〈クリスチャン・ジェントルマン〉の理念――それは宗教・道徳中心の教育によってもたらされる――は、名誉革命体制において、政治・社会的特権を享受していた貴族ジェントリ層に対し、デモクラシーの時代において特権を喪失しても、精神的指導力を維持し続けることが可能であることを示した。その精神は、エドマンド・バークが『フランス革命の省察』において、イギリスの伝統的国家体制の中心として強調した「紳士の精神と宗教の精神」に通じる[8]。アーノルドによって、それらはパブリック・スクールにおける教育として具体化され、中産階級を含めた新たな支配層に組織的に施されることになる。この教育過程が、開かれかつ安定した政治エリートをイギリス社会にもたらすことになった。彼は、デモクラシーの時代において、伝統的理念を再構築することの重要性を自覚しており、その精神を中核に新たな国民統合の必要性を認識していた。ラグビー校での教育は、彼の理想に向けた実践活動の一部であった。

アーノルドが生涯を通して自己に課した課題は、この世においてキリスト教社会を実現することであった。彼は、一八三五年一一月一八日付のJ・T・コールリッジ宛の書簡で、自分の人生の「理想」について次のように語る。[9]

「私の人生の〈理想〉は――いつも多少なりとも心の中で思索していることです――エドワード六世時代の宗教改革者の〈理想〉を実現することです。つまり、真の国民的・キリスト教的教会をつくり、真の国民的・キリスト教的教育制度をつくることとです」(LC, II, 12)。

このようなアーノルドのキリスト教への関心を論じる場合、これまでパブリック・スクール教育との関係に限定して理解されるのが一般的であった。彼において、キリスト教の問題が政治、なかんずく一九世紀におけるイギリス国家のあり方と不可分であったことは、従来必ずしも十分に理解されているとは言えなかった。[10]アーノルドの教え子で、その伝記を著したアーサー・スタンリーによれば、一八二七年ごろの早い時期にアーノルドは、キリスト教的政治、あるいは教会と国家に関する本格的な著作を執筆する計画を抱いていたという(LC, I, 193)。[11]しかし、それは彼の早世によって実現されなかった。断片的な諸著作において、彼は、当時の社会改革を教会の敵とみなした国教会聖職者、および教会を改革の敵とみなした社会改革者に対し、キリスト教こそ改革を嚮導する原理である、と説いている。改革の時代における政教関係の混乱の中で、彼は改革の精神とキリスト教原理との両立を国民的な教会とそれに基礎を置く教育制度に求め、これらをデモクラシー社会に確立することによって、新たな国民統合が実現できると考えた。彼の信念は、キリスト教の諸原理を社会や国民間の諸関係に導入することであった。キリスト教なき諸改革は、多くの国民を悲惨と貧困の中に投げこむ自由放任の原理から、彼らを救済することができない、というのが彼の生涯を通じた確信であった。

近代デモクラシー確立期において、国民統合は、政治思想史上見逃すことができない問題である。民衆の政治参加が増大するに従い、近代初期のホッブズのように国民統合を物理的な問題としてとらえることが困難となる。デモクラシーのもつ遠心力に対抗するには国家権力以上に、政治的権威が重要となってくる。近代化とともに安定した議会制デモクラシーを確立したイギリスの成功には、精神的な国民統合を見逃すことができない。

その精神的な国民統合をみていくうえで、宗教と教育は重要である。とくに一九世紀のヨーロッパ諸国において、両者は政治的論争の中心問題となった。伝統的国家体制による統治が近代化の中で、その正統性を喪失しつつある状況下、新たな精神的統合を確立するうえで、宗教と教育がどのようにあるべきかが議論にのぼるようになっていった。

イギリスをみていくと、バークの時代、名誉革命以来の伝統的国家体制は、国民の幸福と価値の源泉として正統化されることがまがりなりにも可能であった。バークによるとこの伝統的国家体制においてこそ、国民は精神的に最高の価値を実現できる。それを支えるのが国教会である。国教会は、政治的・社会的特権を与えられ、その地位は、排他的な法によって保障されていた。

しかし、アーノルドが主として著作活動をおこなった一八三〇年代には、伝統的国家体制はデモクラシーの要求に対し、正統性を失いつつあり、国民統合機能を喪失しつつあった。伝統的国家体制こそ、貴族ジェントリ寡頭政の装いに他ならないとの批判が当時の世論において高まり、体制そのものの正統性が問われるようになる。ベンサムなど功利主義者の議論にその批判は代表される。

伝統的国家体制の下で、とくにその攻撃対象となったのが、国教会制度である。国教会のもつ政治的・宗教的特権を問うことは、伝統的国家体制の本質的価値を問うことにかかわってくる。ディセンター[12]による国教会解体の主張が実現されるならば、伝統的国家体制は国教会という精神的支えを失い、バークのいうような倫理的価値の担い手であることが困難となる。さらにイギリスの場合、教会問題は教育と密接に関係する。とくに国教会聖職者養成機関としての使命を維持する大学（この場合、オックスフォードとケンブリッジ）は、統治エリートを輩出することで、国教会の精神的指導を世俗社会に及ぼす存在である。国教会の優越的地位の喪失は、大学における教育内容の変化をもたらした。この時代、国教会のあり方をめぐる論争が大学に波及したのは必然であった。事実、デモクラシー化の時代は、大学再編の時期であった。その状況は、政治エリートの価値観形成にも多大な影響をもたらしたのである。

アーノルドが政治問題を議論するうえで、国民的教会と国民的教育をその中心的課題としたのは、このような国家・宗教・教育をめぐる問題状況が背景にあったからである。彼にとって、この問題を考えることは、国民統合のあるべき姿を考察することでもあった。彼は没する二年前（一八四〇年）の「労働者階級の状態について（The State of the Working Class）」という小論で「国民の中の扱いにくい、全く未組織の集団を完全に組織する必要がある」ことを強調し、「身体の各部分を真に活発化するために、微細な血管と最も鋭い感受性をもつ神経が入り込まない身体の部分がどこにあるのだろうか」（MW, 500）という問いを発する。彼の取り組んだ対象である教会と教育は、その神経にあたるものであった。

ここでは、アーノルドの国家と宗教に対する問題関心を明らかにすることによって、彼の考えたデモクラシー確立期における国民統合のあり方を考察する。とくに本章では、国教会改革に焦点をおき、アーノルドが提唱した新しい国民教会についての議論を扱う。そこから明らかになるのは、彼が地域教会としての包括的な国教会を再構築することで、国民統合の精神的支柱を確立できると考えたことである。

第二節　アイルランド・カトリック問題とプロテスタント国教制

トマス・アーノルドは、一七九五年にイングランド南部にあるワイト島の税関吏の息子として生まれた。ウィンチェスター校、オックスフォードのコーパス・クリスティ・コレッジを卒業後、オリエル・コレッジのフェローに就任する。その後、個人教師を経て、一八二七年にラグビー校の校長となる。この時、オリエル・コレッジのエドワード・ホーキンズの出した推薦状――彼は、アーノルド就任後にはイギリスのパブリック・スクール教育が一変すると断言した――はよく知られている。ラグビー校の校長としての活動は、ヒューズの『トム・ブラウンの学校生活』で神格化されて、多くの者に伝えられている。アーノルドは教育者としてだけでなく、『古代ローマ史』をはじめとする古代史研究でも知られ、一八四一年にオックスフォードの欽定近代史講座の教授に任命されている。

アーノルドは、同時代の政治社会の状況に多大の関心を寄せていた。また、パブリック・スクールの校長の職務を超え、彼は、政治・社会評論を相次いで発表していた。彼が扱う問題の中心は、貴族ジェントリ寡頭政の改革と労働者の悲惨な状況の改善であった。とくに後者の視点は、彼の教え子に受け継がれ、キリスト教社会主義に走った者が少なくない。『トム・ブラウン』の著者ヒューズもその一人である。

アーノルドによる最初の政治論文は、ラグビー校着任後の一八二八年の「ローマ・カトリックの主張を認めるキリスト教徒の義務（The Christian Duty of Conceding the Roman Catholic Claims）」という大部（一二九頁）のパンフレットであった。スタンリーは、この論文を「宗教と政治を分離することに対する最初で最も強い抗議であり、政治の学問についての確たる考えを存分に述べた」（LC, I, 216）ものであると評価している。この著作は、アイルランドのカトリック解放を支持する評論であり、カトリックを政治体制に統合するための議論を展開している。本章では、まずこの著作をもとに、カトリック解放という国家体制上の問題を通じて、彼の政治統合に関する議論を考察する。

アイルランドのカトリック解放をめぐる問題は、イギリス国家体制にかかわる当時の重要な政治問題であった。名誉革命以来のイギリス国家体制は、貴族とジェントリによる寡頭政であり、それを内外に支えるものとして国教会制度があった。国教会は、イングランド国民の精神的統合という象徴的機能に加えて、教区牧師に貴族ジェントリの次・三男が就き、教区において出生・結婚・死亡の手続を独占的におこなうことで、寡頭支配を地域から実質的に支えた。名誉革命体制の確立以後、プロテスタント・ディセンターとカトリックは、この国教会中心の国家体制から除外された。とくにアイルランドでは、大多数の国民がカトリックの信仰ゆえに財産権などの権利を剥奪される一方、公職から排除され、二級市民の扱いを受けた。この状態に対し、アイルランドでは長らく不満が鬱積していた。アイルランド出身のエドマンド・バークは、一七六一年に『反カトリック法についての論考（*Tracts on the Popery laws*）』において、この制度を「共同体に強制された苦難の制度」とし、アイルランドの国民的繁栄と平和、安全に広範な悪影響をもたらすものとして激しく糾弾した。(13)

カトリック解放は、ナポレオン戦争中、アイルランド国民の支持を獲得するためにウィリアム・ピット（小ピット）が取り組みはじめた。しかし、ピットの改革も国王の強硬な反対で頓挫し、カトリック解放は、以後の歴代内閣が頭を痛める政治的難問であり続けた。アーノルドがこの評論を発表した当時、カトリック解放は大詰めにさしかかっていた。一八二八年、アイルランドの「カトリック教徒協会」のダニエル・オコンネルが、庶民院議員に当選しながらも公職制限によって排除されると、アイルランドで大規模な抗議運動が起こり、内乱も危惧される事態となった。この状況を重くみたウェリントン首相とピール内相は、一八二九年にカトリック解放法制定を決断する。

当時、この問題をめぐって、アーノルドが書簡で「カトリック問題についてのパンフレットや小冊子が次々出るのに飽きている」（LC, I, 221）と述べるように、多くの議論が登場していた。S・T・コールリッジ（Coleridge,1772-1834）の代表的な政治著作である『教会および国家の構成原理（*On the Constitution of the Church and State*）』（一八二九年）は、この問題をめぐって執筆されたものである。彼の著作は、政治論争に影響を及ぼすというより（出版されたのは議会で解放が決定した後のことである）、カトリック解放問題を通じて、国家と教会の基本的原理について明らかにするためであった[14]。彼は、カトリックのもつ超国家的性格を教会および国家の原理とあい容れないと考える。つまり、国家主権を超えて精神的権威をもつカトリックの教権制度の特徴が国家共同体の原理と両立しない、とコールリッジは考えたのである。カトリックの権利を制限することについて問題であると考えていたが、彼は、その状況を改めることによって、名誉革命体制の宗教上の前提を崩しかねないとの懸念をもっていたからである。

カトリック解放に反対する国教会聖職者は、ローマ・カトリックに対して政治的権利を与えることが伝統的国家体制に対して脅威を与えると考えた。[15] ピットによるカトリック解放の提案に対し、当時の国王が抵抗した根拠は、プロテスタント国教制を維持するとした国王即位の宣誓であった。名誉革命はプロテスタント国教制を維持するためにおこなわれ、国教会に政治的・社会的特権を与えることを法定化することで、体制を維持してきた。したがって、カトリック解放問題は、伝統的国家体制の存在理由にかかわる性格をもっていた。カトリック解放に反対する勢力の中心は、国教会聖職者であり、彼らはトーリー強硬派（とくにプロテスタント派）の支持を得て、法案成立に激しく抵抗する。彼らは、名誉革命以来のプロテスタント国教制国家としてのイギリスという国家イデオロギーに依拠しながら、カトリックを排除する。貴族院でカトリック解放法に執拗に抵抗したトーリーの長老政治家エルドン伯[16]は、一八二九年二月五日の議会において、次のような演説をおこなっている。

「国王至上の誓約によって、ローマ・カトリックは、庶民院から排除された。続いてその信条をもつ者は、貴族院からも議席を締め出された。これらの諸法によって、国家体制は不動のものとなった。教会と国家の統一はかようにして維持される。わが国の国家体制において、夫と妻のように統一は親密かつ緩むことのないものである。先に述べた時期に確立されたブリテンの国家体制によれば、国王、貴族院、庶民院は、プロテスタントでなければならない。この原理を廃止しようとなさるのか？　もしそうならば、国家体制そのものを廃止することである。……とにもかくにも連合王国のプロテスタントは、長らく邪魔されることなく享受してきた宗教的特権、政治的自由に危機を感じている[17]」。

エルドンの議論は、法律家らしく明確である。彼は、イギリスの伝統的国家体制がプロテスタント国教制の下にあるものであり、カトリックに政治的権利を認めることは、その重要な根幹を変更することにつながると考えた。この国家体制に対する危機は、カトリックのもつ超国家的性格と国家共同体に対する忠誠との関係と結びつけて考えられた。同日、貴族院でリーズデイル卿フリーマン・ミットフォード[18]が次のように語っている。

「国教会から離れたすべてのプロテスタントの教派は、自発的な集団であり、イギリス人が考え、賛同してつくったのである。それに対し、ローマ・カトリックは、すべてが外国の団体の一部である。彼らは、常に外国と連絡をとっている。カトリックは、イギリス・カトリックやアイルランド・カトリックという別個の団体をつくっているのではない。ローマ・カトリック教会という偉大な共同体の一部分を形成しているのである[19]」。

ミットフォードは、庶民院在籍以来、議会におけるカトリック解放反対の有力者であり、カトリック解放が議論の俎上に載るたびに、カトリックの教権とイギリス国家体制維持との両立不可能を訴え続けていた。彼は、同じノン・コンフォーミストでも、プロテスタント・ディセンターとカトリックを地域国家への忠誠という観点から峻別する[20]。彼の指摘のとおり、地域教会として国家秩序と結びついてきたイギリス国教会にとって、カトリックの超国家的性格は、そのエラストゥス主義的な存立基盤を脅かす危険を内包していた。国教会体制確立以来、国民を国家と宗教に対する忠誠に分裂させることのなかったイギリスにとって、カトリックの超国家的性格を認めることは国家と宗教の関係の根本的見直しにも通じる問題であった。コールリッジがその書で指摘したのもこの点である。当時、ヨーロッパ全体で教皇権至上主義が高まりつつあり（とくにフランスではウルトラモンタニズムが発展する）、一つの超国家的イデオロギーとなっていた。カトリックの超国家的性格がイギリスで真剣に議論されていたこともゆえなきことではなかった。

アーノルドは、国教会の排他的支配に立つプロテスタント国教制が現在の形のまま維持されることがもはやできないと考えた。彼は、現存するアイルランドの諸問題——偶像崇拝的なカトリックの維持、大陸と結びついた反英的行動など——が硬直化したプロテスタント国教制を原因としていることを主張する。スタンリーは、アーノルドがこの著作を執筆した動機を正義感以外にないと指摘する（LC, I, 215）ように、彼は、現体制に固執する人々に、道義的な怒りを表明し、それがイギリス人の罪であるとさえ言明する。

この著作におけるアーノルドの批判の矛先は、現在のプロテスタント国教制を絶対化する議論に向けられる。その議論は、名誉革命体制をイングランド国民の叡智の産物として永続すべきものとみて、とくに国教会の変革をかたくなに拒否するものであった[21]。そして現在における国教会の動揺は、法的規制を堅持することで切りぬけられると考える。バークがかつて擁護したイギリスの国家体制を理想化し、ただひたすらそれを護持することに意義を見出す政治勢力は無視できなかった。アーノルドは、こうした議論を批判するのに、その前提となる知的態度そのものを攻撃する。

「人間の徳と幸福の発展にとって有害なのは、優れた模範をめざすため前進することよりも過去を振りかえろうとする習慣である。自分の人生を以前の時期と比較することはあっても、いまだに到達していない高きキリスト教的水準——毎日の祈りと勤労によって将来たどりつく——と比較しない者は、善や叡智の中で前進するよりも、過去を振りかえる者である。もっと大きな規模でいうならば、政治社会の進歩がいまだに到達していない優れた状況——もし増えていく経験を正しく用いれば、世代を経ることで次第にそれに近づくことができる――を構想することなく、現実的起源と過去の紆余曲折をもち出すことで妨げられるのである」(MW, 7)。

アーノルドにとって、「保守主義（conservatism）」とは、反対党派の名称を越えて、人間の知的態度としての邪悪である。保守主義はすべての進歩に抵抗し、人間の本性に反するものである。[22] アーノルドにとって、よき人間はたえず進歩を求めるものであり、そのことは人間の生き方の根本的信条に近いものであった。彼にとって、将来に対して希望をもたず、後悔して過去を振りかえることは、人間にとって最も愚かしい行為であった。彼は、自身の生きている時代を父祖の時代よりも進歩しているものととらえ、完全かつ偉大なキリストの状態に至るまで、背後を振りかえらずに前進する態度を称揚する（MW, 16)。

現在の国家体制を絶対化し、変化を拒む主張は、彼にとって保守主義的な知的傾向の表れとして批判の対象となる。このような態度を「進歩の敵」とまで言っている。そして彼は次のように語る。

「[全体に配慮した計画の結果どころか]既存の国家体制は単にさまざまの部分的かつ別個の改革の結果にすぎず、それらが個別の不満を鎮めはしても、他の部分における不調和に注意が払われない。こうした体制を一つの統一された制度として、すべてのものに配慮する叡智が含まれていると考え、根本的な革命を必要とせず、最終的には現実的な完成を徐々にもたらす個々の改革の繰り返しの要求――それこそ、その国家体制をすばらしいものにする――さえ批判するのは、怠惰以下のものである」（MW, 10)。

歴史家であるアーノルドは、諸国民の歴史の中に、人間行動に関する真理が反映していると考える。彼は、歴史に表れる人間と国民の本質を考察することを通じて、現在に生きる者の政治的行動の指針を探っている。そして諸国民の歴史的発展の中に人間の進歩的な本質をみている。彼にとって、ある特定の時期に成立した国家体制が完全であり、不変であるという見解は歴史の歪曲であり、現在の政治活動を誤謬に導くものであった。卓越した立法者によって制定される古典古代の国家体制も最近のアメリカの国家体制も彼によれば、たえざる修正を受けるべき対象である。

「古代の立法者によって与えられた国家体制やアメリカ合衆国で実際に運用されている国家体制は、現在のヨーロッパのそれよりも確かな一般原理にもとづいて設立されている。しかし、そのような国家体制の中にも、包含されない一団の者が存在し、彼らは政治組織の中に居場所をもたない［アーノルドは奴隷制度のことを言っている］。これをみても立法者が確立した制度は不完全であり、時間がたてば修正される必要がある。……政治社会の起源とその後の歴史を考察するならば、元来、それは変化を支持しており、こうした傾向によって政治的権利の拡大がもたらされるのである」（MW, 10-11）。

彼は、一八二九年のヘア（Hare）[23]宛書簡の中で、前世紀の著述家は先人を過小評価して古典古代に関する歴史的知識が乏しいことを指摘し、その政治制度を模範とすることが進歩を妨げると論じている（LC, I, 222-223）。アーノルドが批判するのは、制度を抽象化し、それを完全なものとして評価することによる思考停止である。彼が政治的思考の基礎として歴史を重視するのは、歴史的事実がこうした思考停止を許さないからである。

アーノルドは、カトリックを排除した名誉革命体制を歴史上の偶然の政治的産物とみる。それは、一時的な政治状況の産物として生まれ、カトリック排除は国家体制にとって本質的なものでないと考える。彼によれば、一六八八年の名誉革命で政治的権力を握ったトーリーとホイッグが唯一合意できる点は、カトリックの排除であった。それは教権によって長期にわたり抑圧されてきたピューリタンの復讐感情を反映した一時的な性格に過ぎない。彼は、カトリック排除が名誉革命体制において本質的なものでなかったとする。ローマ・カトリックの原理が必然的にイギリス国民の政治的自由に反するということはないと結論づける（MW, 63-64）。伝統的国家体制がプロテスタント国教制を厳格に適用することで維持されると考えなかった。

さらにアーノルドは、カトリック抑圧がもたらす政治的難問について説明する。カトリック解放反対論者が掲げる政治的理由――アイルランドにおいてローマ・カトリックが優勢であり、かつイギリスに対して敵対的な態度をとる――に対し、彼はその原因がアイルランド征服という過去の歴史にあると考えた。イギリスのプロテスタント国教制は、アイルランドにおいて征服者に有利な制度を構築し、多数のカトリックを被征服者の状態においてきたことがさまざまな政治問題を引き起こした。アーノルドによれば、アイルランド人の多数がカトリックであるという現状自体、過去の政策の結果である。つまり、本来ならば宗教改革を受け入れる可能性をもつアイルランド人が、イギリスの抑圧政策によって、プロテスタントを征服者の宗教として嫌悪し、カトリックに固執する態度につながったのである。このことを彼は、次のように説明する。

「現在まで、アイルランドの人々の多数がカトリックなのは、明らかにイギリスの侵略が原因であり、征服による害悪を修正することを無視していたためである。アイルランドがそのままの状態であったならば、北方ヨーロッパ諸国がたどったと同じ歴史を経験していたであろう。つまり、国王は、教会の要求に耐えられず、貴族は、教皇の富と社会的地位に妬みを抱くようになり、平民は、聖職者の尊敬に値しない生活に対し冷淡になったであろう。そうした状況によって、改革者の教義はスコットランドやイングランドと同様にしっかりと根付いたであろう。……しかし、現在アイルランドはカトリックである。それは、プロテスタンティズムがアイルランド国民の眼に束縛と抑圧に結びついているからである。彼らに迷信が根強いのは、彼らの敵から認められず、迫害されたからである」(MW, 20-21)。

アーノルドは、歴史の進歩に段階があるとみて各国の状況を比較している。彼は、イギリスのアイルランド征服とその後の政策がアイルランド社会の進歩を阻害したことを批判する。本来ならば、イギリスを含め他国がたどったように、アイルランドにも宗教改革が起こり、プロテスタント国家になったはずである。だがイギリスの征服によって、その発展が不可能となった。プロテスタント国教制の原理を硬直的にアイルランドに適用するイギリスの態度は、被征服状態とそれにともなうカトリック信仰を固定化するものであった。この体制の下で、アイルランドは被征服地のままであり、プロテスタントの居住者のみが市民としての権利を享受する状況にある。

こうした社会状況は、安全保障の面からの危険をイギリスにもたらす、とアーノルドは考える。歴史的にみて、大陸諸国とイギリスが対立した時、何度もカトリックのアイルランドは大陸側の前哨基地となった。この危険が、カトリック解放法に反対する有力な根拠の一つであった。それは、多くの論者にとって、カトリックのもつ超国家的性格の表れとしてとらえられた。だが、アーノルドはアイルランドの反英的態度がカトリック信仰に由来するものでなく、被征服者としての政治的立場が大きいと次のように語る。

「これらの暴力［一六四一年のアイルランド大叛乱と虐殺、一六八九年のジェイムズ二世の支援］において、宗教的憎悪がかなりの割合を占めるが、これには、国民的・政治的な嫌悪感が混じっている。この感情は、単にカトリックの傲慢とみなされるべきでない。征服され、隷属状態に陥れた者に対する未開な国民の極端な復讐心によるものである。これらの問題すべてにおいて、彼らの報復したいとの悪い点ばかりを根拠に、それを引き起こした不正を見逃すことは道徳的にも政治的にも批判されるべきである」（MW, 21-22）。

アーノルドは、アイルランド国民の抑圧に対する不満が宗教的叛乱に結びつくと考える。現在のアイルランド問題の原因はイギリスの政策に由来する。伝統的国家体制は、それを修正・緩和することなく、イギリス人の征服者としての特権を享受することでアイルランドにおける政治的不安定をもたらした。彼はイギリス国民――聖職者、ジェントリ、農業者、商店主――が国民としておこなってきた不正の罪をそれぞれが負わねばならず、「イギリスの各人の直接の義務は、たとえプロテスタント国教会に危機をまねくことになっても、アイルランドのローマ・カトリックの主張を支持することである」（MW, 6）と断言する。アイルランド人への抑圧によって、彼らの進歩を阻害することは、人間的真理に反した行動ゆえに罪ととられる。現在、イギリス国民のなすことは、アイルランドに不当に加えられた宗教的抑圧を取り除くことである。

アーノルドは、反対派が懸念したように、カトリック解放によってアイルランドで、教権制度が勢いを増す危険を認識していた。それにもかかわらず、彼がカトリック解放を容認したのは、アイルランドが帝国の一部を構成しているにもかかわらず、イギリスと別の国民であるという現状認識があったからである。このことは、ウェイトリ（Richard Whately, 1787-1863）宛の一連の書簡で、彼は明確に述べている。ウェイトリは、聖職者として一八三一年から一八六三年までダブリンの主教を務め、「リベラル・アングリカン」として、アイルランド国教会の特権廃止に努力した人物である。[24] アーノルドは、一八三三年一一月八日付の書簡で、次のように自説を展開している。

「私は、アイルランド人が我々と別の国民であり、自身で統治する権利をもつとの原則にもとづき、彼らが［カトリック制限法］廃止の権利をもつと申し上げているのです。この原則がアイルランドの四分の三でローマ・カトリックの教権制度をもたらすものであることを十分承知しています。しかし、その結論は、必然的なものではありません。廃止の権利は、自分たちを一国民として統治する権利に由来するのであり、教権制度の問題に立ち入るものではありません」（LC, I, 323）。

彼は、別の国民としてのアイルランド人に自ら統治をなす権利を認めており、カトリック解放は、その権利にもとづくものと考えていた。「プロテスタントがカトリックに政府に対する発言を全く認めないならば、なぜカトリックの人々を政治的連関の下においたのか」、「もしカトリックの意見の悪影響を恐れるならば、なぜ自分たちと同じ社会で彼らが生活するように強いたのか」（MW, 18）という彼の問いは、この考えを反映している。イギリスに特有なプロテスタント国教制をカトリックが多数を占めるアイルランドに強制するのは、統治原理からいって無理であると彼は考えた。

また一八三六年四月二七日付の書簡において、アーノルドは、アイルランド人の土地に存在するプロテスタント国教会を嫌悪していると、ほかならぬダブリンの主教ウェイトリに明言し、もし「我々の良心が、正義の観点からカトリックと一緒に住むことを批判するならば、出て行くべきは我々であり、アイルランド人でない」(LC, II, 30) と主張している。さらに五月四日付の書簡で、彼は「カトリックの国民であるアイルランド人は、完全な独立の権利をもつか、完全に平等な連合関係をもつべきである」と二者択一しか方法がないことを指摘し、「もし我々の良心が後者を拒否するならば、前者を受け入れなければならない」(LC, II, 20) と結論づける。

アイルランド人が政治的権利をもち、自分たちの教会を設立することを認めるのに躊躇しなかったアーノルドだが、ユダヤ人に対しては市民権を認めず、ユダヤ人に政治的権利を与える動きには強い反対を表明した。その理由として、アイルランド人が征服という形で強制的にイギリスに編入されたのに対し、ユダヤ人は自発的に移住したことを挙げている。アイルランドのカトリックは、父祖の地アイルランドの土地で多数を占め、征服者のイギリス人は余所者であるが、ユダヤ人は自発的にイギリスに渡ってきた余所者であり、市民として主張する権利をもたなかった[25]。彼のカトリックに対する寛容は、一つの国民としてのアイルランド国民に対する配慮であり、イギリス本土のプロテスタント国教制とは別の問題であった。

アーノルドは、アイルランドが政治的に独立することを認めていない。アイルランドの分離は、イギリスをヘプターキー時代の小領に分裂させることになり、それはイギリスにとって不可能だと彼は考える (MW, 19)。とるべき方法は、アイルランド国民に政治的権利を与えて、彼らを同等の市民として扱うことであった。そうしない限り、彼らが独立をめざし続けることをアーノルドは危惧する。彼はヨーロッパにおいてアイルランドよりも人口・資源に恵まれなくても、幸福で繁栄した独立状態を享受する国々が存在することから、イギリスがアイルランド人を市民として認めない姿勢に固執するならば、彼らがイギリスに独立国家としての関係――差別的な国内法にかわって普遍的な法が適用され、叛乱は戦争として理解される――を選びかねないことを彼は示唆する

（MW, 20）。一八三三年一一月八日付のウェイトリ宛の同じ書簡で彼はもっと明確に、カトリックの政治的排除が、帝国の解体とオコンネルによるケルトの地の自治につながると警告している（LC, I, 323-324）。

アーノルドは、アイルランドとイギリスに特別な紐帯関係があると次のように述べる。

「アイルランドのカトリックは、聖職者のような一つの職業ではない。また貧困者のような社会における一つの階級でもない。それどころかカトリックは、国民すべての異なった要素を包括している。貴族、富者、知識人、大衆、さまざまな職業と身分の者を含んでいる。それは部分的にブリテン社会の集団と混じっており、分離できない不可欠の部分となっている。反対に、自然は明確に［イギリスとアイルランドに］境界線を引いている。アイルランドは、地理的にいうならばそれ自身、一つの世界である。だが、それ以上にアイルランドは、帝国社会において相当重要な部分であり、あらゆる状況において多数者の意志の下にある。それゆえ分離を構想するのは途方もないことになる」（MW, 23-24）。

彼が強調するのは、アイルランド人が帝国内でイギリスと密接に結びついた社会を形成しながらも、地理的・国民的に分かれている微妙な状況である。彼らを政治的権利から排除するのは、聖職者や貧困者という社会の特定部分の者を政治的権利から排除するのと根本的に性格を異にすると彼は指摘している。それは、一つの完結した社会集団を排除することを意味し、一つの国民をイギリス帝国から除くことである。それは、不満をもつ彼らが集団で帝国から抜けることを容易にする。帝国内に彼らを統合する観点から、政治的権利を奪うことは得策でないのである。[26]

アーノルドは、別国民であるアイルランド人を帝国に統合する模範を古代ローマの事例に求める。ヴィクトリア時代においてイギリスを古代ローマ帝国になぞらえる見方はかなり一般化していたが、とくに彼はローマの歴史を過去のものでなく、現代の政治的叡智の宝庫として評価すべきことを強調した。その立場から、彼は、大多数のカトリックとは異なり市民権をもつプロテスタント居住者をガリアにおけるローマ人植民者になぞらえる。これらのローマ人植民者は、現地民にない特権を享受していた。ガリアはアイルランド同様、力で抑えられ、不安定であった。しかし、アーノルドによれば、ローマの政治家は状況の変化に対応し、過去の経験に拘泥することなく、アウグストウス没後の六〇年間で、ガリアにおけるすべての自由民にローマ市民権を与えた。それ以降、ガリアは真に帝国に結びつき、旧来の言語と慣習は次第に忘れられ、イタリアとガリアの紐帯は強固なものとなった(MW, 19)。歴史上の経験から、カトリックの市民権付与をイギリスの帝国としての統合と発展に不可欠と彼は考える。

アーノルドは、カトリック解放のために現在の国家体制を修正することを容認するものの、それを全く否定するわけではない。スタンリーによれば、アーノルドにおける改革への情熱は、変革を加えようとする制度に対する情熱と同じくらいあり、彼は建設者であって破壊者ではなかった（LC, I, 176）という。彼が改革を求めるのは、革命という破壊的事態の勃発以前に、漸進的な制度改革を模索しているからである。古代ローマの歴史的叡智は、過去の古い教訓でなく、この実践知を提供するものである。現状に固執し、進歩を阻害する行動こそ革命的事態を招くものであり、改革をおこなうことで革命的事態を回避できるのである。

アーノルドは、カトリック解放問題が「我々の宗教制度の転覆」か「帝国の分裂」につながる選択であることを認識していた（MW, 32)。「国民全体の罪をもたらす悪行の中で、プロテスタント国教会の破壊にまさるものはない」（MW, 32）と言明するアーノルドは、国教会制度自体の維持を訴える。彼は既存の国教会のあり方について批判的であったが、イギリスの伝統的国家体制を支える国教会制度を維持し、カトリックの超国家的性格を警戒する点では、カトリック解放に抵抗するトーリー強硬派と共通していた。両者の相違は、プロテスタント国教制において、国教会の教義や組織をどの程度、排他的に理解するかによる。アーノルドにとって、国教会はこの世における神の代理という普遍的・教権主義的機関でなく、国民の精神的統合のために、イギリスの地において具現された制度であった。もともと国教会は、特定の教義に有志が結集した告白教会でなく、国民全体を対象とする地域教会という性格をもつ。一七世紀の内乱において隆盛をきわめたピューリタンが、一八世紀においてほとんどその姿を消したのも、国教会のもつ包括的機能のゆえである。アーノルドは、イギリス国教会がイギリスに住むイギリス人のための教会であり、アイルランドにおいてもその原則を認めるべきであるとしてカトリック解放に賛成した。それは、すでにスコットランドで実現されていることであった。帝国は、それぞれ独自の教会制度をもつ諸国民から構成される。ただ一つの問題は、アイルランドの多数派の宗教がカトリックであり、それが「プロテスタント国教会の破壊」につながりかねない要素をもつことである。この要素がカトリックのもつ超国家的性格であった。この問題を克服する手段として、アーノルドは政治的権利を認めることによってもたらされるであろうカトリックの馴化を考えた。彼は、世界のどの地域よりもアイルランドで人々を教化する（civilise）必要性を論じていた（LC, I, 215）。

アーノルドは、アイルランド国民にイギリス人と異なる独立的性格を認めたものの、その知的状況について次のようにかなり低い評価を下している。

「私は、アイルランド人が野蛮に深く染まっていると考える。彼らは法に従うことをほとんど知っておらず、情念と感情の虜である。その結果、人間本性の最高の資質――神と人間に対する高尚な義務の観念にもとづいた自己犠牲の徳――が欠如している。さらにそこでのローマ・カトリックが、ヨーロッパのどの国にまして悪い状態にある。これほど迷信がはびこっている場所は、他のどこにもないし、傲慢がこれほどひどい場所もない。キリストの福音がこれほど堕落しているところはない」（MW, 33）。

イギリス人が「この絶望的な民族（unpromising race）」と「このひどい宗教（dreadful religion）」を征服で自国に結びつけることを選択した。彼らを外国人として単に嫌悪し、憎しみをいだいて見る権利を捨てる以上、イギリス人には彼らを善導する義務があるとアーノルドは言明する（MW, 33）。イギリスの征服によって、法・商業・文明がアイルランドに伝えられた（MW, 17）と彼は考えるが、強制による教化という前時代的な方法の有効性を信じていない。彼の考えるのは、カトリックに政治的権利を与え、プロテスタントと同様の地位をもたらすことで、その内部的変化をめざすという漸進的方法であった。それは現在のカトリック信仰を維持させ続けた原因――その迷信的な信仰がアイルランド国民の道徳的堕落の根本原因であると彼は考える――がイギリス人による差別的取扱にあるとの認識による。さらに大陸諸国のカトリックの状況に対する実体験にもとづいた彼の観察が、その見解をますます強めさせた。

アーノルドの眼からみると、大陸のカトリックは二つの種類に分けられる。彼は、プロテスタントがいないスペイン、ポルトガル、イタリアのカトリックが非常に堕落した状況にあると考える。とくにイタリアに対する見方は、辛辣である。彼は一八二五年の書簡の中で大陸旅行の思い出を語りながら、イタリアのカトリックを「古代の異教崇拝のようであり、悪辣で欺瞞の制度」(LC, I, 70)と酷評する。アイルランドでもそれは同様である。彼は、その原因が政治権力による宗教への直接の干渉にあると考える。他方、プロテスタントの数が多く、カトリックと友好的な関係をもつ国――フランス、ドイツ、スイス――は別である。これらの国においては、カトリックが進化した状況で存在し、最もひどい聖職者の権力乱用がみられない。プロテスタントと友好的に接することでカトリックにおける最もキリスト教的な面――たとえばフランスのジェンセニズム――が表れると期待される。以上の考察を踏まえ、彼は次のように結論づける。

「プロテスタントとカトリックが友好的になることが、プロテスタントの影響力を発揮させ、カトリックの性格をよき方向へと導くことができる。カトリックが蔑まれ、迫害されたカーストとなっている地域[アイルランド]では排除的制度の下で悲痛な声をあげる者がいる一方で、優越的地位を享受する者がいる。そこでは有益な影響が作用する余地はない。人々の宗教はそれぞれの党派となってしまう。明らかに奇妙な状況がこの地で緩和・廃止されずに維持されてきた。……アイルランドにおけるプロテスタント優先制度が、すべてのものを蝕んできた。カトリックは、プロテスタントを抑圧者と考え、プロテスタントはカトリックを叛乱者と考え、相手をそれぞれ異端者もしくは偶像崇拝者と罵り合う状況にある」(MW, 38-39)。

彼にとって、カトリックの教義における最大の悪弊は、教皇制度に対する偶像崇拝的・迷信的態度である。それは政治との関係において、教皇権を至上とするカトリック教会の超国家的性格となって登場し、プロテスタント国教制の根本である国王至上権と衝突する。スペイン、イタリアの教会を彼が批判する最大の点は、教皇に無批判に忠誠をつくすことである。他方、フランスのカトリックを好意的にみるのは、ローマ教皇の絶対権からフランス・カトリック教会を独立させようとするガリカン的性格ゆえである。アイルランド・カトリックの馴化の政治的結果として、彼がとりあえず期待するのは、教皇制度からの相対的自立である。それが実現されることによってアイルランドのカトリックは、地域教会としてのイギリス国教会とともに、伝統的国家体制を精神的に支える教化機関として働くことになる。

アーノルドは、カトリック解放問題を国民統合にかかわる政治問題と考える。一八三三年のウェイトリ宛書簡で述べているように、何よりも政治的権利を剥奪する問題を重要視し、これを解決することが第一の課題だとする。その問題意識は著作の冒頭で、カトリックに対する公民権付与を政治問題でなく宗教的原則として論ずる聖職者を批判する彼の態度にも通じる。アーノルドは国教会体制の維持を主張したものの、国教会が国民統合を阻害する排他的特権をもつことを拒絶する。その立場は、審査律・地方自治体法廃止に賛成する彼の態度に表れている。名誉革命以来のプロテスタント国教制を厳格に維持することは、現在では国民の分裂をもたらすというのが彼の主張である。

アーノルドは、イギリス本土においては国教会優位体制を維持することが国民統合にとって有用であるとする。彼は、プロテスタント国教制を、全国民を対象とする、限りなく地域教会的なものとして再編成し、包括的な国教会を構築することをめざした。次に考察する『教会改革の諸原理』における議論から、その具体的な展開が明らかになる。包括的な国教会がプロテスタント国教制において、どのような位置づけをもつのかが次の課題である。

第三節　包括的国教会の建設

国家と教会が一体であるとの理念に立つプロテスタント国教制は、一八二八年の審査律撤廃、一八二九年のカトリック解放によって国教会の排他的な政治的特権を奪われ、その基礎が動揺した。政治にディセンターとカトリックが参加することで、国教会はすでに名誉革命体制を支える唯一の宗教制度ではなく、従来の名誉革命体制論による正統性の根拠が失われた。選挙法改正に対する国教会聖職者の抵抗は、ディセンターの多数を占める中産階級の彼らに対する憤激をより高めることになった。一八三二年の選挙法改正以後、政治的に勢いづいたディセンターは、国民全体から徴収される教会税によって国教会が維持される特権に対する批判を強め、その最終的照準を国教会の解体に合わせていた[27]。彼らにとって国教会は、一教派の不当な優越であった。一八三〇年代、国教会体制の擁護者においては、国教会を名誉革命体制の一翼とする従来のプロテスタント国教制に代わる正統性を示す必要に迫られていた。ここでの考察の中心は、アーノルドが『教会改革の諸原理（*Principles of Church Reform*）』（一八三三年）において、包括的な国教会による国民統合という方法で、国教会擁護論を展開したことを明らかにすることである。それは、国教会論を通じた政治統合の議論という性格をもっていた。

この時期における国教会擁護論は、新たに二つの方向で展開される。その第一が、オックスフォード運動[28]にみられるように、国教会が普遍的教会であることをもって、その宗教的特権の根拠とする議論である。彼らは、普遍的教会の絶対的権威を説きながら、使徒伝承の正統な後継者としてイギリス国教会を位置づける。トラクタリアン[29]によるハイチャーチ的主張は、一八三〇年代後半、とくにオックスフォードで強い支持を受けた。この議論の影響は大学の知的サークルにとどまらなかった。たとえば、一八三八年に出版された政治家グラッドストンの

『教会との関係における国家（*The State in its relations with the Church*）』における国教会擁護論は、この系譜に属するであろう。彼は、国家の任務を宗教における真理を追求することにあると考え、イギリス国教会を、使徒伝承をもつ普遍的教会として、独占的に保護すべきであるとの議論を展開する[30]。しかし、国教会の教義の真理性をもって政治的特権を与えるグラッドストンの議論は、在りし日のプロテスタント国教制下では通じても、改革の時代に支持を受けるものではなかった。彼の議論は時代錯誤的な主張として、ロバート・ピールなど同時代の政治家から酷評された[31]。

ニューマンに代表されるように、トラクタリアンの議論は、国教会の普遍的権威を擁護する結果、イギリス国教会のエラストゥス主義的性格を否定する方向へとつき進んだ。それは普遍教会のもつ超国家的性格を強調し、普遍教会の原理を地域的国家の原理に優先させる。この議論は、伝統的なプロテスタント国教制という枠組を超え、国教会を国家と切り離し、その上位におく。一七世紀内乱期におけるウィリアム・ロード[32]のハイチャーチ主義――彼の反エラストゥス主義をトラクタリアンは高く評価する――がピューリタンのみならず、国教会正統派によっても排除されたように、普遍教会の権威によって国教会を正統化する議論は、国教会の伝統的立場にとって異質な議論であった。イギリス国民の伝統的な反カトリック主義もあってトラクタリアンに対する支持は、四〇年代には衰えをみせる。

国教会擁護の第二の方向が、アーノルドが提唱する国教会の包括化であった。この包括化の議論は、地域教会である国教会の性格から歴史上、宗教的対立が激化した時期に繰り返し登場してきた。アーノルドの国教会に関する議論が、国教会聖職者によって「広教派（latitudinarian）」との評価が下されたのも、このような歴史的経緯があったからである。この時期、アーノルドが包括論を展開した背景には、選挙法改正以降の一八三〇年代前半におけるディセンターの微妙な政治的立場があった。ディセンターの多くは国教会解体という目的がすぐに達成できると考えていなかった。彼らの多くは、ディセンターに対する差別的措置――結婚・出生・死亡の教区教会における独占的手続、大学教育における制限、救貧税配分の教区教会の独占など――の廃止という現実的要求を掲げて、ホイッグに協力する漸進的立場をとった[33]。アーノルドは『教会改革の諸原理』において、ディセンターを既存体制に組み込むことで、国教会体制の維持を図ることを提案する。彼は、この著作の執筆動機をウェイトリ主教に対する書簡で、次のように語っている。

「……このパンフレットを執筆した主な理由は、私にはヘンリー卿や他の方が提示された改革案が不十分であるばかりか、間違っていると思われたからです。各人がその聖職者に報いるのに、担当の弁護士に報酬を支払うような方法でよいとするアメリカ的考えがかなりの者に広がり、支持されていることを耳にし、驚愕しました。また最近の選挙で、ディセンターが表明したかなりの不満、加えてバーミンガムにおける教会税の不払で明らかになった不満に衝撃を受けました。私が考えるに、教会を救うのは、ディセンターと手を結ぶことだけであります。現在、彼らは反キリスト教的党派と連合しており、現行制度の運営における内部改革だけでは――私が思うに――彼らを満足させることができないでしょう。さらに言うならば、主教会議についてヘンリー卿のお考え、主教が議席をもたないこと、教会の教義に口をだせない平信徒という同卿のお考えは、私には非常に危険なものと思われ、教皇制と福音主義が混じった最悪の誤謬の合成物です。それは、悪魔とその数多の党派の利益に沿ったものです。私は、それに強く抗議いたしたいと思います」(LC, I, 297-298)。

アーノルドが当時の書簡で何度も強調しているのは、ディセンターとの連合が国教会を救う唯一の方法であり、彼らを反キリスト教的党派と手を組ませないための有効な改革が必要なことである。それは、ディセンターの改革要求をすべて受け入れることではない。彼が最も危険視していたのは、「国教会改革がディセンターと国教会を結びつけることをせずに、負担であると批判されていることをすべて免除して、現在の分離された状態を固定する」こと（LC, I, 308）である。その帰結は、国教会体制の崩壊であった。その実例が彼のいう「アメリカの方法」である。個人は、その好みによって自分の教会を選び、教会が私的なものとなる現状である。彼が意図したのは、国教会制度の枠組を維持しながらの改革であった。それはスタンリーの表現をかりるならば「教派主義をもたないキリスト教」、「妥協ではない包括化」（LC, I, 293）の実現であった。

このような視点に立つアーノルドは、『教会改革の諸原理』の冒頭で、「教会における真の改革と偽の改革」について言及する。彼は、同時代の「教会改革」論における改革論と破壊論との峻別が必要であることを説いている。彼によれば、現在、改革を唱導する者には、真の「教会改革」論者のほかに「教会改革」を唱えながらも国教会の解体をめざす「教会破壊者」と宗教に価値を見出さない「自己利益追求者」がいる（MW, 262）。彼によれば、現在のディセンターの教会改革運動は、「教会破壊者」と「自己利益追求者」に接近し、国教会解体へと向かう危険性がある。アーノルドは、ディセンターにおける改革運動を国教会体制維持の枠内にとどめる必要性を強調する。彼は、ピールの女婿のヘンリー卿にみられるような教会改革案が政治的妥協の上に立ち、なしくずしの妥協が国教会解体に結びつくことを危惧していた。

では、アーノルドは国教会制度を正統化する根拠をいかに考えていたのか？　彼は、コールリッジにおける国家教会（National Church）――国民を教育するための聖職者の機関――の概念をイギリス国教会に適用する。[34]その前提には、彼の国家に対する独特の見方があった。彼は、『教会改革の諸原理』の「附言（postscript）」で、次のように国家に「国民のキリスト教化」という精神的役割を果たすことを求める。

「教会——ここでは〈キリスト教社会〉と同じ意味で用いている——は、人間が最高で可能な限りの完成と幸福をめざすべくつくられた。それは、人間の物質的要求と苦難を無視するものではない。だがその主な目的は、人間を道徳的にも霊的にも優れたものとすることである。つまり人間に善と叡智の状況をもたらすものである。そこでは、最高の幸福は、到達できない夢ではなくなっている。……今やこのことは、政治社会、国家の目的でもある。われわれの物質的要求は、政治社会を実際にもたらした。しかし、その固有の目的は、より高尚な性格をもつ。それは、人間の知的・精神的進歩である。そのことによって人間は最高の完成状態に到達し、最高の幸福を享受する。このことは、政治社会、もしくは〈国家〉の理想的な目的である。個々の政治社会もしくは国家の目的は同じであっても、地域的境界——人間社会をさらに細分する——の限定を受けている。

政治社会は、その知識の程度に応じて、人間の最高の幸福をめざす。宗教社会は、その幸福を真にそして実際めざしていくために必要な完全な知識をもっている。政治社会に宗教社会の知識を分け与えるならば、両者の目的は、そのめざす方向だけでなく、現実にも同じものになる。別の言葉でいえば、宗教社会は政治社会が十分に啓蒙されたものにすぎない。国家の完成状態において教会となる」（MW, 331-332）。

アーノルドにとって、国家と教会は二つの社会でなく、一つの社会であり、それを分離して考えることは、キリスト教の精神に反するものであった。彼の考える教会と国家との関係は、スタンリーが指摘するように一七世紀の国教会聖職者リチャード・フッカーの考える国家と教会関係を髣髴とさせる (LC, I, 198)[35]。スタンリーは、フッカーのほかにバーク、コールリッジの名をあげるが、それは、アーノルドの論ずる国家と教会との関係がエラストゥス主義的なプロテスタント国教制国家を前提にしていることに他ならなかった。

アーノルドは、国家を国民の幸福と価値実現のための最高の機関とみなす。そのことを彼は、一八三四年のハル(Hull)[36]宛の書簡で次のように記している。

「国家は、人間の生活に対し、主権的権力をもつ唯一のものであり、その正統な目的は、国民の幸福をはかることにある。この幸福とは、最高の幸福であり、物質的なものだけでなく、知的・精神的なものである。端的にいうならば、最高の幸福は概念となっていた。これは、私が思うに一八世紀までほぼすべての国民が支持していたことである。それとは反対に、ウォーバートン、功利主義者、そして危惧するにウェイトリは国家の唯一の目的が〈身体と財産の保護〉にあると主張している。彼らは、国家の最高の義務と権利を破壊することによって、無意識のうちに教会権力の支持者の利益になるように行動している」(LC, I, 328-329)。

当時、彼が国家に関する政治的議論に見出したのは、国家に倫理的価値を求める伝統的な立場と国家の役割を国民の財産・身体の安全を保持することに限定する見解との対立である。彼は、産業革命後の状況において、後者の立場が勢いを増していることを次のように危惧する。

「社会が単なる個人の集まりとみられ、個人は他人と接する上で自己の利益をまず優先させる。そして政府の任務が、単に夜警の仕事に限定され、その唯一の役に立つ仕事は、個人がものを盗られたり、打ちのめし合ったりすることを防ぐことにある。このような社会の見方は、非哲学的であり、非キリスト教的である。進化した現在、積み重ねられた経験から導き出した善にさからうものである。イギリス中における貧民の実情をみれば、その有害な結果は、ふんだんに溢れている。

物質的な貧困、無知、悪徳は、〈自由放任（letting alone）〉の制度の真の結果である。言葉を換えていうならば、各人を優越的立場を求める状態におくことである。また生まれつきの、もしくは後に有利な地位を得た者がその地位を徹底的に享受し、押し通させる制度である。そこでは弱者はその劣った立場ゆえの報いを存分に受けるのである」（MW, 265）。

彼にとって、現在は自由放任の名において、各人があくなき私的利益をめざす混乱状況にあった。その混乱は、国家がその役割に対して消極的になっていることから生じる。彼は、一八三三年のJ・T・コールリッジ宛の書簡で「政府があまりにも安易に、粗野で頑迷な功利主義者やその他の者に耳を貸しすぎる」と嘆き、「教会の事柄において、彼らがウェイトリを味方につけた」ことを危惧している（LC, I, 318）[37]。アーノルドにとって、国教会制度こそ、この混乱の状況にあって、国家体制と結びつき、国民に高き目的を示す精神的存在であり、国家を自由放任と物質主義から擁護する防波堤であった。

ところで、この時代の国教会擁護論において特徴的なのは、「教会財産」に関する議論である。アーノルドの時代、ディセンターは国教会の財産を一教派による不当な所有として批判していた。この問題が焦点となったのは、フランス革命における教会財産の没収という事件以降のことである[38]。バークは『フランス革命の省察』において、聖職者の任務――敬虔・道徳性・学識――を維持する教会財産の公共的性格を強調することで、その維持を正当化した。[39] コールリッジも同様に「国家財産（nationalty）」と「世襲的私有財産（propriety）」を区別し、教会財産を、生産活動を免除され、国民教化のために努める聖職者の集団のために留保された「国家財産」として理解した。[40] アーノルドは国民教化という国教会の任務とそれを維持するための教会財産という図式の中で国教会財産の保有を正当化する。当時、ディセンターは国教会のための教会税の徴収を糾弾しており、教会財産の議論は、国教会体制を擁護するにあたって避けることのできない論点であった。彼によれば、教会財産は「各教区において教区民にできるだけの善をなすことに専従する者」（その専従者は教会である以上、聖職者である）を組織的に維持するために用いられた。その財産は、聖職者の安定と品位をもたらすものである。

この主張に加えて、アーノルドの教会財産に関する議論は、私的財産のあくなき追求をめざす物質主義的状況への対抗手段としての教会財産の意義を強調する。教会財産は、公共性をもち、私有財産（private property）が横行する社会状況を緩和させる。そこに「国家財産」と「世襲的私有財産」を峻別したコールリッジの視点を重ねあわせることができる。アーノルドは、教会財産の公共的性格を次のように描写する。

「教会財産が具体的にどのように用いられるかをみる前に言いたい。教会財産とは、膨大な特権（benefit）であり、公共の用のために守られてきたということである。それは奪い合いから切り離され、貪欲とは無縁で、愚かな奢侈に向けられなかった。また多くの大衆を救うだけでなく、巧みに分けられ、王国の各部分が――不幸な例外もある――その恩恵を受けている。教会の尖塔の光景は、どこでも見かけられよう。この塔は、「国家の富の」すべてが私的な用や享楽に用いられているのでなく、公共の目的やその鐘の音を耳にする貧しき人々の救済に用いられている部分があることを示している。国家の中で最も恵まれない地域では、豊かな地域以上に、この恩恵の手が差し伸べられている。もしそうでなければ、それは近頃、そのことが無視されているのだ。すべてのものを同じ水準におくならば、その結果は——絶望的な不平等ゆえにその可能性があるが——あちらこちらの深い貯水池が水気のない砂地や砂利地が広がって荒廃してしまうことになるのである」(MW, 265-266)。

彼は、私有財産制度を擁護する立場に属しながら、その否定的な面を教会財産のもつ公共的性格によって和げることを考える。教会財産はキリスト教倫理にもとづき、社会の悲惨な状況を緩和することに用いられる。その意味で国教会は精神的側面ばかりでなく、物質的側面においても国民の幸福に寄与する存在である。

アーノルドによれば、聖職者はコールリッジのいう「国家聖職者(clerisy)」のごとく国民教育を担う存在である。聖職者は教育を受け、純粋で高い見識をもつ存在であり、私的特殊利益を離れ、教区内において民衆を教化する任務をおこなう。彼は、それを次のように描写している。

「教育のある者は、生計を維持するための通常の職業や専門から解放され、最も恵まれた状況にある。彼は、たえず人々と交流しており、認められた直接の任務は、人々に対し物質的かつ精神的に善を及ぼすことである。その多くは、宗教と独立した任務である。ローマ帝国では、各村落において在住の識者(sophist)がいて、いろいろな方法で国民の境遇を改善すべく日常業務をこなしていた。その結果、犯罪や貧困は劇的に減少した。しかし、すべての点においてキリスト教の聖職者は、それより多くのものをつけ加えることができるのではないか。〈演説者(lecturer)〉と〈説教者(preacher)〉および〈識者(sophist)〉と〈牧師(pastor)〉という言葉の間には、大変な相違がある！　実際、人間の権威を超えたものがないから、人間は他人の教えに対し、苛立ちを覚えるものである。聖職者は国民と慈愛に満ちた関係にある。そして、彼が〈宗教の〉聖職者であるという状況ゆえに、その力の多くは発揮される」（MW, 267-268）。

アーノルドの描く国教会と聖職者像はかなりの程度、理念化されたものであり、その現状との落差は大きい。彼は、現在の国教会における問題をいかにとらえていたか。「附言」において、国教会の直面する課題と解決策を次のように要約して説明を加えている。

「国教会制度は、最も偉大な国民的恩恵である。しかし、そこからもたらされる成果にかげりが生じている。その制度は現在、特権剥奪の危機にある。その原因は、基盤があまりに狭くなり、イギリスの教会でなく、イギリス人のある一部の教会となっていることである。国教会を破滅から救い、国民的善をめざす機関としてその機能を増大させるには、教義・制度・儀式において、もっと包括的（comprehensive）であるべきである」（MW, 321）。

彼の現状認識は、コールリッジのそれと共通したところがある。コールリッジは、国教会が国中のすべての知識人からは多くの神学上の一教派とみなされ、議会の恩恵で、聖職者に給与が与えられることによって他の教派と区別されうるにすぎなくなっていると懸念していた。

アーノルドは、国教会が教派化する原因を一七世紀以来の教派対立にまで遡及して考察する。彼によればその背景には、プロテスタント特有の分派精神があるとする。その分派精神においては、宗教を神と各人の良心の関係とみなし、聖書に依拠した各人の意見の相違を分離の名目にする。その結果、ディセンターにとって、国教会制度は一つの教派の不当な優越とみなされて、解体されるべきものとされる。この対立がプロテスタントに固有のものであるのは、カトリックでは教会が無謬性を主張し、聖書の権威的解釈をおこなうことで、分裂を回避するからである。

アーノルドの説明によれば、イギリスでは儀式や教会での活動に対する異なった根拠にもとづき、二つの敵対的党派に分裂した。そして両派とも国民統合に無関心で自派の勝利をめざす状況にある。「一八世紀における最初の七〇年間の深い静寂」の間にこの闘争は沈静化したが、近年、人口が増加し都市に集中するようになって、ディセンターが勢いを増し、さらにハイチャーチ派の反撃が強まり、宗教対立はふたたび深刻なものとなっている。

だが、アーノルドが最も危惧したのは、国教会とディセンターの間の伝統的な宗派対立ではなかった。彼は、対立の背後で宗教によって統御できない勢力が増大していることを危惧する。彼らは国教会にもディセンターにも属さない。アーノルドによれば、最も無知で低い部分に属する者であった（MW, 278）。彼ら民衆（populace）は長い間、偏狭で厳格な宗教的規律ゆえにディセンターを嫌悪し、改革には否定的であったが、現在陥っている物質的悲惨に苛立ち、政治的煽動に共感することで、国教会攻撃を支持する。伝統的統治者の能力が衰え、信従していた民衆は体制の攻撃に向かっている。アーノルドは、ディセンターと神なき大衆の連合によって、国教会解体、ひいては伝統的国家体制の崩壊に結びつく事態を危惧する。

アーノルドは、産業革命後の民衆の状態に同情し、彼らの境遇の改善を求めていたが、彼らの政治的適性に疑念を抱いていた。それは、デモクラシーという制度が大衆を煽動する野心家を生み出すとする伝統的な政治的議論からの危惧であった。その煽動者として、彼が最も危惧していたのが「神なき者たち」であった。その煽動者について、彼は一八三三年のブンゼン（Bunsen）宛書簡の中で次のように説明する。

「わたしは、あなたと同様に心からフランスとイギリスにおける〈活動（movement）〉派を嫌悪しています。ジャコバン主義の本体および分枝、それをイギリスで支持している神なき功利主義者を嫌っております。私の知識において、最も邪悪であるのは、全く、人の子でなく、神の精霊に対する冒瀆をおこなう者の党派です。彼らは、キリストを嫌悪します。それは、キリストが天の者で、彼らが邪悪な者であるからであります。民衆の党派のうち最も粗野で、すべての原理に対し全く無知・無関心で、単に金を稼いで貯めこむ自己中心的な者は、安価な政府（cheap government）を求めて、声高に叫ぶのです」（LC, I, 306）。

彼らは、民衆を物質的利益にのみ関心を抱かせ、不満を掻き立て煽動する。その「神なき者」の中心は、当時の哲学的急進派であり、彼らは国教会制度を貴族ジェントリ寡頭政のイデオロギー的道具とみて批判を加えていた。たとえばミル父子は、伝統的国家体制を全面批判する立場から、国教会と国家権力のつながりを激しく攻撃していた[41]。アーノルドは、彼らの運動に触発された労働者大衆の政治的運動を危惧している。その懸念は、後のチャーティスト運動の高揚において現実のものとなった。彼は、この運動を古代ローマ史になぞらえて「奴隷の叛乱」と呼んだ。彼は、一八四〇年の「貧困者の状態において（The State of the Poor）」という小論において、チャーティストが「古来の建物、家系、法」を無意味なものとし、前後すべてに白紙状態をみている状況を危惧する。

「私がチャーティストの指導者がわれわれの古い制度すべてに無関心で、嫌悪を抱いていると語るのを聞き、また歴史を全く知らず気にもとめず、現在直接起きている以上のことに目を向けないのを知った時、そこに再び奴隷の印をみるのである」(MW, 494)。

彼は、叛乱者が物質的な利益だけにこだわり、「宗教を理解できず、虚偽で不正直で好戦的で不敬である」(MW, 494) ゆえに「奴隷」と呼んだ。彼が最も恐れた事態は神なき者の煽動によって民衆がすべてを否定する革命的事態であった。そこに、彼はフランス革命におけるジャコバン派と同様の物質主義をみた[42]。

アーノルドは、国教会による精神的指導が革命的事態を回避させるための唯一の方法とみている。彼によれば、ディセンターはキリスト教徒を分裂させ、神なき者に対抗させるどころか内部対立を起こさせる。その影響が拡大することによって、国教会は国民的教会でなくなった、と彼は懸念する(MW, 279)。このディセンターに対する認識は、ハイチャーチ派と共通している。だが、ハイチャーチ派が普遍的権威を確立することで、ディセンターを排除することをめざしたのに対し、彼は、キリスト教信仰を結節点とし、反宗教的立場との対決を重視する。プロテスタントの間に不可謬の権威が存在しないゆえに、アーノルドは「宗教的意見・儀式・典礼」の相違は不可避なものと理解する。そこで、さまざまな知識・習慣・性格をもつ構成員による多様な宗教的意見・儀式・礼拝方法を許容する、完全に国民的・統一的・キリスト教的な包括教会を彼は提案する(MW, 281)。

アーノルドは、包括的国教会を建設するにあたって、教義・教会統治・礼拝方法の三つの項目に分けて、その包括化の方法を詳説する。その方法は、当時の国教会の実情に照らしてみるとかなり徹底している。たとえば、教義の点で彼が強調するのは、キリスト教諸教派が多くの価値を共有していることである。一つの神が霊的全能者で万物の創造者であり、摂理によって万物を支配すること、イエス・キリストが我々の救済のためこの世に来臨したこと、旧約・新約聖書は神から人間への啓示で信仰の基準、行動の規範であること、第一の義務は神への愛、第二の義務は隣人への愛と考えること、など、すべてのキリスト者が合意できる事項を中心に統合を図ろうとする（MW, 279-281）。最大の問題であるカトリックとの関係についても、彼らの唱える「教会の無謬性」を人間の精神の中にある達成されていない努力目標と理解し、イギリス国教会を超越する普遍的教会を否定する限り、統合可能とする（MW, 283-284）。その包括の対象は、クウェーカー、ユニテリアンに及んでいる。

アーノルドの宗教論は、教義論争について対立を避けながら――その例外はオックスフォード運動が擁護する教権制度に対する批判である――宗教倫理、信仰生活、教会制度論に議論を集中させている。彼の包括的教会論をみても、最も重点をおいているのは、教会制度にかかわる説明である。彼は、ディセンターが北部工業都市の布教で伸張した反省から、国教会組織にディセンター的組織原理を導入し、その活性化を図る。彼は、ディセンター教会と同様、教区教会における平信徒の活動を盛んにすべきであると考えた。彼らは、教区牧師と責任を分担し、牧師を選ぶ権限を認められる。そこには、教会規律を教区民に浸透させる彼の意図があった。また彼は、聖職者の任命に関するパトロネジの制限、教会の活動強化のための教区分割などの提案をおこなう。一連の組織改革は、国教会が国民の精神的指導を果たすための機能強化という観点に立っていた。

アーノルドがそのように考えたのは、ディセンターの民衆教化の成果を積極的に評価したことにあった。この当時、とくにメソディズムが産業革命において都市に流れ込んだ多くの労働者に大衆教育を与えていた。ディセンターの布教活動は「貧困者や無知な者にキリスト教の知識を与える非常にすばらしい」ものであった（MW, 277）。

彼らの活動を国教会にとりこむことで国民への影響を広げるとともに、ディセンターゆえの偏狭的・熱狂的な攻撃性を緩和できる。諸教派の包括化は理論の上での寛容でなく、国民の連帯を実践的にめざすためのものであった。彼は「教区のすべての住民の間で親近感がはぐくまれ、連帯感情が生まれる」ことを期待し、そのために一つの教区教会を諸教派で共有し、多様な礼拝が認められ、同じ教会堂で異なった時刻にそれがおこなわれることを提案している（MW, 307）。

アーノルドは、国教会制度の精神的役割を主張するものの、その教義の権威を絶対視しているわけでない。それは、同じ国教会擁護の議論をおこないながらも、普遍教会の原理と国教会の基本教義である三十九箇条との両立に苦心したニューマンと対照的である。アーノルドは、包括化のために三十九箇条をはじめとする国教会の教義の修正、礼拝儀式の柔軟化を認める。彼は、「歴史的にイギリス国教会は雑多な性格をもつ」（LC, I, 319）としており、その教義が「論争的でなく、包括的・宥和的」である点を評価する（MW, 282）。一八三九年の書簡形式の小論「国教会制度について（Church Establishments）」で、彼は国教会の組織のあり方を次のように説明している。

「教会は、他の社会のように、時代や国によって現実の統治形態はさまざまである。形態が異なるため、よい点もあれば悪い点もある。教会は一つの明確な統治形態をもたねばならない。しかし、教会の統治形態が民衆的なのか、貴族的なのか、君主的なのかは、神の権威によって決まるのではない。それは、この世における他の社会がそうでないのと同様である。教会は、各国家に属する部分であり、統治形態の変更は他の原因に依拠している。だが教会が国家全体と同様に広がりをもつならば、その統治は国家と同じ制度をとる。デモクラシーの国ではデモクラシー的統治、貴族政ならば貴族政的統治を、純粋な君主政ならば君主政的統治を、我々のように混合統治ならば混合的な統治をとるのである」(MW, 504)。

彼によれば、国教会はイギリスのキリスト教徒すべてを包括する地域教会であり、世俗の統治形態と密接な関係をもつ。この考えは、信仰の分裂を原因とする国民の分裂という最悪の事態を回避しようとするイギリス独自の穏健で中庸な教会体制の伝統に沿ったものであった。彼にとって、国教会とはイギリス国民の精神的統一性を確保する機関であり、魂の救済を目的とする機関ではない。彼は、次のようにイギリス国民の精神的健全性を維持する国民教会の存在を国教会組織の純粋性に優先させている。

「〈キリスト教会〉は、人間のあらゆる結びつきをはるかに超えたものである。すべての人間を結びつける教会は、我々の国家にとって最高の存在であり、最も聖なるものである。〈イギリス〉は、真のイギリス人にとって、〈イギリス教会〉における特殊な形態よりも親しく感じるものである。

わが国が考えられる限りの最もひどい邪悪から救われんことを祈りたい。それは、領土の喪失や商業の衰退よりもはるかに悪しきことである。その邪悪とは、国民の非キリスト教化にともなう精神的・知的堕落である。それはまた国民的な国教会を破壊することである。善良な者に問いたいのは、[このような事態に際し]他の善良な者と手を結ぶのに自分の[宗教的]意見に同意を求め、儀式を一致させることを求めるべきであろうか、ということである。善良な者たちは、自身の信仰の最小の部分でさえも放棄したり妥協することを求められるべきでない。だが、それを隣人に押し付けることを自制するよう求められる。自身の礼拝形式を放棄することを求められない。他の礼拝方法が加わることを認めねばならない」(MW, 316-317)。彼にとって、国教会制度は地域教会として、その精神的な国民統合のために存在するのであり、地域国家と切り離されて独自にその教義・組織に絶対的価値をもつ組織ではなかった。

アーノルドは、現在の国教会制度が地域教会としての国民統合にはほど遠いと考える。アイルランドの国教会が征服者の宗教として憎悪の対象となったように、当時のイギリス国教会は名望家支配の象徴と化し、被支配階級の攻撃対象となっていた。その責を負うべきなのは、国教会の基盤を狭め、人的にも経済的にも特権を自階級で独占した貴族ジェントリ層にあると彼は考える。彼らは名誉革命体制下で特権を享受し、改革の時代にあってもなおそれに固執する。一八三三年のブンゼン宛書簡で「貴族と地主(country squirs)と聖職者の間の自己中心的で無知な連中が国民の感情をいらだたせ、狂気へと走らせる」(LC, I, 308)と支配階級の態度が国民分裂の原因であるとする。彼は、改革を拒む支配階級の独善的態度が結果的にデモクラシーを通じた反キリスト教的煽動者の台頭と革命的事態をもたらすと考える。「改革は破壊を阻止し、改革を毎年先延ばしすることは修正でなく、破壊を望む者に力を与える」というのが彼の基本的見解であった。

一八三〇年代、国教会解体の危機にあって、貴族ジェントリ層は、オックスフォード運動にみられるように、国教会の狭い基盤を広げるどころか、ますますそれを狭めてディセンターと対立する。アーノルドは、その動きを激しく糾弾する。彼の評論活動で最も世間の関心を集めたのは、オックスフォード運動に対する忌憚ない批判に対するものであった。彼は一八三六年『エディンバラ・レヴュー』に「オックスフォードにおける悪党輩(The Oxford Malignants)」を掲載し、ニューマンをはじめとするトラクタリアンを「陰謀・邪悪・腐った良心」と激しく攻撃する。それは、逆に彼が貴族ジェントリ層――オックスフォード、ラグビー校の関係者、地元の名望家――から批判を浴びる原因となる。

アーノルドがトラクタリアンを批判する最大の点は、彼らが国教会制度を教権主義的に解釈することである。トラクタリアンは、普遍教会の超国家的性格を強調し、それを国家体制に優越する神的権威をもつものと考える。アーノルドは、一八三四年のホーキンズ（Hawkins）博士宛書簡で、善良な者でも教権教会（Episcopal Church）に属しなければ救いがないとするキーブルとニューマンの教権主義的視点を「分裂主義的・瀆神的・反キリスト的」であると断言している（LC, I, 328）[43]。それは、三つの視点から批判の対象になる。第一に教義を教条的・非妥協的に解釈することによって、ディセンターを排除する結果につながる。このことは、両党派の対立を激化させることになる。第二に聖職者と平信徒との越えがたい霊的区別を容認することであり、貴族ジェントリ出身の牧師が特権的地位をもち、教区の平信徒に対する教化機能を喪失した現在の国教会を固定化することにつながると彼は懸念を抱いている（MW, 301-302）。この状況は、国教会の階級教会的傾向をますます強めることになる。また彼は、教権主義的解釈をほどこすことで、本来「人間をキリストのように――この地を神の国のように――現世の王国をキリストの王国に変えることを目的とする」教会が「宗教的指導・宗教的崇拝のための機関」にみられてしまうと、一八三五年のJ・T・コールリッジ宛書簡で指摘する（LC, II, 13）。続けて彼は、「教会がその生命と普遍性を喪失し、国民のものでなく聖職者のものとなり、祈りや儀式のためのもの、生活に密着したものでなくなり、日々あらゆる場所・家・街路・町・村でおこなわれるものでなく、日曜日に教会堂での活動に限定される」（LC, II, 13-14）という教権化による教会の形骸化を嘆いている。第三にアーノルドが批判するのは、教権主義のもつ反エラストゥス主義的視点である。彼にとって、国教会は、カトリックのように神と人との仲介機能をもたず、キリスト教原理を国民に教えることで、人間の精神的・知的進歩をめざすための機関である。そのため国教会は、国民に対して国家とは別の神的権威をもたない。彼は、人間の最高の精神を現実の国家体制の中に見出すのである。そのような彼にとって、国家と別に教会の絶対権威を求めることは、国家を国民の身体と財産を擁護する必要悪に限定する物質主義と変わらない結果をもたらすものであった[44]。

このようにアーノルドのオックスフォード運動批判は、国教会擁護論としての教権主義が国教会の包括的再編とそれにもとづくキリスト教国家の構築を困難にしているとの考えにもとづいている。彼は国教会における伝統的な教義や礼拝方法を見直し、教義的・制度的な排他性を緩和してキリスト教の基本的真理を共有する理性的な者を受け入れることをめざした。そこには、国教会を国民統合の精神的中心として、すべてのキリスト教徒に支持される状況を建築しようとする方向がみえてくる。したがって国教会のハイチャーチ化は、その国民的統合に反する動きとして断固として排除すべきものであった。

アーノルドは、国教会の改革を唱えながらも、プロテスタント国教制を基本とした伝統的国家体制を擁護する立場から離れることはなかった。むしろ彼は、国民教化の機関として、国教会の特権的地位を維持しなければならないと考えている。第一に、彼は貴族院に議席をもつ国教会の政治的特権を維持することを主張する。選挙法改正で最も抵抗したのが聖職者出身の貴族院議員であっただけに、ディセンターの彼らに対する批判は激しかった。それを受けて、ヘンリー卿は、貴族院での議席の代わりに聖職者会議を設定し、聖職者の貴族院での役割を宗教問題の審議に制限するなど（MW, 300）の改革案を示す[45]。アーノルドはそれに反論し、主教を大地主、高級軍人、高位司法官と同様、社会の上層を代表する有力な職能代表として、議会での地位を保持することを主張する。その特権は、地域教会としてイギリス国民すべてを包括する国教会の特別な地位にもとづくのである。

第二に、アーノルドは国教会の地域社会での影響を減少させるような諸改革に対して強く反対する。教会税の廃止、出生・婚姻・死亡手続の世俗化という宗教的特権の廃止は、国教会の社会的影響力を減退させ、国家の世俗化傾向に拍車をかけるものであるとして、彼は警戒する。教会税の廃止は「最も高貴で有益な建造物を荒廃にさらし、その維持が個人の慈悲にゆだねられること」になり、諸手続の世俗化に関しては社会的儀式が私化し、またディセンター共同体を地域的にも国教会から分離してしまうと主張する（MW, 310）。

アーノルドにとって変革すべきは、ディセンターが非信従に追いこまれる国教会組織の改革であり、国教会の国家における優越的地位を撤廃し、各教派の独立平等を達成することではなかった。国教会改革の目的は、すべてのキリスト者を包含する組織として再編成することであり、その諸改革は教義および制度における排他性を緩和することが中心である。しかし、それは国民統合のための譲歩であり、国教会が優越した地位をもつヒエラルヒーの改変ではなかった。その点は、ホイッグ急進派が宥和的にディセンターの要求を受け入れ、出生・婚姻・死亡手続の世俗化を図ったのと比べると保守的であった[46]。

アーノルドは、国家の世俗化が進展しつつある現状に深刻な危機意識を抱いた。エラストゥス主義に立つ国教会は、デモクラシー化による世俗化勢力の政治的進出の影響を直接受けやすい構造をもっていた。国教会改革の動きは、選挙法改正後の政治的変化によって一気に高まったことにも表れている。オックスフォード運動を政治的にみるならば、国家と教会の分離によって、デモクラシー化から教会組織を守る試みと理解できる。アーノルドによる包括教会化の提案は、反世俗化勢力である国教会とディセンターの政治連合を促進することで、国教会解体の圧力を阻止する政治手段という面をもっていたことを理解しなければならない。このことは、書簡において幾度となく強調されている。その目的は、国教会中心に宗教的ヒエラルヒーを維持するプロテスタント国教制の維持であった。

アーノルドの教会論は、「広教会（broad church）主義」の先駆とみられ、前世紀以来の「広教派（latitudinarian）」の立場を踏襲したものと一般に理解される。しかし、彼自身は「広教派（latitudinarian）」とみられることを拒否しているように[47]、その包括的教会には、キリスト教の基本原理を共有する以上の結合原理があった。彼はディセンターを国教会に包摂するための前提として、次のように述べている。

「あらゆる賢明な統治がめざすのは、世俗的事柄にしても霊的事柄にしても、すべての集団を満足させることではない。それは不可能である。むしろ、満足しない者を無力な少数派にすることである。つまり、彼らと、対処可能な不平をもつ多数者を切り離すのである。不満者は、多数が支持することで危険な存在となる」（MW, 282）。

彼は、息子のマシューと同様、ディセンターの偏狭的・反秩序的性格を十分理解していた。包括的教会は、彼らの主張をそのまま虚心にとりこむ中立無色の受け皿でなく、その偏狭性と反秩序的性格がデモクラシーを通じて、伝統的国家体制の危機に転化するのを防ぐための機関であった[48]。

アーノルドは、包括的な国教会体制の中に政治的結合原理を見出していた。それは国教会のもつエラストゥス主義的性格である。彼は、イギリスという国家に適した教会統治として、国王が至上権をもつ国教会制度を主張する（MW, 504）。それは、教会の知識を人間の最高善の実現のために国家権力と結びつけるための制度であった。彼は、国教会制度を純粋に宗教的なものとは考えておらず、政治的原理と密接な関係をもつのを必要不可欠と考えていた[49]。彼がディセンターに対する寛容を認めながらも、国教会のもつ政治的・宗教的優位に固執したのはそれが政治的原理につながると考えたからである。その優位は、国教会が国家にあって精神的指導をおこなうための特権の根拠であり、デモクラシー化されつつあった政治社会において、伝統的国家体制にもとづく統治原理が引き続き主導権を握るための要石につながるものであった。

（1）J. A. Schumpeter, *Capitalism, Socialism, and Democracy* (London, 1949), p. 229.

（2）アーモンドとヴァーバは、各国の政治文化の比較において、イギリスで国民の政治参加と信従が並存する政治文化を指摘し、それを「信従的市民文化（deferential Civic Culture）」と呼んでいる。Almond and Verba (1963), p. 455. もっとも一九八〇年出版の『市民文化再訪』ではイギリス国民の信従文化が衰退していることが指摘されている。Dennis Kavanagh, Political Culture in Great Britain: The Decline of the Civic Culture, in Almond and Verba, *The Civic Culture Revisited* (California, 1980).

（3）P. Mason, *The Men who Ruled India* (London, 1985), XV.

（4）メイソン『英国の紳士』金谷展雄訳（晶文社、一九九一年）、二九四―二五七頁。メイソンのインド統治者の記述は支配者側の立場を理想化しており、「守護者」的精神をもつ文官として一般化できるか疑問である。インド植民地文官における本国での教育の影響について、個別の人物について実証的に分析した次の研究を参照。C. Denny, *Angro-Indian Attitudes: The Indian Civil Service* (London, 1993).

（5）ブリッグスは、新しい社会に適合するためのパブリック・スクール改革を他校に広げた校長としてのアーノルドの影響力を賞賛している。ブリッグス『ヴィクトリア朝の人々』（ミネルヴァ書房、一九八八年）、一九二頁。またストレイチーは、ヴィクトリア朝の偶像破壊の対象の一人にアーノルドを選び、その行動を辛辣に批評している。Litton Strachey, *Eminent Victorians* (London, 1918), Dr. Arnold の項参照。

（6）アーノルドによるラグビー校改革は彼の教え子（old boys）――代表的なのはスタンリーや『トム・ブラウンの学校生活』の作者トマス・ヒューズ――によって神話化されている。バンフォードはこのことについて次のように結論づけている。「改革をおこなった校長としてのアーノルドの評判が確かでない一方で、彼は、確かに学校外での著作を非常に重要視していた。」 T. W. Banford, *Thomas Arnold* (London,1960), p. 190.

（7） 小川晃一「一九世紀ウィッグの精神構造（二）」、『北大法学論集』第四五巻一―二号（一九九六年）、三三頁参照。

（8） バークは「紳士の精神と宗教の精神」について、次のように述べている。「我々の習俗、我々の文明、そして習俗や文明と結びついたすべての価値ある物事は、我々のこのヨーロッパ世界において幾世紀にもわたり二つの原理の上に立脚してきた。実際、その二つが結合した結果でもあった。私が言っているのは、紳士の精神と宗教の精神である」。**E. Burke, *The Writings and Speeches of Edmund Burke*, by L. G. Mitchell (Oxford,1989), vol. VIII, p. 130.**

（9） コールリッジ (**J. T. Coleridge, 1790-1876**) は、詩人Ｓ・Ｔ・コールリッジの甥で法律家である。アーノルドと同じコレッジ出身で、彼との思い出をスタンリーの伝記に寄稿している。

（10） アーノルドの政治思想全体を分析した研究として、次の文献を参照。**E. L. Williamson, *The Liberalism of Thomas Arnold*** (Alabama,1964). 歴史家としての分析について、**D. Forbes, *The Liberal Anglican Idea of History*** (Cambridge, **1952**) 参照。アーノルドの教会観について、**C. Sanders, *Coleridge and the Broad Church Movement*** (Duke, 1942); ウィリー『十九世紀イギリス思想』米田・松本他訳（みすず書房、一九八五年）第二章参照。

小川前掲論文は、ホイッグの教会観に対してアーノルドの広教会主義が及ぼした影響について政治思想史的観点から分析を加え、彼の属したホイッグ政治社会の知的状況との関連を明らかにしている。名誉革命以来の教会観とアーノルドの主張との関連について、小川『英国自由主義体制の形成―ウイッグとディセンター―』（木鐸社、一九九二年）参照。この文献は、功利主義的自由主義の過大視を避けながら、一九世紀政治の重要な争点として国教会問題を分析対象にしており、本書はその歴史分析に示唆されるところが大きい。

（11） スタンリーによれば、教会と国家の問題は、諸著作ばかりか社会問題に対する彼の思考と行動の中心であった (**LC, I, 194**)。

（12） ディセンターとは、イギリス国教会の教義を受容しないキリスト教徒を指している。ノン・コンフォーミストとほぼ同義に用いられることが多いが、正確にいえば、ノン・コンフォーミストとは、国教会の儀式に加わらない者を指している。カトリックも入ることになるが、本書では、ディセンターとは、プロテスタント・ディセンターの意味に用いる。

(13) E. Burke, *Pre-Revolutionary Writings* (Cambridge, 1993), p. 95.

(14) コールリッジの宗教と政治の関係については、岩岡中正『詩の政治学―イギリス・ロマン主義政治思想研究―』（木鐸社、一九九〇年）、八一―九六頁、岩岡「イギリス・ロマン派の政治思想」、山下重一編『近代イギリス政治思想史』（木鐸社、一九八八年）、二五三―二五八頁、半澤孝麿「イギリスの保守主義」、同編『近代政治思想史（三）―保守と伝統の政治思想―』（有斐閣、一九七八年）、六〇―七五頁参照。

(15) Raymond G. Cowherd, *The Politics of English Dissent: The Religious Aspects of Liberal and Humanitarian Reform Movements from 1815 to 1848* (London, 1959), p. 34.

(16) エルドン（Eldon, John Scott, 1751-1838）は、同時代において代表的な保守強硬派の人物であった。ウィリアム・ヘイズリット（1778-1830）は一八二五年に彼を評して、常に権力側につき、自由の反対者であり、カトリック解放、奴隷廃止に反対し続けてきたと言っている。ヘイズリット『時代の精神』神吉三郎訳（講談社学術文庫、一九九六年）、三二六頁参照。現代のイギリスでもエルドンはしばしば保守頑迷の代表的人物として扱われている。

(17) Parliamentary Debates, vol. 20, 1829, c. 20.

(18) ミットフォード（Lord Redesdale, Freeman Mitford, 1748-1830）は、エルドン同様の保守的法律家であり、カトリック解放反対とカトリック教権制度に対する不信を公言していた。一門には著名な歴史家のウィリアム・ミットフォード（一七四四―一八二七）や駐日外交官で日本に関する諸著作を出したA・B・ミットフォード（一八三七―一九一六）がいる。

(19) Ibid., c. 36.

(20) ディセンターは、審査律廃止を主張する立場からいえば、カトリック解放に賛成してもよいはずであるが、実際には反教権主義的性格から、国教会聖職者以上にカトリック解放に反対の立場をとる者が多かった。この演説はその点を意識したものと考えられる。国教会聖職者の間で、ディセンターは、イギリス国教会から分離した構成員であったが、カトリックは妥協の余地のない旧来からの敵対者であった。N. Gash, *Aristocracy and People: Britain,*

1815-1865 (Harvard, 1979), p. 139.

(21) カトリック解放反対派は、名誉革命体制を堅持しながら、アイルランド民衆の生活改善で事態が好転すると期待していた。たとえば、『クォータリー・レヴュー』のカトリック解放問題に関する評論では、民衆の生活改善、教育、正義の実行、治安の維持によって、カトリック解放の主張が、イギリスでの議会改革の主張と同様、衰えていくとしている。*Quarterly Review*, vol. XXXVIII, 1818, p. 598.

(22) アーノルドは、人間の性向を「保守主義者（Conservatives）」と「進歩主義者（Advancers）」に分ける（LC, I, 350）。彼は、一八三七年の「ウェスレー派と保守党候補者（The Wesleyan Methodists and Conservative Candidates）」という論文でトーリーと保守主義者を峻別し、前者は君主政原理を抱く党派で正しいこともあるが、後者は人間性に直接かかわる悪と酷評する。それは当時、保守党と称し始めた党派に対する直接の批判でもあった（MW, 440-441）。

(23) ジュリアス・ヘア（Julius Hare, 1795-1855）は、ルーイス大執事を務めた聖職者であり、ニーブールの『ローマ史』翻訳に携わっていた。

(24) ウェイトリは経済学者でもあり、経済学者ナッソウ・シーニアは彼の指導を受けた。ウェイトリの国家観・教会観に対して、アーノルドは後述のように批判的であった。

(25) アーノルドは一八三六年四月二七日付ウェイトリ宛書簡で次のように述べている。「ユダヤ人は、イギリスでは外国人であり、賃借人が家の管理で家主に要求する以上の法的主張をなすことはできません。もし、我々が暴力で彼らをこの地に連れてきて劣った境遇を強いるならば、彼らは不満をいう理由があるでしょう。それでも彼らにリベリアの制度［アメリカは黒人奴隷を故郷のアフリカに返し、リベリアを建国させた］を法にのっとって適用し、独立して住むことができる地に送り出すことはできます。イギリスはイギリス人の土地であって、ユダヤ人の土地でありません。この点は、私がアイルランド——アイルランド人の土地——におけるプロテスタントの国教会を嫌悪していることをドイツ人の友人が理解しているようにご理解いただけるものと存じます」（LC, II, 28）。

(26) かつてエドマンド・バークがカトリック抑圧を批判したのは、アメリカと同様、アイルランドが帝国を離脱することを危惧したという政治的理由があった。岸本広司『バーク政治思想の展開』（御茶の水書房、二〇〇〇年）、三二〇頁参照。アーノルドはアメリカの前例が念頭にあり、アイルランド独立の可能性を現実のものとして考えていたと推測できる。

(27) A・V・ダイシーは『法律と世論』(一九〇五年)でこの時の状況を次のように描いている。「一八三二年の選挙法改正法案の通過は、あらゆる制度が、どれほど古くからある制度であろうとなかろうと、その存在理由を示すことを求められ、民衆の判断がそれに対し好意的でなければ、徹底的な修正と革命的破壊を受けることを余儀なくされた。これらの状況から古来の国家制度の中で、イギリス・アイルランド合同教会ほど、見たところ攻撃にさらされ、擁護できないものはなかった」。A. V. Dicey, *Lectures on The Relation between Law and Public Opinion in England during the nineteenth century* (London, 1926), p. 313. 邦訳『法律と世論』清水金二郎訳、菊池勇夫監修(法律文化社、一九七二年)、三〇一頁。

(28) オックスフォード運動とは、一九世紀における国教会の信仰復興運動である。国教会が使徒伝承にもとづく普遍教会であることを強調し、聖餐を重視するハイチャーチ的な性格をもっていた。運動は次第にハイチャーチ傾向を増し、主導者の一人であるヘンリー・ニューマンは、カトリックに改宗した。

(29) ニューマン、ジョン・キーブルなどオックスフォード運動に加わった一派は「トラクタリアン」と呼ばれた。彼らが『トラクト』の刊行によって主張を展開したことにちなんでいる。

(30) グラッドストンの宗教観について、石上良平は、イギリス国教会が危機にあった一八三〇年末から一八四〇年代の初めにかけて著しくハイチャーチ的となったとする。グラッドストンは、オックスフォード運動から直接の影響を受けていないが、教会の権威を高め、その根拠を使徒伝承に求める点で運動と共通の知的前提に立っている。石上良平『英国社会思想史研究』増訂版(花曜社、一九七四年)、一七〇、一七八―一八〇頁参照。

(31) 神川信彦『グラッドストン―政治における使命感―』(潮出版社、一九七五年)、六八頁参照。

(32) 一七世紀のカンタベリー大主教(在任一六三三―一六四五年)。チャールズ一世に仕え、国教会においてハイチャーチ主義を徹底したことで、ピューリタンの反発を買い、内乱期(一六四五年)に処刑された。

(33) ディセンターは組織として一体ではない。国教会解体をめざしたのはバプティストと会衆派である。ウェスレー派のメソディストは国教会を福音主義化することをめざし、ユニテリアンは都合主義的立場をとった。一八三〇年代、ディセンターの多数はホイッグとの連合によって漸進的改革をめざしていた。Cowherd(1959), p. 86.

(34) アーノルドはコールリッジの著作を読み、いくつかのものについては賛辞を送っている。とくにこの『諸原理』は、国家教会論、国家の有機体としての理解、国家聖職者の役割などコールリッジの概念と重なるものが多い。コールリッジとアーノルドの教会論の関係について次の文献を参照。Sanders (1942), pp. 91-122.

(35) アーノルド自身、自分の教会と国家の関係における考えがフッカーにもとづいていることを一八三九年二月二日付の書簡形式の小論「国家と教会（The State and the Church）」で次のように認めている。「私は、国家と教会が完全な状況にあって連合しているのではなく、一つになっているとの考えを述べて参りました。別の言葉でいえば国家は、キリスト教社会であり、教会は主権をもった社会です。これがフッカーの見解です。しかし、フッカーの熱心な賛美者を自称している者でも忘れていることです」（MW, 470）。ウェイトリは、アーノルドの教会・国家関係をフッカーと同様な枠組と評価している。R. Brent, *Liberal Anglican Politics: Whiggery, Religion, and Reform 1830-1841* (Oxford, 1987), p. 179.

(36) ハル（William Winstanley Hull, 1794-1873）は、国教会礼拝改革に関心をもち、それに関する諸著作を出していた。彼は讃美歌研究の先駆者でもあった。

(37) ウェイトリは国教会主教であったが、エラストゥス主義的な教会観を否定していた。トラクタリアンのニューマンは、ウェイトリの反エラストゥス主義の影響を受けた。彼は『我が生涯の弁明（*Apologia*）』（一八六四年）の一八三三年に関する箇所で次のように回想している。「宗教上の見解に関してウェイトリが私のためにしたことは、まず実質的な団体もしくは集団としての教会の存在を私に教えてくれたことである。次にトラクト運動で最も顕著な特徴の一つであった教会政策について反エラストゥス主義的見解を私のうちにしっかりとしたものにさせたことである」。ニューマンは、ウェイトリの反エラストゥス主義的見解を教会と国家の相互独立、教会自体の財産保持の二点に要約している。Henry Newman, *Apologia Pro Vita Sua* (Oxford, 1967), pp. 24-25.

(38) 一七世紀の内乱期においてレヴェラーズが国教会財産の分配を主張したものの、同時代の国教会をめぐる議論の中心となったか疑問である。「ピューリタン革命」という印象に反して共和政時代、国教会財産は維持され続けた。J. Morrill, *The Nature of the English Revolution* (London,1992), pp. 148-175.

（39） Burke (1989), pp. 209-212.

（40） S. T. Coleridge, *The Collected Works of Samuel Taylor Coleridge*, by R. J. White (Princeton, 1976), vol. X, p. 35. コールリッジにおける国民教会と国民財産の議論の詳細については、石上良平「コールリッジの国家論（二）（三）―J・S・ミル「コールリッジ論」研究のために―」『成蹊大学政治経済論叢』一九六六年第一五巻三号・四号参照。コールリッジの区分については、ミルが強い関心を示し、一八三三年に「公共財団と教会財産（Corporation and Church Property）」という小論を書いている。ミルは、国民の教化のための基金を国教会と切り離して維持することを提唱している。ミルは国家が自由に資産を国教会から取り戻すことができるとしている。J. S. Mill, *Complete Works of John Stuart Mill* (University of Toronto Press, 1967-), vol. IV, p. 220.（以後、Mill, *Works* と略。）この小論の位置づけについて、柏経学・岩岡中正「公共財団と教会財産」解説、杉原四郎・山下重一編『J・S・ミル初期著作集（二）一八三〇～一八三四』（御茶の水書房、一九八〇年）所収、二二九―二三二頁参照。ミルは、『自伝』の中でこの小論を一八三〇年代初期の諸論文の中で例外的に評価している。ミル『ミル自伝』朱牟田夏雄訳（岩波文庫、一九六〇年）、一六二頁。この記述をもってしても教会財産に関するミルの関心が高いことがわかる。

（41） J・S・ミルは、一八二九年の講演「教会論（The Church）」で、国教会が権力と結びついてきたことを批判し、自ら「国教会の敵である」と公言し、国教会聖職者を人間精神の進歩の敵と手厳しく批判していた。Mill, *Works*, XXVI, p. 424. ジェイムズ・ミルは、とくに一八三五年の「国教会とその改革」の中で国教会を権力者の道具と断じ、人間精神の進歩を阻害する道具とすら主張している。山下重一『ジェイムズ・ミル』（研究社、一九九七年）、二〇六―二一一、二五二―二五六頁参照。

（42） アーノルドは、大衆の叛乱に対して厳しい態度で対処すべきと考えていた。マシュー・アーノルドは、『教養と無秩序』の最初の版で、トマスが四〇年前の混乱状況の際、政府が邪悪で愚かであることと、封建的・貴族的社会体制が有害で危険なことを述べつつも、叛乱者に対し、古代ローマのやり方にならって、暴徒は鞭打ち、首謀者を崖から放り投げることを主張していたと紹介している（Super, V, 526）。

（43） ニューマンもまたアーノルドに対して批判的であり、「アーノルド博士はキリスト教徒なのか」という発言すらおこなっている。Newman (1967), p. 42.

(44) アーノルドは、小論「国家と教会」で国家の目的について次のように述べている。「国家の目的が……単に人々の身体と財産を守ることであるならば、教会と国家は必然的に別のものとなるであろう。またもし、教会の目的が単に外的な儀式を執りおこなったり、抽象的な意見を教えることにとどまるならば、同じ結論が得られるであろう。これらの考えは一方が物質的な概念であり、他方が教権主義的な考え方である。両者とも真に哲学的でもキリスト教的でもない。国家は単に人間の身体や財産の配慮以上のはるかに高貴な目的をもっている。教会は儀式を執りおこなったり、抽象的な教義を教えることよりもはるかに高貴な目的をもっている。両者の目的は人間の最高の幸福である。これは精神的幸福であろう」(MW, 466-467)。

(45) フランスでは一八三〇年の七月革命においてカトリックの非国教化、聖職者の議席剥奪がおこなわれていた。イギリスにおける国教会をめぐる論争において当事者にはフランスの諸改革が念頭にあったものと推測できる。

(46) 国教会体制擁護というアーノルドの意図に反して彼の議論は、国教会聖職者には不評であった。一八四五年一月の『エディンバラ・レヴュー』に掲載されたスタンリーのアーノルド伝の書評では、「アーノルドの聖職者の間の不人気が著しい」ものであり、「ホイッグ内閣は彼にふさわしい職に就けようとしなかった」と指摘している。*Edinburgh Review*, vol. 81, 1845, Jan, p. 100. アーノルドを嫌ったホイッグ政治家は、一八三四年から四一年まで首相を務めたメルボーン卿(一七七九―一八四八)である。彼は、熱心な国教会擁護者であり、アーノルドをユニテリアンかもしれないと疑い、昇進させなかった。L. G. Mitchell, *Lord Melbourne 1779-1848* (Oxford, 1996), p. 35. またホイッグの『エディンバラ・レヴュー』に対抗するトーリーの『クォータリー・レヴュー』ではアーノルドの提唱する包括教会がクウェーカー、カトリック、ユニテリアンを取り込むことに驚きを示し、全教会を混合した、突飛で非現実的なものと評している。*Quarterly Review*, vol. L, 1834, p. 560. 保守派でなくとも、アーノルドの議論は国教会制度を動揺させると考えられていた。たとえば、ウォルター・バジョットは、アーノルドが存命だったならば一八四五年の国教会廃止法案に賛成しただろうとの見解を書簡で述べていた(WB, XII, 200)。

(47) 一八三三年五月二九日付ハーン(Hearn)宛の書簡でその不満を次のようにアーノルドは述べている。「私の不満とするのは、何人かの友人が私の教会改革の計画を教義の面から〈広教派(latitudinarian)〉であると批判することです。しかし、私の信念はまさにこれとは逆のものです。真の教義の下に偉大な統一性と厳格性をもった教会にするのです」（LC, 1, 309）。

（48）　ダイシーによれば、一八三〇年から三六年にかけては、国教会の包括か廃止かの二者択一の状況であったが、その後、国教会廃止の圧力が弱まり、「譲歩と結びついた保守主義の政策」で国教会制度は存続していったとする。Dicey(1926), pp. 316-317. 邦訳、三〇四頁。結局、アーノルドの唱えた包括化は採用されず、ディセンターの勢力が衰退する中で、国教会は部分的改革をしながら存続していった。

（49）　このようなアーノルドのエラストゥス主義的観点は、教会改革を非聖職者によって担うべきとの考えにも反映している。アーノルドの影響を受け、教会改革を提唱した「アーノルド派」の多くも非聖職者によって占められた。

第二章　デモクラシーと教育
――トマス・アーノルドにおける教育と国民統合――

第一節　〈知の支配〉をめぐる論争

一八世紀末から一九世紀半ばを通して、イギリスの政治社会に存在し続けた問題がある。それは、知の編成としての学校教育に関わる問題である。その問題は、とくに中産階級教育のあり方をめぐって展開した。この教育問題は、伝統的国家体制の維持か、デモクラシー的代表制の創設かという体制選択に絡んでおり、政治的勢力と結びついて論争となっていた。それは、当時の政治勢力がそれぞれの存在理由を賭けた争点であったといえる。(1)

この時期のめまぐるしい政治社会の変化の中で、政治的変動のバランスの支点に位置していたのは、当時、勢力を伸ばしていた中産階級であった。その知的世界を支配していたのは科学技術中心の実証主義的な世界観であり、彼らは産業化にふさわしい実学的知識を重視していた。中産階級が伝統的国家体制における政治的不平等を批判する中で問題にしたのが、古典人文学を中核とする〈知の支配〉であった。学校教育に関わる問題が政治化した背景には、中産階級と伝統的支配階級との知的権威をめぐる闘争があった。それが政治問題となったのは、当時のイギリスでは政治・行政・社会の組織整備が進行しつつあり、この組織原理に知的状況が関わっていた事情があった。たとえば、公職任命は、パトロネジから選抜試験に移り変わっていったものの、古典人文学を中心とした試験制度によって従来の支配階級は、公職を維持した[2]。当時の政治的諸勢力にとっては、この知をめぐる争いに勝利することがデモクラシー社会における国家統合の主導権を握ることであった。

教育者として知られるトマス・アーノルドの政治的関心の中心は、この点にあった。デモクラシー化にあって、伝統的国家体制を維持しながら国民統合を果たすために、この中産階級の意識をいかに望ましい方向に嚮導していくか。これは、彼にとって重大な実践的課題であった。

本章では、トマス・アーノルドの国民統合に関する議論のうち、とくに、デモクラシー社会における政治教育について検討をおこなう。まず明らかにされるのは、同時代の政治社会の問題を考えるにあたってアーノルドが社会進歩という視点に立った歴史観をもっていたことである。次に彼は、国民統合という課題を歴史考察から導き出した。さらにこの検討によって、パブリック・スクールで彼が実践したジェントルマン教育は、国民統合という問題関心の延長上に存在することが明らかにされる[3]。

このようなアーノルドの問題関心の連関性を考慮して、本章において第一に論じられるのは、彼の政治・社会分析の基礎にある歴史認識についてである。彼は、選挙法改正など当時の政治改革を肯定する議論を展開したが、その背景には独自の歴史解釈が存在した。ラグビー校の校長として知られる彼は、没する直前の一八四一年にオックスフォード大学の近代史欽定講座教授に任命された歴史家であった。彼はドイツの歴史家ニーブール（Barthold Niebuhr）の影響を受け、『古代ローマ史』など古典古代に関する著作を出していた。以下では、彼の歴史解釈が社会進歩という基本原理から導き出され、同時代における政治的議論に適用されていたことを明らかにする。

第二に論じられるのは、アーノルドの古典教育中心の教育観が同時代の政治問題を強く意識していることである。彼がおこなったラグビー校での教育は、後世、新興の中産階級を伝統的支配階級の価値観に融合させたことで評価される。[4] そのことは、彼の意図せざる結果ではない。デモクラシー化の進展という状況において新たな国民統合をめざすための有効な手段として、彼は教育を位置づけていた。本章は、包括的国教会に関する議論を扱った前章とあわせて、デモクラシー社会における国民統合という課題に対処したアーノルドの解決の方向を分析する。

第二節　歴史家トマス・アーノルドの改革論

アーノルドの歴史家としての代表的著作は、『古代ローマ史』であった。その第一巻は一八三八年に刊行され、一八四一年には第二次ポエニ戦争までを扱った第三巻のほとんどが完成していた。彼は、社会の発展段階を歴史研究の鍵と位置づけていた。それは、彼が傾倒したニーブールの研究方法の影響によるところが大きい。ニーブールはすべての国家が同じ発展段階をたどり、その段階は、政治権力を求める階級闘争によって決定づけられると考えている。アーノルドはニーブールの没後、一八三三年にヘアに宛てた書簡で次のように語っている。

「どんな者にとっても、ニーブールの衣鉢を継ごうとするのは途方もないことであります。しかし少なくとも、私には彼がなしたことについて限りない敬意をもつ資格があり、彼は、その著書の中で私の名前に言及しています。私はローマ史執筆を続ける中で、彼から学んだその考えと見解を具体化していきたいのです」(LC,I, 1-317)。

その発言どおり、彼は発展段階論を古代ローマ史に適用し、またイギリス政治社会の現状分析に適用する。[5] 古代社会と近代社会の発展に同様な周期を見出している。D・フォーブスが指摘するように、アーノルドは「リベラル・アングリカン」の歴史家の中で、最も政治・社会の現実問題に関心をもつ論者であり、その問題を古代史研究の経験に照らし合わせている。[6] 彼の政治評論をみると、しばしば古典古代史の事例が現在の事例と同等に扱われていることがわかる。

アーノルドの歴史研究は、国家単位の発展過程を考察するものであった。一八四一年の欽定講座就任講義(『近代史講義(*Lectures on Modern History*)』として、一八四三年に公刊)の冒頭で述べているように、彼にとって歴史とは「社会についての伝記」であった。[7] その対象は、とくに「国家(state or nation)と呼ばれる最高で至上の社会」であり、[8] その統治の変遷に、彼は歴史家として関心を抱いていた。諸国家の発展段階は、その変遷を分析することから導き出されるものである。

アーノルドは、第一次選挙法改正論争におけるデモクラシー化の傾向を社会発展の過程に位置づけていた。このことは、一八三〇年に出した『ツキジデス注釈(*Edition of Thucydides*)』第一巻の附論「諸国家の社会進歩に関する論考(Essay on the Social Progress of States)」[9] の主張に照らすことで明らかとなる。

アーノルドは、諸国家の歴史を「幼年段階から成年段階への発展」と人間の生涯に当てはめて理解している。発展は歴史の長さでなく、政治社会において優越的な地位を占める者の変遷から導き出すことができる。したがって、彼は「千年もの間存在する国家で、その歴史が驚くような事件に満ちていても幼年段階にあるそれもありうるし、一世紀もたっていない国家で、不注意な読者の目を引くことがその歴史になくとも老年期に達しているそれもあるかも知れない」(MW, 81) と述べる。最初の社会段階は、高貴な出生の者が支配的地位に立つ貴族政の時代である。血統によって優越的地位が維持される社会は、彼によれば「人間が未成熟段階にあることを示す」(MW, 90) ものである。

次の段階は、貴族が財産をもつ平民の台頭に脅かされる成年期の段階である。そこでは「血統と財産」の間の闘争がみられる。平民の一部は商業活動によって経済を支配し、さらに政治的権力を求めるようになる。貴族が平民の台頭にもかかわらず、政治的権力を支配し続ける状況が長引くと、その変革は混乱を招く、とアーノルドは指摘する。

その後に来るのが、財産をもつ者が社会において優越的地位をもつ段階である。この時代に「財産と数」の間の対立が始まる。この闘争は「血統と財産」の争いに比較してはるかに深刻である。「血統と財産」の闘争が当初存在した両勢力の質的相違——肉体的・精神的相違——が時の経過とともに形骸化し、両者が均質化してくるのに対し、「財産と数」の闘争には、その傾向が見られないからである。彼は、争いの状況を次のように描写している。

「この最後の争いは、対立する党派の実質的な相違が頂点に達した時にのみ起こりうる。社会における中間の階級が一つもしくは二つの極端な部分に吸収されて、国家が奢侈と貧困という妥協の余地がない敵対へと分裂した時である。これは、想像上の区別を捨て去ることのできる、実際に平等である者の間の競争ではない。

完全に対照的である者の争い――共通点が全くない党派の争いである。互いの感情に対する理解もなく、互いの要求に対する共感もなく、相手が失わない限り、得ることのできない戦利品を求めて戦うのである」(MW, 106)。

この闘争の例として、彼はグラックス兄弟が活躍した古代ローマで財産の不平等が著しく拡大した土地改革の時期を挙げる。また一六八八年の革命以後におけるイギリスの状況がツキジデス時代のギリシア、ローマ共和国の最後の世紀とともにこの段階にあることを指摘している。この対立が危機的状況に陥ると、好ましい結果で終わった例がないと彼は述べている(MW, 104)。

アーノルドは、社会進歩を前提とした諸国家の比較という方法を用いているが、それは理性的人間が限りない進歩をめざすという啓蒙主義的進歩観とは異なっている。[10] フォーブスがいうように、「リベラル・アングリカン」の歴史観は「イギリスにおける合理主義的歴史の精神すべてとかけ離れた」性格をもつ。[11] アーノルドは、個人の啓蒙を通じて人間社会が完成に向かって進歩するという形での社会進歩論をとっていない。彼は、国家全体を一つの有機体とみて、その成長過程を社会進歩として観察している。人間のライフサイクルのアナロジーは、有機的単位としての国家という前提にもとづいている。彼の歴史分析の対象は、個人をとりまく国家体制の進歩過程であった。個人はこの国家の中で完全に近づくことができ、個人の啓蒙が国家の発展を導くのではない。有機的存在である国家の発展というアーノルドの歴史的視点は、ヴィーコにおける歴史循環論やニーブールによる国家体制の発展論に基礎をおいている。彼は、啓蒙主義的・個人主義的な社会進歩観とは異なる分析視点を大陸の歴史学に見出していた。その視点は、バークやコールリッジなどと同じく、イギリス国家を有機的統合体とみる伝統的視点と結びつけることが可能であった。

アーノルドにとって、歴史上の事件は国家の発展過程のエピソードであるが、産業化については、社会進歩の一つの現象としてとらえながらも、そこから生み出される社会問題を過渡的問題として片付けていない。それをアーノルドは自己の良心に関わる実践的課題としてとらえていた。彼は、同時代の社会問題を歴史上未曾有のこととして、ラグビー校において次のように説教していた。

「諸君にいうまでもないが、現在は注目すべき時代である。我々も、そして長い世代を溯って父祖たちも経験したことのない時代である。過去に起きたことを知る者にとって、我々が現在直面している変化について考えるのが恐ろしいことは疑うべくもない」（LC, I, 242）。

スタンリーによれば、そのような説教を締めくくる際に、アーノルドは嵐と難船の危機にあって使徒のとった賢明で勇敢な行為の例をもち出したという。社会問題は国民の精神にかかる問題であり、国家の発展において精神は重要な要素であった。国家の発展と個人の完成はこの部分で関連をもっていた。

アーノルドは、同時代の社会問題の原因に経済的要素の介入をみており、その結果、社会進歩が不自然な形でおこなわれたと考えている。アーノルドの見解は『シェフィールド・クラント（*Sheffield Courant*）』誌に一八三一年、寄稿した「職工階級の社会状態についての諸書簡（Letters on The Social Condition of the Operative Classes）」（全一三書簡）における社会問題の分析から明らかである。その中の第二書簡において、現在の問題の原因を五つ挙げている。

第一の原因は、ヨーロッパにおける二〇年以上の戦争である。イギリスでは、その戦争によって人口・商業・工業生産が不自然なほど急増したとアーノルドは論ずる。第二に富裕者がますます富み、貧困者はますます貧しくなっていくという自然の傾向である。つまり、大規模に事業を営む者は、小規模な事業主を市場から締め出し、それによって大事業主は事業を拡大する一方で、国民のかなりの部分が自身の労働力に頼らざるを得ない状況に追いこまれるのである。第三の原因は、富裕になってより快適な生活をし、知的満足を得る者がいるのに対し、貧困者はそれを望むべくもなく、その結果、社会の異なる階級の間に大きな距離ができ、相互理解どころか、敵対関係まで生み出したことである。第四は、救貧法の不適切な運用がもたらす弊害である。これは貧困者を最低限の生活に甘んじさせるばかりか、富裕者にその負担に対する不満をつのらせ、貧困者に対する同胞意識を喪失させた。第五は、すべての制度――宗教・政治・社会――におけるアリストクラシーの過剰であり、それは歴史の早い段階に起源をもつ邪悪であると彼は論じる（MW, 175-176）。

アーノルドは、これらの諸原因の中で戦争によってもたらされた社会変化を最も重要視している。この原因こそ、その他の諸原因を引き起こしたものと彼は考える。そのことは、第三書簡において詳細に述べられている。彼は当時の社会変化を次のようにたとえる。

「我々は、いわば三〇〇年を三〇年で生きているようなものである。すべてのものが同時に桁外れの速度で出発し、いやむしろ、すべての者がそうできるはずであった。そしてそうならなかった者が、はるかかなたに取り残された。軍隊が行進する時に、すべての部隊が等しく進むのは不可能であることが周知のように」（MW, 179-180）。

続いて、彼は、戦時需要の増大がもたらした社会の変化を詳細に語る。つまり、ヨーロッパにおける戦争状況は、正当なシェア以上にイギリス製品の需要をもたらし、新しい商業部門が開かれ、新しい工場が建設され、新しい機械が発明されるに至る。その戦争景気の中で、上流階級と中産階級は父祖の時代より快適に、贅沢に暮らせるようになった。好景気の下で、貧困者も安価な衣服や出版物が手に入るなどその利益を享受していたものの、彼らは与えられるよりも奪われる方が多かった。小規模な農場主は、大規模な者によって市場から締め出される。貿易業者もまた同様である。家内工業は、資本と機械が結びついた力に屈することになる。彼らは、結局、有利な立場で売るものがなくなって自分の労働力を売るようになる。さらに戦争が終わり、物品の需要が減少し、市場が在庫過剰になることで景気が悪化し、社会の分裂に拍車がかかる。この戦争の期間中、社会の半分は先行し、残りの半分は後退し、感情においても生活習慣においてもその距離が拡大した、とアーノルドは指摘する（MW, 180-181）。彼は、戦争がもたらした急速な経済変化を「社会進歩に対する暴力的刺激」（MW,179）として、社会問題を引き起こす好ましくない現象と考えている。

アーノルドは、この社会変化そのものを否定しているわけでない。彼は産業の発展を社会進歩の推進力の一つとして評価する点では、スコットランド啓蒙と同様の視点に立っていた。彼の重点は一つの有機的単位としての国家のあり方にあった。彼は、産業の急速な発展によって、国家の有機的統合が危機に瀕していると考え、最も憂慮すべき問題を国民の分裂現象と考えた。伝統的国家体制において維持されイギリスを他国にはない発展に導いてきた国民統合は、危機に陥っていた。『シェフィールド・クラント』誌の諸書簡の中で明らかにしているように、彼が心を痛めたのは、社会の上層部分と下層部分がはなはだしく隔たることから生じる両者の道徳的堕落であった。彼の論じた社会発展段階論に照らすならば、極端な不平等によって、国民の間に対立が起き、全く異質な党派ができることは、「財産と数」の間の深刻な党派対立を引き起こす可能性がある。一八三〇年のヘアに対する書簡で、彼は次のように語っている。

「もし、アーサー・ヤングのフランス旅行記を手に入れたならば、あなたはその内容が我々の時代と国家に当てはまることに、非常に驚くものと思います。彼が描くのは、小作人が貴族を憎悪することの恐ろしさ、一七八九年にいかに居館が破壊され、ジェントリの一門が侮辱を受けたかということであります。それは、自分たち［上流の者］と貧困者を二つの身分に分けた者に対する嫌悪から来ており、彼らは神が一つにしていたものを分けたことで罰を受けることになっています。この時期、カーライル（Carlisle）は貧困者たちに、彼らと富裕者は敵同士であり、火をつけるなどして敵の財産を破壊することは戦争の法にかなっていると言っています。これは、確かに悪魔の教義であり、極悪非道に適用されております。しかし、疑う余地なく我々の貴族的作法や習慣は、我々と貧困者を心の通わない二つの切り離された集団にしています。共感がないためにもし災難が感情を傷つければ、それは敵視に変わり、他人が贅沢三昧しているように見えることが災難をさらに耐えがたくするものです。これは、我々の社会すべての状況における精神的汚点であり、取り除き、すべてを消し去ってしまわねばならないことです」（LC, I, II251-252）。

国民分裂の危機を警戒する彼にとって、諸改革の第一の目的は、社会進歩の過程で生じた不平等を改善し、国民統合を回復させることであった[12]。

一八三二年の選挙法改正は、アーノルドにとって国民統合の回復のための一つの手段であった。『イングリッシュマンズ・レジスター（*The Englishman's Register*）』に掲載した「改革について（Reform）」（一八三一年）で彼は選挙法改正が「必要であり、正義にかなった方策である」ことを示すために、次のような歴史的説明を展開する。

「当初、民衆は一般に大変貧しく無知であった。民衆の大多数は知識や財産をもつ少数者――この数は非常に少ない――によって容易に統治されていた。時がたつにつれて知識や財産をもつ者が増え、民衆のかなりの部分が統治に参加するようになる。同じことが繰り返され、事物の自然の流れにまかされるならば、統治はだんだんと民衆的になる。民衆のかなりの部分が、直接ないし間接的に統治に参加することになる。この自然の進歩を阻止するような企てがなされるならば、その帰結は革命である。それは、河の流れを堰き止めようとして、全国土が水の中に呑み込まれるようなものである」（MW, 127）。

彼は、国家の歴史段階を政治社会において優越的地位に立つ者の変遷の結果とみていたが、それは民衆化が進展する政治過程としてとらえていた。

アーノルドは、庶民院の歴史を振り返りながら、この民衆化の傾向を次のように説明する。

「約二百年前、商業によって中産階級に属する多くの者が富むようになると、書物が一般に読まれるようになり、知識はかつてにまして一般に普及するようになる。庶民院は、国家統治の中でこれまで以上に、より大きな役割を主張するようになる。それを構成するのは、地方のジェントルマン、商人、法律家、貿易業者である。言い換えるならば、彼らは中産階級の間で最も豊かで啓蒙された者たちである。まさにこの時、変革の時期は到来し、人間の力をもってして止めることができないものとなった」(MW, 127)。

さらに彼は、一七世紀に起こった内乱を例に挙げながら、民衆化の傾向に抗することが革命を勃発させる危険性を指摘する。彼は社会進歩を信じたが、それを革命と対立する観念として理解していた⑬。進歩は漸進的であるのに対し、革命は進歩が積み上げてきたすべてを破壊する。進歩を阻害した結果生じる破壊的現象として、彼は革命を次のように描写する。

「それ［変革］を阻止する企てがなされると、その変化は平和的なものから、暴力的なものへと変わる。その結果、七〇年の血なまぐさい内乱と幾千もの善良で勇敢な者の死――その中には我々の国王の一人がいる――をもたらした暴力的事件という代償を払うこととなった」(MW, 127)。

彼は、このように革命を進歩と峻別し、それを進歩の一形態として考えなかった。同時代の劇的な社会変化の渦中にあるアーノルドにおいて、革命の回避は重要な位置を占めていた。彼によれば、革命は社会の諸階級の分裂が深刻化した結果生じるものであり、国民統合こそ社会の健全な発展のための基本条件であった。

アーノルドは、選挙法改正が議論されていた当時を「もう一つの変革が熟した」時期、「平和のうちに改革が進むか混乱と流血をもたらすか」の節目の時にあるという。つまり「ここ五〇年において民衆のさらに多くの部分が知識や財産を増やし、統治に参加することを要求する」（MW, 128）段階にあると彼は考える。選挙法改正こそ中産階級の間の下位の部分にある幾千もの人々――民衆のうちでも政治的進歩にふさわしい部分――に選挙権を与え、その要求を十分にかつ正当に満足させることができる（MW, 128）とする。彼は一八三一年のブンゼン宛書簡で、「選挙法改革が五年遅れるならば、デモクラシー的精神が高揚し、貴族における最高の徳性は救われないであろう」と述べ、「今こそ改革が破壊を防ぐ」と語っている（LC, I, 256）。彼は、革命回避のための国民統合の重要な手段として選挙法改正を位置づけていた。

しかしながら、アーノルドは選挙法改正によって諸改革が飛躍的に進展することに重きをおいていなかった。彼は、選挙法改正における民衆の過度の期待を批判し、それによって引き起こされるであろう性急な改革を警戒している（MW, 125）⑭。彼の視点からみると、選挙法改正は、貴族階級の不当な優越状況を改善することで国民統合を回復する措置であるが、急進的改革は、逆に民衆の過度な優越をもたらすことで国家内の調和を妨げるものであった。彼は、選挙法改正によって民衆化が促進されることで「数」の勢力を増長させかねないことを危惧する。一八三二年に『シェフィールド・クラント』誌における寄稿「選挙について（The Elections）」で、彼は、次のように指摘している。

「選挙法改正は、国民の一部が残りの部分に不当にも優越する状況から国家を解放した。しかし、それが別部分の支配をもたらすならば、全体としての国家は利益を受けない。もし、労働者階級が選挙法改正を彼らの勝利と公言し、彼らが他を押しのけて前進するための原動力と考え、富裕者の面目を失わせるならば、我々は一つの国民でなく、二つの妥協不可能な党派にすぎなくなり、正義の勝利や解放、相互の友愛、今までもっていた国民的幸福からほど遠い状況に陥る」（MW, 246）。

彼が危惧するのは、急進派を勢いづかせることで改革議会における党派感情を高揚させ、階級対立の激化を招くことである。その事態は、選挙法改正で回復された有機的統合を再び危うくする。彼は、功利主義者を中心とする急進派が改革の名の下に伝統的国家体制を破壊することを警戒した。実際、ジェイムズ・ミルなどは選挙法改正を急進的改革の第一歩として位置づけていた。彼らは、全国の「政治同盟（Political Union）」を拠点に選挙法改正運動に取り組み、階級の代表を議会に送り出そうとしていた。[15] アーノルドは、選挙法改正後に「政治同盟」による議会での党派活動を名指しで警戒している（MW, 246）。

アーノルドは、民衆化の歴史が急進化の歴史に他ならず、近年それが既存秩序を脅かす方向に展開しつつあることを認識していた。彼は、『近代史講義』で一六八八年以降のイギリス史を民衆的党派と反民衆的党派が対峙する歴史として描いている。この図式自体は、ヒュームが「グレイト・ブリテンの党派について」で指摘した「君主政の熱心な愛好者」と「自由の熱心な愛好者」[16] との対立にみられるように、とくに新しい視点ではない。アーノルドの叙述で注目されるのは、その対立が徐々に民衆の政治参加を拡大させ、急進的方向に進んでいるという視点である。彼によれば、「アン女王とその後の治世において、一般民衆は概してディセンターと民衆的党派を嫌悪しており、聖職者に親しみ、革命に反対する党派に親近感を抱いていた」[17]。急進的改革者プリーストリが国王支持の大衆に襲撃された事件がその状況を物語っている。それは、フランスにおいて一般民衆が革命の側につき、貴族を攻撃したのと対照的であった。その状況がジョージ三世時代において変わり、国民の大多数が革命の原理——市民および宗教的自由の勝利——を支持するようになる。フランス大革命期のピットの時代に閉塞していた民衆派は、ジョージ三世治世下にいたってウィルクスにみられる「品位のない党派」として表れる。アーノルドは、そこに民衆的党派の急進化を見出し、次のように述べている。

「庶民院はもはや民衆側でなく、反民衆の側に立っている。そして民衆的党派は、もはや法的に正統性をもった権威を通して発言することはなくなり、その任務に自ら携わる個人が新聞を通じて発言するようになる[18]」。

彼によれば、この段階において民衆的党派は院外に活動の場を移し、庶民院を反対派の利益を擁護するものとして敵視するようになる。実際、ベンサム、ミル父子に代表される当時の功利主義的急進派は、イギリスの伝統的国家体制そのものに階級支配をみていた。彼らは、連続的に存在してきた伝統的秩序そのものと訣別している点で、従来の民衆派と異なった警戒をする必要がある、とアーノルドは考える。選挙法改正は、庶民院を民衆派の攻撃対象とさせないための改革であった。

ここでふれておかねばならないのは、アーノルドとホイッグ急進派との関係である。彼は、同時代の改革論議においてジョン・ラッセル卿[19]などのホイッグ急進派に近い立場をとっていた。両者は、ともにプロテスタント国教制の厳格・排他的な運用に反対し、包括的方向をめざしており、さらに貴族ジェントリが特権に固執する態度にも批判的であった。だが、両者の社会認識は微妙に異なっている。それは、一八二三年にジョン・ラッセル卿によって執筆された『ヘンリー八世時代から現在までのイギリス政府と国家体制に関する論考（*An Essay on the History of English Government and Constitution from the Reign of Henry VIII to the Present Time*）』をみることで明らかとなる。ラッセルは、選挙法改正法案を取りまとめた中心的人物であり、ディセンターの政治的権利拡大に多大の貢献をなしていた。その政治的活動の基礎となる国家体制の解釈がこの著作であった[20]。彼は、ホイッグがイギリスの歴史において、自由を擁護し、民衆的・改革的であり続けたことを強調している。ラッセルは、国家体制の進歩という概念に立ち、「民衆の進歩についていけない統治は、安定せず、そうした展開がない統治はやがて破滅にいたる[21]」と主張し、刑法改正、救貧法改正などの諸改革を擁護する。彼の社会進歩に関する議論は、国民の徳性とキリスト教信仰を強調している点で、アーノルドと共通している。しかし、ラッセルは「古来の国制」観の上に立ち、「臣民の自由と国王の特権」という伝統的図式を維持しながら社会進歩を理解していた。名誉革命以来の歴史において、ホイッグが国民の自由の代弁者として輝かしい活躍をしてきたことを彼は高らかに誇り、今後もホイッグ貴族による国民の指導が可能であると考えていることを示唆している。彼は、民衆の急進化をアーノルドほど重大視しておらず、自由主義的世論と伝統的ヒエラルヒーが両立可能であることを信じていた。

このようなホイッグ貴族の態度をアレクシス・ド・トクヴィルは、『イギリス訪問記（*Journey to England*）』（一八三五年五月二二日付）で、次のように観察している。

「一世紀半にわたって〈ホイッグ〉は、ブリテンの国家体制をたくみに操ってきた。彼らはゲームがひたすら続くと信じているが、機械は磨耗し、慎重に操作しなければならなくなっている。彼らが平等と自由を語っていたのは、民衆がこの二つの事柄について漠然とした衝動しかもたず、明確で実践的な理想をもっていない時期であった。彼らは、この二つを自らの権力を確保するために用いた。そして社会をそのままの状態においていた。この過去の経験は彼らを惑わせていた。彼らは、すでに自由の概念が法の中で明確になっている時代にも同様のことができると信じていた。結局、〈ホイッグ〉は貴族的党派の断片に過ぎなくなっている。彼らは、長らくデモクラシーを道具として用いてきた。しかし道具はそれを用いる手より強力なものとなった[22]」。

アーノルドもまたホイッグ貴族における改革への妥協的性格を懸念し、『シェフィールド・クラント』誌における「改革およびその将来の結果について（Reform, and Its Future Consequences）」（一八三一年）で、次のように危惧していた。

「暴力的かつ破壊的革命はすべて〈疑念〉によって起こる。政府の諸活動が民衆的であってもその本心は全く別であると考えられてしまう。また多くの譲歩をなしても、それは〈譲歩として〉であり、何も善いことや自由なことではない。そのようなことはただ強制の上に立つ誠実である。それゆえ民衆が煽動される時代において唯一の安定した政府は、民衆に公然と共感を示し、確信をもって民衆的原理を口にし、行動するものである。その行動が利益や恐怖から出たものではないのである」（MW, 236）。

彼は、民衆の側に立つ党派が伝統的国家体制における社会的抑制の消滅をめざしていることを十分理解していた点で、「最後のジャック」であるラッセルと異なっていた[23]。アーノルドは、伝統的国家体制の防衛線として、国教会秩序を維持し、自由主義イデオロギーを排除することを強調していた。

アーノルドが国民統合の観点から、新しい選挙制度に期待したのは、それによって党派対立を超越した「立法者として最良で最も賢明な者を容易に選ぶことができる」（MW, 245）ことである。彼によれば、腐敗選挙区が横行していた時期にはそのような者が政治から排除され、議員が特定の党派――民衆的党派と反民衆的党派――に忠誠をつくし、激しく対立していた。選挙法改正後、選ばれるべき代表は、党派利益を代表する者でなく、それから独立した賢明なる為政者である。アーノルドは、次に述べるようにバーク以来の代議制の理念に沿って、議員の国民代表としての役割を強調する。

「奴隷問題、穀物法、東インド会社問題、教会税、新聞紙税——これらすべてについてわが国の大多数の人々が評価に値する確かな判断を下すことは全く不可能である。我々は自分自身の仕事や専門に関心をもつことを余儀なくされており、これらの問題を徹底的に追いかける時間をもてない。我々が代表者に望むのは、彼らが我々のためにそれをおこなってくれることである。それが彼らの任務である」(MW, 245)。

選挙法改正は、党派的利害から離れて国政を担う者を政治の場に送り出すための機会であった。彼らは有機的統一体である国家を正しい方向に指導する元首的役割を担うべき者であった。

アーノルドは選挙法改正論議の最中に、新たに選挙権をもった者が立法者としてふさわしい人物を選出できるか、という問題をすでに考察の対象に入れていた。それは、新しい選挙制度の下で「破壊的党派」の台頭を阻止するための重要な課題であった。彼は、それを解決する方法として国民の政治教育を考える。デモクラシー化が不可避であると考えた彼は、新たに政治に参加する国民——主として中産階級——に対する教育が国民統合を維持するための政治的手段であると理解した。

第三節　教育による精神的支配

アーノルドは、国家を発展する有機体と考え、それが神の摂理にもとづいた精神的性格をもつとする。しかし、その精神性とは、国民の「最高の完成」をめざすものであり、「宗教的真理」をめざすものではない。彼によれば、「宗教的真理」は特定の教義や教派・教会と結びつくもので、国家にはふさわしいものでない。国民を結びつける紐帯は、信仰でなく、精神（moral）である。[24] デモクラシーと物質主義が展開する現在――アーノルドは「財産」と「数」が対立する時代とみる――、国家の有機的統合が階級的党派性によって侵食されている、と彼は憂慮する。この事態は、国家統合を支えてきた伝統的価値体系の正統性が動揺することにつながっていた。彼は、いかに国家の精神的性格を維持するかということに知的関心を向けた。教会と同様に、彼の教育に対する関心もこのような視点の延長上にあった。具体的には、新たに政治に参加する国民――主として中産階級――における教育が彼の関心の中心に位置づけられる。

アーノルドは、一八三二年に選挙法改正の論陣を張ると同時に中産階級における現状の教育を見直す必要性を訴えた。彼は「中産階級の教育――第一書簡――（Education of The Middle Classes, Letter I）」（『シェフィールド・クラント』誌掲載）でこの問題の位置づけを次のように語っている。

「我々は、社会において中間の階級が勢力を伸ばしていることをよく知っている。そして選挙法改正が彼らの権力を増大させ、強固なものにするであろうことはわかっている。しかし彼らの権力は、神の摂理によって我々に与えられた他の恩恵と同様に、単なる賜物でなく、神の信託を受けたものである。それは、善きことをなすために我々に与えられたものである。したがって、その使い方を知らないならば、それを一切もたない方が我々にとっても他の者にとってもはるかによいことである。……私が心の底から望んでいることは、「今まで政治から疎外されていた」民衆が政治的勢力を増す一方で、真の知識を身につけることである。彼らの権力は、真の知識をともなわなければ最悪のものとなる。それゆえ、私には中産階級の教育がこの時期、最も重要な国家的課題であると思われる。私は、それについての世論の関心を引きつけたいと考える」（MW, 226-227）。

彼は、現在の中産階級における教育の不十分さを指摘しながら、「弱い一個人の努力に代わって国民的かつ組織だった学課を与える必要性」（MW, 230）を強調する。この主張は、奇しくも彼の息子マシュー・アーノルドが勅任視学官として約三〇年後に述べることに重なる。父子の主張に共通するのは、中産階級における教育の偏狭性を改善するために国家の介入が必要であるという視点である。

中産階級に対する教育について、アーノルドが批判する最大の問題は実務教育中心の学課内容であった。それは商業学校などの中等教育においても、ロンドン・ユニバーシティ・コレッジのような高等教育においても同様であった。その学課内容は、貴族ジェントリ階級における人文教育重視のパブリック・スクールおよび大学教育と対照的な性格をもっており、科学技術教育を重視していた。当時、ヨーロッパ諸国全体をみても、伝統的人文主義教育は、新興の中産階級が主導する実務的・科学的教育からの挑戦を受けていた。後の歴史をみても、この攻防が各国の統治エリートにおける知のあり方を決めたといってもよい。

アーノルドは、一八二八年にジェイムズ・ミルなどの功利主義者が中心となって設立したロンドン・ユニバーシティ・コレッジを非キリスト教的な高等教育機関の出現として危機感を抱いた。これは既存の価値体系と異なる立場から完結した教育制度が出現したことに対する危機であった。一八三五年、同校がロンドン大学として改編される際、彼自身講師として乗り込みキリスト教教育の充実をめざしたように、彼は実践活動上の課題として、この問題に取り組んだ(LC, II, 9-11)。アーノルドが実務教育を批判したのは、それが正しい政治的判断を導く知識でないとの考えに由来する。彼は、自身の考えを次のように論じている。

「科学的知識は、一般に価値あるものであり、直接に実感できる力を与えるものとして、容易に普及するものと考える。しかし、これは選挙法改正が求める知識と何も関係がない。ある者が薬剤師として優れており、ある者が機械工として優れており、技師として優れているからといって選挙権を行使する者としてよりふさわしいという訳でない。もし、我々がただ単に科学や実務的知識の教育を受けた者を知識のある者と呼ぶならば、それはその言葉を間違えて用いているのである。そのような知識は、商売や生活手段に関する限り、非常によい教育である。しかし、それは政治に関する判断力において、政治権力を行使する資格としての教育ではない」(MW, 231-232)。

彼の見解は、各人の職務を個人に関わる仕事と、人間もしくは市民に普遍的な任務に分け、政治活動を後者に属するものとして考えることにもとづいている。彼は、この考えを次のように詳しく述べる。

「各人は、高い地位にあろうと低い地位にあろうと、二つの仕事をもっている。一つはその者がもっている自分の専門や職業である。それをもつ者は兵士であり、水夫であり、農民であり、法律家であり、機械工であり、労働者であろう。もう一つは、一般的な職務である。各人は、市民および人間としての職務をすべての隣人同様、共通にもっている。二つの仕事のうち、最初のものにふさわしい教育は専門教育と呼ばれる。第二のものにふさわしい教育は教養（liberal）教育と呼ばれる。しかし、各人はそれにふさわしいかどうかに関係なく第二の任務を果たさなければならないゆえに、人々はそれについて容易に学ぶことができると考えがちである。それにもかかわらず、それをあまりよく学んでいない者でも生涯、快適に生活するように思われる。彼は、あまり賢くなく、感じがよいと思われなくとも、結婚し、家族を育て、友人や隣人と一緒に社会に加わるのである」（MW, 232）。

このような政治的教養と実務の分離という考え方は、バークが『フランス革命の省察』で展開した専門職業集団による議会支配に対する批判にも見られるが[26]、それは人文主義的教養を支配階級の表徴と位置づけるイギリスの政治社会の伝統に沿った考え方であった。

また、この区別は、国家が他の社会に対して優越した地位をもつとする彼の国家観とも関連する。彼は、個人のすべての生活に関連する国家と、特定の目的のために存在する社会の乖離を指摘し、学校における教育者（educator）——生徒の全人格形成に配慮——と教師（teacher）——ラテン語、フランス語、地理、歴史など特定の教科を指導——のアナロジーで説明する[27]。国家の運営に携わるには、全人格教育が不可欠であるというのが彼の結論である。

アーノルドは、中産階級が職務教育に熱心なのに対し、政治活動をおこなうための知識である教養教育について無関心であることを危惧する。彼は、中産階級において「人間としての偉大な仕事が農民や商売人としての自分の職業に対する関心の犠牲となっている」現状を嘆き、「政治的知識についてあまり関心をもっていない者が政治的権力を握ることに非常に熱心であり、議員の選挙に参加できないことを不正義と考えている」ことを指摘している（MW, 234）。

この状況がもたらす弊害として、アーノルドが何よりも懸念するのは、彼らの教養的知識の空白が政治的煽動者のつけこむ隙間となることである。過去のウィルクス事件にみられた政治的煽動による大衆動員は、近年の民衆的党派にみられる著しい特徴であると彼は考えていた。この時期の支配層と同様、アーノルドは、新聞を民衆の政治的煽動のための主たる道具と見ていた。彼によれば、それは政治問題――この時期はとくに労働者の経済的悲惨などの社会問題――についての偏見や誤解を積み重ね、民衆を正しい問題解決の方向に導かず、暴力的方向に進ませる。彼は、一八三一年に自ら新聞『イングリッシュマンズ・レジスター』誌を発行し、創刊に際して「人々を興奮させずに落ち着かせ、事実を提供して政治問題の解決の困難さを指摘し」、「精神的・知的改革を進めることが、政治改革をなしとげるための最良の法であることを明らかにする」と述べている（MW, 258）。このエピソードは、彼が新聞を世論の時代における政治的教育の手段として理解していたことの証拠である。

アーノルドが政治活動にふさわしい教育の中心として強調するのは、古典古代についての叡智である。それは、伝統的な人文主義教育を擁護する以上に、彼の歴史理解を反映した主張であった。すなわち、彼はイギリス社会の発展段階を古代ギリシア・ローマと重ねてみており、古典の叡智を現代における政治問題に適用することが可能であると考えていた。彼は、一八三四年から翌年にかけて『教育季報（*Quarterly Journal of Education*）』誌に発表した「ラグビー校――古典の効用について――（Rugby School-Use of The Classics）」において、古典古代の叡智の現代性を次のように語っている。

「古代ギリシア・ローマの人々と我々の間には、物理的道具に対する尊敬の念にかなりの相違がある。ギリシア人やローマ人は、蒸気機関をもたず、印刷機も羅針盤も望遠鏡も顕微鏡も火薬ももたない。しかし、両者の精神的・政治的観点は――ともに最も人間の品位を決定するものである――申し分なく似ている。アリストテレス、プラトン、ツキジデス、キケロ、タキトゥスは、不正確にも古代の著述家と呼ばれている。彼らは、その徳性において我々の同時代人であり、同胞である。彼らは、知的旅行者として卓越しており、彼らの観察は、通常の者が達しえない見地からおこなわれている。彼らの出した結論は、我々自身の状況に適用できるものである。それがもたらす情報すべては、新鮮な魅力にあふれており、新しく、核心を突いた有用なものであり、文明化された状況下での人間による偉大な学問の実例である」（MW, 349-350）。

彼は、古典に関する学識こそ、政治社会の現状を正しく理解させ、将来における政治活動の指針となる叡智と考える。ラグビー校は、その学識を修練する場として位置づけられよう。

アーノルドは、古典的学識が伝統的国家体制において、政治支配層の知的権威として果たしてきた役割を十分認識していた。政治的知識に関する彼の一連の主張は、結果として、伝統的支配層の知的優位を強調する性格をもった。彼は貴族ジェントリ階級による排他的政治支配を批判したが、人文的知識を中核とする彼らの知的世界については肯定的であった。それは、有機的単位としてのイギリス国家を方向づける精神となるべきものであった。中産階級の教育に関する書簡とともに『シェフィールド・クラント』誌に寄稿した「改革およびその将来の結果について」でジェントルマンの精神について、彼はバークを思わせる調子で次のように擁護している。

「革命によって失うものは多い。それらは身分や財産に関してでなく、我々が長らく親しみ、深い愛着をもってきたイギリスのジェントルマンにおける習性・意識・社会である。私は、外国の習慣・意識がこの地に導入され、その中で生活するよう強いられることを望まない。私は、古来の国民的性格ほど――それとそれがなす制度には批判されるべき多くの欠点があるが――国民的徳性と幸福に関する多くの要素を含んでいるものを知らない」(MW, 236)。

選挙法改正論議の高まった時に、「身分と地位が急速に敬意を失い」、「平等という邪悪な精神が我々の上に解き放たれた」(MW, 128) 状況を彼が危惧したのは、不自然でない。彼は、デモクラシーの平等原理の下に啓蒙主義的・個人主義的理念が伝統的精神とその社会的抑制を否定することを恐れていたからである。当時の政治的状況にあって伝統的精神の優位を維持することに、彼は政治的関心を集中した。

名誉革命体制においては、統治エリートとその他の国民との間に価値観および世界観の著しい乖離がみられた。それは、政治的行動のみならず、日常的な慣習・活動の相違にまで及んでいた。フランスの社会学者ブルデューの用語を借りるならば、「ハビトゥス (habitus)」の乖離であった[28]。伝統的精神と知的に無関係な中産階級が政治社会の構成員として登場したため、政治的闘争以上にデモクラシー国家の精神的指導をめぐる〈知の支配〉の争いというべき状況をもたらされた。彼らを指導しようと試みた自由主義者は、伝統的支配階級の「ハビトゥス」そのものを批判の対象とし、啓蒙主義的観点から理性的個人における知識の発展とそれによる社会的変革をめざしていた。彼らも中産階級の教育の現状を嘆きつつ、啓蒙主義的人間観にもとづいた教育を提唱した。ジェイムズ・ミルは『教育論』(一八一九年) で、中産階級において職業教育とは別の教育が必要であることを提唱している。つまり、それは「ごく普通の労働につくような人たちにおいてさえ、豊かな精神活動をともなう生活、知恵と熟慮と創意に富んだ生活を送るための礎石」となる、ベンサムの「クレストマティア」にみられる最大多数の階級のための知性教育であった[29]。彼は、古典人文学を中心とする支配階級の教育制度を「進歩に敵対的な教育制度」、「人間によってつくられたもののうちで最も不合理で邪悪なるもの」と攻撃する[30]。また息子のJ・S・ミルは、父以上に伝統的支配階級の知的ヘゲモニーの打破を強く訴えていた[31]。一九世紀の「改革」の時代、統治エリートの形成が身分にもとづくパトロネジから、能力主義に移り変わるにつれて、教育制度は政治支配をめぐる闘争の場となった。

教育をめぐる対立は世紀初頭、初等教育において始まった。それは教派間の闘争と結びついていた。当時のイギリスにおける初等教育は、民間の任意団体によっておこなわれ、国教会系の「国教会の諸原理にもとづく貧民教育のための国民協会」とディセンター系の「内外学校協会」が教育の主導権をめぐって対立していた。当時、ジェイムズ・ミルは後者の前身「ランカスター協会」を擁護し、『フィランスロピスト（*Philanthropist*）』誌において、国教会教義にもとづく教育を攻撃するのに活躍していた[32]。その対立は高等教育に及び、後年、ロンドン・ユニバーシティ・コレッジのロンドン大学としての統合問題、オックスブリッジのディセンターに対する開放をめぐる論争に発展する。ジェイムズ・ミルなど功利主義者は、新興の中産階級を理想的国家の担い手として期待し、伝統的偏見から切り離された客観的な科学技術教育による啓蒙を重視した。ジェイムズは、中産階級を「国民全体の大きな割合を占める」知性ある者とみて、彼らが自分たち「中産階級の下にいる階級の意見・精神を指導する」役割を果たすことを求めた[33]。ロンドン・ユニバーシティ・コレッジは、伝統的価値を中心に据えた教育ヒエラルヒーからの脱却を意味していた。それに対し、アーノルドは、中産階級を伝統的精神の影響下に編入することで功利主義者の影響を断ち、既存の価値体系を維持し、社会的安定を確保することに政治的目標を置いていた。その状況は、中産階級をめぐる〈知の支配〉の争いであった。

アーノルドは、一八三五年のJ・T・コールリッジ判事宛書簡で、生涯の理想として「真の国民的・キリスト教的教会をつくり、真の国民的・キリスト教的教育制度をつくる」(LC、II, 12) ことを言明したように、国教会制度と教育制度を伝統的価値体系の精神的優位を維持する手段として位置づけていたと考えられる。一八三二年の『教会改革の諸原理』における包括的国教会設立の主張は、国教会組織を時代状況に対応させるための試論であった。当時、排他的な性格をもつオックスフォード運動が高揚している状況で国教会の精神的権威を中産階級に拡大させることは不可能に近かった。しかし、キリスト教を通じてディセンターと功利主義者を分断させるという方向は、必ずしも間違った戦略でなかった[34]。

古典的学識を中核とした人格教育を国民教育の基調とすることは、彼に残されたもう一つの選択肢であった。それは、理想化された伝統的価値体系の再生産の場として教育機関を位置づけ、中産階級を包摂することであった。彼自身がラグビー校でおこなった人格教育は、その実践であった。アーノルドの実践活動もあって、エリート教育は、中産階級に門戸を開き、伝統的価値体系が制度的に再生産されることになる。その考えは、一八六八年にパブリック・スクール法によって公認されたといえよう。この法体制下で、古典教育を頂点とした教育ヒエラルヒーがイギリスで再編され、デモクラシー社会と共存することになる。

ところで、アーノルドは、選挙法改革を「貴族のうちでも虚栄や私利によって議会に入った役に立たない部分を純化する」ことに意義を見出し、優れた資質をもつ「善良で有能な者」の政治参加を促進するものとして期待した。彼の説く政治活動のための知識が伝統的支配層によって独占されてきた古典的学識を基調とする以上、改革後の政治主体はおのずから限定される。彼の考える方向を示す手がかりとなるのは、彼が挙げたローマの事例である。

「ローマの民会は、国家の最高職就任についての権利をめぐって元老院と長らく闘ってきた。権利獲得に成功した平民に貴族は漸次屈していった。しかし結果として明らかになったのは、その権利が一度獲得されると平民は以前と同じく貴族をその地位に選出し続けたことである。それは、彼らの生まれや地位にもとづく自然な敬意が影響をもっていたからである。その敬意は真の高貴さに自由に捧げられる尊敬であり、奴隷が主人に払う服従の念ではない」(MW, 130)。

彼は選挙法改正によって、政治的訓練を受けていない中産階級が急速に政治的進出をなすことを望んでおらず、伝統的国家体制を維持しながら、開かれたアリストクラシーとでもいうべき政治社会を求めていた[35]。彼は、一八三二年の前出のブンゼン宛書簡においても「それ[選挙法改正法案]が議会を通過すれば……貴族はイギリスにおいて深い尊敬と敬意の念を払われ、その過剰な影響力を削がれても彼らの多くがもつ偉大で善き資質を用いることで、より正統性をもった影響をもつようになるだろう」と断言している(LC, I, 256)。その状況で政治に進出することを期待されているのは、貴族そのものというより、息子マシューが『教養と無秩序』で「野蛮人」、「俗物」として批判する階級を越えた、高等教育を受けたプロフェッショナルであると考えられる。彼らの社会的威信は、出生や財産よりも学識にもとづいていた。彼らは、ノエル・アナンのいう「知的貴族(intellectual aristocracy)」として、ヴィクトリア朝期の政治、教育、文芸において優越的地位に立つ。アナンが例示するようにアーノルド家の人々はその典型であろう[36]。

ヴィクトリア時代末期のイギリス社会には、比較的均質で統合された政治エリートが存在し、彼らは共通の価値観と世界観をもっていた。そこには伝統的価値観の多くがとりこまれ、古典的教養を中核に知的共感関係が生じていた。パブリック・スクールはその共通の精神をつくり出す中心的制度として機能し、旧来の貴族ジェントリ階級と新興の中産階級を知的に統合するのに貢献した。そこでなされるのは、貴族ジェントリの価値観そのものでなく、近代国家に適応したパブリック・サービスにふさわしい者としての人格形成であった。この結果は、アーノルドが新しいデモクラシー社会の確立期において考えた国民統合の方向にまがりなりにも沿うものであったといえよう。この政治エリートは、シュンペーターのエリート・デモクラシー論の模範とされたように、二〇世紀まで存在し続けることになる。彼らの世界は、開かれ、社会の変化に対する柔軟性を維持していた[37]。

アーノルドは、政治思想家として一般的・普遍的理論を構築するというよりも、デモクラシー化において支配階級が直面した精神的危機状況を的確に把握し、教育者としての活動を通じてその解決策を自ら実践した。それが生み出した成果ゆえに、彼は統治エリートに知的影響力をもつことに成功したといえよう[38]。その論考は断片に終わったが、それはマシューをはじめとする後の世代によって具体化され、制度化される性格のものであった。「トマスは、野蛮人［である貴族ジェントリ階級］を教化することを始め、息子のマシューは俗物［である中産階級］を教化する使命をもっていた」というD・ウィルソンの指摘は、アーノルド父子の教育の方向を的確に示している[39]。父トマスは、エリート教育に先鞭をつけ、息子は、よりデモクラシー化された状況下で中産階級の資質向上に力をつくすことになる。同時代の政治思想家と比べるならば、トマスの政治思想そのものには革新性はないといえようが、彼は自分が生きている社会関係の精神を純粋化して取り出し、新しい政治社会の中で再生産させることに貢献した者として評価されよう。[40]

（1）　体制選択に決着がついた二〇世紀初頭においても、教育は、政治論争の対象になっている。当時、イギリス経済の衰退をめぐって、保護関税の導入を主張するジョゼフ・チェンバレンと自由貿易維持を主張する一派との政治的対立が激化していたが、後者は、教育の充実によって、イギリスの国際競争力の維持が可能であるとの論陣を張っている。アーロン・フリードバーグ『繁栄の限界　一八九五年～一九〇五年の大英帝国』八木甫・菊池理夫訳（新森書房、一九八九年）、九三－九四頁参照。

（2）　たとえばインド高等文官（ＩＣＳ）任用において、現地語能力よりも古典語の能力が重視される状況が長らく続いていた。ＩＣＳと古典教育との関係について、次の文献を参照。浜渦哲雄『英国紳士の植民地統治―インド高等文官への道―』（中央公論社、一九九一年）、七三－八二頁。人格教育を中心としたエリート育成は、アメリカをはじめとするアングロ・サクソン諸国を対象にしたローズ奨学生制度にも現存している。一九世紀の植民地政治家セシル・ローズが一九〇三年に創設したこの奨学制度について、Thomas Schaeper and Kathleen Schaeper, *Cowboys into Gentlemen: Rhodes Scholars, Oxford, and the Creation of American Elite* (New York, 1998) 参照。

（3）　トマス・アーノルドのラグビー校校長としての教育実践と教育制度史からの研究について次の文献を参照。藤井泰『イギリス中等教育制度史研究』（風間書房、一九九五年）、一五一－五七頁。白石晃一「トマス・アーノルド―中等教育の改革者―」、『現代に生きる教育思想Ⅱイギリス』（ぎょうせい、一九八二年）、岡田渥美「トマス・アーノルドの学校改革―その理念と実践―」、『京都大学教育学部紀要』第三〇巻、一九八四年、伊村元道『英国パブリック・スクール物語』（丸善、一九九三年）。

（4）　たとえばブリッグス（一九八八年）、一八九－一九一頁、メイソン（一九九一年）、二五二－二五七頁を参照。

（5）　アーノルドは、ニーブールと直接面識があり、彼の歴史学をイギリスに紹介した第一人者である。アーノルドとニーブールとの関係について、グーチ『十九世紀の歴史と歴史家たち（下）』林健太郎・孝子訳（筑摩書房、一九七一年）、三八－三九頁参照。

（6）Forbes (1952), pp. 12-15.

（7）T. Arnold, *Introduction Lectures on Modern History* (London, 1843), p. 3. アーノルドはこの講義で、ギゾーがフランス文明について試みたことをイギリスの歴史においておこないたいと考えていた（LC, II, 252）。

（8）Arnold (1843), p. 5.

（9）この著作はアーノルドの歴史家としての方法論を最も明確に示したものといえる。フォーブスはこの著作を「リベラル・アングリカンの歴史学についての最も完全かつ公式な表明」と評している。Forbes (1952), p. 17.

（10）アーノルドの進歩史観について、前出の Forbes の他に、ピーター・J・ボウラー『進歩の発明―ヴィクトリア時代の歴史意識―』岡嵜修訳（平凡社、一九九五年）、八〇―八九頁参照。

（11）Forbes (1952), p. 7.

（12）このことから、彼が社会問題の根本的解決として考えたのは、物質的な改革よりも国民意識にかかる精神的な改革であった。その点を「職工階級の社会状態についての諸書簡」第五書簡で、彼は次のように述べている。「私が苦難の原因として、以前引用したものを挙げることを許していただくならば、その第一は人口と工業生産が不自然に増加したことである。それらは移民や植民によって緩和されるかもしれない、またある者が考えるように、教会税や穀物法の廃止によってなされるかも知れない。しかしこれらのことが我々の道徳的邪悪に対してどのような効果があるのだろうか。それらが貧民の精神的・知的性格を向上させ、彼らを富者に近い状況に引き上げるのだろうか。またそれらの方法がここ数年悪化し、現在の状況がその拡大に力を貸していることを防ぐことができるのだろうか」（MW, 188）。彼の関心は、まず国民の精神的改善に向けられていた。第一章で論じた国教会の再編成という彼の宗教的主張は国民の精神的改革という目的と結びついていた。

（13）アーノルドは、『近代史講義』において一六六〇年におけるイギリスの「革命」を社会的変化をもたらさない政治的なものとしているのに対し、フランス大革命は社会的変化をもたらし、国民生活の連続性を破壊するものと論じている。Arnold (1843), pp. 253-259.

（14）アーノルドは、選挙法改正によって国債帳消し、教会税廃止、平和の実現、生活費の低減などを早急に実現するのが困難であることを説いている（MW, 125）。

（15） ジェイムズ・ミルの第一次選挙法改正をめぐる政治活動について次の文献を参照。山下重一（一九九七年）、二四二―二四六頁。息子のJ・S・ミルは『自伝』の中で選挙法改正後に急進派が勢いづいた状況を次のように描写している。「哲学的急進派をもって自ら許し、友人たちからもそう呼ばれた人々は今こそかつて彼らが占めることができなかった有利な立場に立って自分たちの真価を世に示すべき絶好の機会にめぐまれたと見えたし父も私も彼らに多くの期待をかけた」。ミル（一九六〇年）、一七一頁。

（16） D. Hume, *Political Essays* (Cambridge, 1994), p. 45.

（17） Arnold (1843), p. 260.

（18） Ibid., p. 264. アーノルドは、歴史発展にともなう政治の急進化を「昨日の改革は今日の体制であり、昨日の改革者は今日の体制擁護者である」と言い表している。Ibid., p. 265.

（19） ジョン・ラッセル（Lord John Russell, 1792-1878）は、ホイッグ貴族出身で第一次選挙法改正に活躍し、一八四六～五二年と一八六五～六六年に首相を務めた。彼は、アーノルドの理性的信仰に信をおき、その教え子のスタンリーを「我が教皇」とさえ呼んでいた。John Prest, Lord John Russell (Bristol, 1972), p. 79.

（20） 改革論議の中でのラッセルのこの著作の位置づけについては次の文献を参照。Brent(1987), pp. 41-64.

（21） John Russell, *An Assay on the History of English Government and Constitution from the Reign of Henry VIII to the Present time* (London,1821), p. 242.

（22） A. Tocqueville, *Journeys to England and Ireland* (Yale University Press, 1958), p. 80.

（23） ラッセルは第一次選挙法改正を最後の改正と繰り返し言明したため、「最後のジャック」と揶揄された。彼のこの言動は、さらなる改革にホイッグ急進派が消極的なことを示していた。

（24） 彼によれば、国家が国民に求めるのは信仰の告白でなく、服従の告白であるべきとする。また知識をめぐってキリスト教に異議を唱えても、精神的に服従するならば寛容の対象となるとしている。Arnold (1843), p. 46, 48.

（25） アーノルドは、イギリス民衆の知的向上に関心をもち、ロンドン大学創設、有用知識普及教会、職工学校設立に共感を示した。しかし、いずれに対しても教育内容の世俗的傾向に不満を抱くことになった。この事情について、J. Fitch, *Thomas and Matthew Arnold and their Influence on English Education* (New York, 1897), pp. 124-134. 参照。

（26）Burke (1989), p. 95.
（27）Arnold (1843), pp. 37-38.
（28）ブルデューにおける「ハビトゥス」の議論について、Ｐ・ブルデュー『再生産』宮島喬訳（藤原書店、一九九一年）参照。この中で彼は「ハビトゥス」の再生産において学校教育の重要性を指摘している。「ハビトゥス」とは、社会化を通じて無意識的に獲得される知覚、発想、行為などを規定する構造である。
（29）ジェイムズ・ミル『教育論・政治論』小川晃一訳（岩波文庫、一九八三年）、九八頁。
（30）前掲書、一〇四頁参照。
（31）ミルは小論「時代の精神 (The Spirit of the Age)」（一八三一年）において、伝統的階級の知的支配を次のように描いている。「支配階級の間に一般的に受け入れられていた意見は、国民の他の部分に広く行き渡っていた。あちらこちらの読書人は、個人的な理論をもつかも知れないが、他者の見解を変えることはなかった。上の階級の者が承認しないような理論を書いて刊行する人々はほとんどおらず、たとえ刊行されても、彼らの書物は、見事に退けられるか、せいぜいほとんど読まれないか、耳を傾けてもらえない状態であった。貴族階級の中で意見が分かれているような問題だけが、（控え目に）民衆の間で論議されたが、さまざまな教派や分派もそれぞれ貴族の仲間に指導されていた」。ミルは、時代の変化にもかかわらず知的優位にこだわり続ける階級を政治権力から追放することを唱えている。Mill, *Works*, vol. XII, p. 313. ミルは後年、古典教育の重要性について諸著作で言及しているが（最も有名なのが一八六七年のセント・アンドリューズ大学学長就任演説である）、伝統的支配階級の「ハビトゥス」と結びつくものでなく、既存の教育制度について痛烈に批判していた。
（32）山下（一九九七年）、一二三一一二三六頁参照。
（33）ジェイムズ・ミル（一九八三年）、九五頁。
（34）ジェイムズ・ミルが「内外学校協会」の活動から手を引いたのも世俗教育をめぐるディセンターとの対立が原因であった。協会は、ディセンターが大多数を占め、ジェイムズの功利主義的世俗的教育との齟齬がみられた。山下（一九九七年）、一三六一一三七頁参照。三〇年代当時、ディセンターは功利主義者の主張する伝統的国家体制の急進的改革を全面的に支持したわけでなかった。

（35） 伝統的精神の受容を条件に中産階級に門戸を開く政治的態度は、包括的国教会を通じて国教会の精神的優位をめざす彼の宗教的議論と並行しているといえよう。

（36） Noel Annan, *Leslie Stephen* (London,1951), pp. 1-8. トマス・アーノルドの子息の伝記的事実について、Meriol Trevor, *The Arnolds: Thomas Arnold and His Family* (New York, 1973) 参照。

（37） トクヴィルは、『旧体制と大革命』において、イギリスでは支配層を示す「ジェントルマン」という言葉の意味が拡大していることを指摘し、「〈ジェントルマン〉の歴史は、デモクラシーの歴史そのものでもある」と評している。トクヴィル（一九九八年）、二二五頁。

（38） パブリック・スクールの歴史を分析する中でオギルビーは、アーノルドの影響力を次のように説明している。「アーノルドの教え子は彼の精神と方法を他の学校にもちこんだ。とくに彼らは植民地をつくり始めた。受容可能な方法がすでにできあがり、ラグビーのような学校が求められ、それに対応して供給がなされた。……これらの学校を始め、もしくは成功を収めた校長の多くはアーノルドの精神的教え子であった。彼らは直接の生徒や補助者であったり、また後年のラグビーの生徒や補助者、あるいはラグビーの教え子や教員の生徒や補助者であった」。V. Ogilvie, *The English Public School* (London, 1957), p. 148.

（39） Dover Wilson , Matthew Arnold and the Educationist, in F. J. C. Hearnshaw, *The Social and Political Representative Thinkers of the Victorian Age* (London, 1933), pp. 171-172.

（40） 『クォータリー・レヴュー』では、アーノルドを真実と正義を愛した真摯な者として、宗教改革者ルターにたとえている。*Quarterly Review*, vol. LXXIV, 1844, p. 481. アーノルドとルターの親近性は、バジョットにも指摘されている (WB, XII, 267)。

第三章　文明とデモクラシー

――マシュー・アーノルドにおけるデモクラシーと教養――

第一節　マシューにおけるデモクラシーの位置

本章における分析は、マシュー・アーノルド（Matthew Arnold, 1822-1888）の『教養と無秩序（*Culture and Anarchy*）』をはじめとする社会評論における関心が何であったかという問いから出発する。この解明によってめざすのは、彼の主著の一つ『教養と無秩序』を、抽象的な教養論として理解するにとどまることなく、その叙述の背景にある彼の同時代的関心をとらえなおすことである。そして、デモクラシーの時代を不可避的に迎えつつあるイギリスにおいて、マシューがいかなる教訓を提言しようとしているか、という問題を検討する。この観点からの探究は、イギリスの政治状況に対する彼の問題関心に十分配慮しながら進めていかねばならないことはいうまでもない。

本章においてとくに強調したいのは、マシューが同時代の政治状況に強い関心をもっていたことである。彼は、詩人である一方で、勅任視学官として主に大陸の教育行政に関する報告書を数多く執筆している。[1] レイモンド・ウイリアムズが指摘しているように、マシューはその理論的著作において曖昧と批判される原理を教育問題における著作で細目に適用している。その意味で、『教養と無秩序』は行政報告書や教育論文などとあわせて読まれる必要がある。[2] また『教養と無秩序』にはマシュー独特のレトリックが含まれているとともに、同時に時論の側面があり、彼の政治観を誤解してしまう可能性がある。[3] この観点から『教養と無秩序』以外の著作にも積極的に目を向けることによって、マシューの主張を同時代の政治状況と関連づけて解釈する方法をとる。[4]

とくに注目したいのは、大陸における教育事情を調査した報告書である『フランスの民衆教育（*Popular Education in France*）』（一八六一年）の序文として書かれた「デモクラシー論（Democracy）」という小論である。[5] これは、改めて報告書から独立した論文として一八七九年に出された彼の『評論集（*Mixed Essays*）』に収められている。この文献は、後に検討するようにマシューが抱いていた政治的課題と教育行政との関係を端的に知ることができるものといえる。

マシューは、この小論の冒頭にエドマンド・バークの『現代の不満の原因を論ず』（一七七〇年）から「革命以来、政府における多くの危険な権力とともに、多くの有用な権力が弱まってきたことを私は知っている」という言葉を掲げている（Super, II, 1）。また「国家による活動はかつて危険をもたらしたが、現代ではそれ自体危険なものでなく、別の方向からの危険に対して我々を守る手段である」（Super, II, 2）と述べる。『教養と無秩序』にもみられるこうしたマシューの主張は、国家介入に否定的な世論を批判し、国家活動を積極的に容認した集産主義的議論として解釈されている。たとえば、アーネスト・バーカーは、マシューの議論を「代議政治を否定する権威主義」として位置づけ、教養によって完成された最善の自我を代表する権威が支配するのを理想としていたと解釈する。[6] マシューが主張する国家介入主義に対して、自由主義的観点からの批判は、同時代においてすでに存在していた。

二〇世紀になると、国家干渉を容認するロマン主義的議論が評価を下げていく中で、マシューの政治思想に対する評価は、イギリスの階級社会を描写した「野蛮人（Barbarians）」、「俗物（Philistines）」、「大衆（Populace もしくは Masses）」の三類型の分析[7]やそれに附随して「教養（Culture）」や「ヘブライズム（Hebraism）」、「ヘレニズム（Hellenism）」概念を抽象的に論じる方向をたどっていくことになる。マシューが設定した三類型は、階級社会イギリスを的確に指摘したものとして評価されても、同時代の政治状況とそれに対する彼の問題意識と具体的に結びつけて理解されることはあまりなかった。[8]

「デモクラシー論」に注目するのは、当時の政治現象、とくにデモクラシーに対する彼の関心が顕著に表現されているからである。国家活動を彼が積極的に支持するのは、デモクラシーへの一つの対応策としてである。デモクラシーと切り離して、そのロマン主義的な国家介入論に限定して、彼の政治思想を論じるだけでは、彼の問題関心の本質を正確にとらえることにはならない。一八六〇年代、イギリスにおけるデモクラシー化は、不可避と考えられていた。それは、イギリス一国ではなく、ヨーロッパ全体の政治的潮流としてとらえられていた。マシューは、デモクラシーを積極的に容認し、それを人間の進歩の表れと見ていた。結論を先取りしていえば、彼が当時の政治状況において懸念したのは、来るべきデモクラシー社会の内容であった。彼は、それがトクヴィルが描くところのアメリカ的デモクラシー社会となることを懸念した。彼にいわせるならば、それはイギリス社会の「アメリカ化」であった。言い換えるならば、アングロ・サクソン的な中産階級の文化がデモクラシーを動かす精神的主動力となる状況であった。それは当時、自由放任原理の下でイギリス社会において拡大しつつあった。マシューは国家にそれを防ぐ役割を期待し、その介入を認めた。以下では、「デモクラシー論」におけるマシューの議論を鍵としながら、デモクラシー化とそれにともなう課題に対する彼の考えを検討する。

マシュー・アーノルドは、トマス・アーノルドの長男として、一八二二年サリー州レイラムで生まれた。当時、父トマスは同地で私塾を開いており、ラグビー校の校長となる六年前であった。マシューは、ウィンチェスター校を経て、父が校長を務めるラグビー校を卒業し、オックスフォードのベリオル・コレッジに入学する。ここでのテューターは後の枢密院教育委員会の事務局長R・リンゲンである。マシューは、在学中、詩「クロムウェル」で賞を受けたように、詩人としての才能をみせている。その後、オリエル・コレッジのフェローを務めた後、長老政治家ランズダウン卿の秘書となる。そのパトロネジで一八五一年勅任視学官に任命される。彼は、この職務に一八八六年まで携わった。その間、オックスフォードの詩学教授を一八五七年から一八六七年まで務めている。彼は、教育行政官のかたわら詩作活動に取り組んだ。その散文作品は、最も著名な『教養と無秩序』をはじめとする社会評論から文学批評、宗教論、そして教育行政にかかる報告書など多岐にわたっている。[9]

マシューの政治論をとらえるうえで、第一に理解しなくてはならないのは、彼がデモクラシーを歴史的に不可避なものとして考えていることである。マシューによれば、同時代において「一六八八年の革命以来この国を統治してきた旧来の政治的党派の終焉が明らかになって久しい」(Super, II, 4) とし、時代の変化をアリストクラシーからデモクラシーへの変化としてとらえている。小論「デモクラシー論」はこの前提に立って議論を展開している。

マシューは、貴族を「名門の家系・領地もしくは宮廷の寵愛、またはすぐれた能力や人気（この場合、他の要素を通じて公務に参加）で結びついた者」として定義する (Super, II, 4)。彼によれば、このアリストクラシーは、それぞれ出自、財産、政治的意見、活動を異にしているが、上流階級特有の考えや習慣によって、混合され、共通の教養（common culture）によって結びついている（Super, II, 5）。

マシューは、新しい時代において、アリストクラシーは没落していくものと考えたが、ベンサム主義者のように、そのエートス全体を寡頭政支配の象徴として排除するわけではなかった。父トマス同様、彼はイギリスにおける貴族の伝統的教養が果たしてきた役割を肯定的に評価している。偉大な気品（the grand style）をもつ貴族の徳を次のように評する。

「崇高な品格、すなわち高貴な考え方や行動の仕方は、ある者に自然に備わったすばらしい賜物である。この品格は、貴族がもつ権力によって、その高貴な地位にともなう威厳やそれに対する責任感によって、また大事に取り組む習慣、日常の些事にかかずらう必要のないことによって、その階級全体（少なくとも有力で名門家系の場合）に植えつけられる」（Super, II, 6）。

彼は、貴族の徳性が古代ローマにおけると同様、イギリス国民を感化し、偉大にし、気品を身につけさせることに役立ってきたとする。

さらに実際の政治支配においても、アリストクラシーは、他の国のそれにまして卓越していた。バークを思わせる調子で、マシューはイギリス貴族の政治的能力をたたえる。

「［イギリスの］アリストクラシーは、おそらくどのアリストクラシーにもまして一般国民の共感を得てきた。

それは国民に不快感を与えることがほとんどなかった。軽蔑されるような浅薄なものでなく、苛立ちを生むような無礼さがない。それにもまして自分たちの概念に従って、大抵、正義にもとづいてふるまってきた。それゆえに、わが国の国民にはアリストクラシーを賞賛し、彼らに敬意を払う感情が、心の底から、しかもずっと長い間、大陸のどの国より深く根付いていた」(Super, II, 12)。

彼は、イギリスにおけるアリストクラシーを大陸諸国のそれと比べて、政治的にはるかに卓越した存在としてみている。少なくとも、この優れたアリストクラシーが、一九世紀前半までこの国の政治的・社会的安定に貢献した。彼はこのイギリスにおけるアリストクラシーを「歴史に記録された中で最も価値があり、成功したもの」(Super, II, 14) とさえ評している。

しかし、現在、イギリス国民の貴族に対する信従の念は、衰えつつあり、その政治的支配は動揺しつつある。貴族は、統治権を保持していても、その国民全体に対する指導的地位を失いつつあった。その一因として、マシューが挙げたのは、過去、国民の敬意を集めてきたアリストクラシーの卓越した資質が低下したことである。彼は、イギリスにおけるアリストクラシーの統治が直接の政治的権力でなく、統治者としての資質にもとづく指導力によるところが大きいと考えていた。アリストクラシーの指導的地位は、国民がその精神的な優越性を認めなくなった現在、終焉に向かいつつあった。『教養と無秩序』で「野蛮人」として描いているのは、まさに徳性を失いつつある一九世紀の貴族の現状である。

だが、マシューの議論は、統治者の資質を問う伝統的な人文主義的徳論にとどまらなかった。アリストクラシーの没落は、貴族の徳性の回復で解決できる課題ではなかった。彼はアリストクラシーの没落を「自然で不可避なる原因」に求める。一九世紀において、デモクラシーの精神が国民に浸透したことによって、アリストクラシーは正義に著しく反するものとみられるようになった。それはマシューのいう「収斂の時代」から「発展の時代」への変化の中での一つの現象である。

一九世紀のイギリス社会全体における変化として、当時の政治思想家がとくに注目したのは、産業化と階級対立であった。いうまでもなく、五〇年代ロンドンに滞在していたカール・マルクスがその代表的存在であるが、マシューにかかわりのある者として、父トマスやカーライルもこの二つの要因を、同時代の政治的変化をもたらす重要なものとして、その政治分析の対象としている。マシューの活躍した時期は、すでに産業化の完成の時期にあり、彼が重要視したのは、階級対立である。

マシューは、階級対立をもたらした起源を産業化という要因よりも、同時代の政治的潮流に求めた。その起点は、フランス大革命であった。産業化は、その潮流を促進する副次的要因にすぎない。彼は、ヨーロッパの政治状況におけるフランス大革命の歴史的影響を重要視し、それが一九世紀の政治全体を方向づけてきたとする。イギリスにおける階級対立は、それがもたらした一つの社会現象としてとらえられる。彼によれば、大革命は新しい種類の社会の不可避的到来を告げるものである。この新しい社会で、人々は社会的平等を求め、貴族の優越的地位をもはや認めなくなっていた。

このような社会変化に対する彼の考えを念頭において、マシューの諸著作を考えるならば、貴族と中産階級の対照が、政治的に鮮明となってくるであろう。『教養と無秩序』は、イギリスにおけるアリストクラシーからデモクラシーへの移行過程における諸階級の類型的描写である。この著書の記述がいささか散漫で、政治的課題との関連がわかりにくいのに対し、小論「デモクラシー論」は、諸階級の類型とデモクラシーとの関連を凝縮して表現したものといえる。彼は、イギリスの教育問題を論じるにあたって、デモクラシーの移行過程における社会的変化とそれが不可避な現象であることを指摘するために、大陸視察とその情勢報告の本論に先立って「デモクラシー論」を執筆したと理解できる。

マシューが考察するデモクラシーのモデルは、決して抽象的でなく、具体的な事例にもとづいたものである。その事例とは、大革命以後のフランスとアメリカ合衆国である。前者については、長期間視察旅行で実際にその社会を経験し、後者については、トクヴィルの『アメリカのデモクラシー』を情報源とする。[10] 後に彼自身、アメリカ社会を訪問するが、すでにその時は、自らの視点を確認し、以前の主張を繰り返すにとどまっている。[11] この二つの国は、デモクラシー社会の実例として比較考察の対象であるだけでなく、発展形態の相異なるモデルとして、予見可能な未来を示している。イギリスは、産業化において他国に先んじたが、デモクラシーに向かう社会変化で遅れをとった。その変化は急速に訪れ、望ましからざる展開をもたらすのではないかと、マシューは危惧している。現実のイギリス社会の諸階級に対する彼の描写は、将来の懸念に満ちた考察を反映したものであり、中産階級に対する執拗な警告となって表れている。

マシューは、J・S・ミルに代表される当時の政治理論家のように、何らかの有効な理論に照らして、社会変化を検討することはしなかった。彼は理論家でないどころか、同時代のベンサム主義者と呼ばれる人々が、体系化した理論で社会を理解し、機械的にそれを政治改革に適用するのを嫌悪した。マシューは、時代の変化によって破壊されつつあった伝統的社会と、新たに確立されつつあった社会に対する鋭敏な観察者であった。時代変化の観察者として、その研ぎ澄まされた感性は、詩作においてすでに表れていた。[12] しかし、デモクラシー化についての彼の考えは、文学的感性によるものでなく、視学官としての実務による社会観察と洞察から生まれたものである。また、その態度は、父トマスやその教え子たちの社会問題に対する関心の高さと無縁ではないであろう。マシューは、デモクラシーを不可避な社会的発展の現象と考える点で、トクヴィルと共通しているが、トクヴィルが法制史家と言えるほど、綿密に土地所有状況を研究して結論を導いたのに対し、マシューは人間精神を強調したロマン主義的説明をおこなっている。彼は、デモクラシーという現象を歴史的発展における「理念（ideas）」の作用がもたらしたものとしてとらえる。フランス大革命はこの「理念」が噴出した歴史的事件であった。その展開は、一八六四年に執筆した『現在における批評の機能について（*The Function of Criticism of the Present time*）』において詳細に描写される。フランス大革命は「人間の知性にある原動力」を見出し、「精神的事件」であるがゆえに、力強く世界中の関心を集めた（Super, III, 264）。何よりもフランス大革命の特徴は、「普遍的かつ確実で恒久的な思想体系に訴える性格」をもつことである。彼は、このことを次のように説いている。

「……フランス大革命は、諸理念のもつ力、真実、普遍性に由来し、それらをその原理とした。革命は、大衆にこうした理念を吹き込み、他にはない永続する力を革命にもたらした情念から生まれた。それは史上最大の、そして最も人の心を打つ事件であった。おそらく、これからも長くそうあり続けるであろう。精神に関わる事柄に寄せられた真摯な情熱は、たとえそれが多くの点で不幸な情熱であったという結果に至るにしても、全く捨てられて試みられもせず、何一つよい成果を生みもしないということには決してならない。フランスは、その情熱から一つの果実を我が物とした――それは当初期待したようなすばらしいものではないが当然の理にかなった一つの果実である。フランスは、ヨーロッパを通じて、最も活気ある〈民衆〉をもつ国となったのである」（Super, III, 265）。

フランス大革命に表れた「理念」は、その思想のすべてを一気呵成に政治と実践の世界に応用し、暴力的に政治変革に向かおうとして反動を招き、一度は「収斂」を余儀なくされる。その状況をマシューは次のように描いている。

「他の国民が自分の新しく発見した正義にのぼせ上がって、それを我々にも押しつけ、力づくで我々の支配に彼らの正義を取って代わらせようとするならば、それは専制的行為であり、抵抗しなければならない。その行動は、〈正義が来るまでは力が〉という格言の後半を無にする行為である。フランス革命の大きな過ちがここにあった。その諸理念の運動は、知的世界を離れて、猛然と政治の世界に突入し、そのことによって確かに桁外れの記憶に残る道を進んだ。だが、そこからは、かつてルネサンスにおける諸理念の運動に見られたような、知的果実は実らなかった。それに反逆するものとして、我々のいう〈収斂の時代〉を生み出したのである」(Super, III, 266)。

イギリスのアリストクラシーは、現実の政治においてフランスの「理念」にまさっており、ナポレオン戦争に勝利した。その後、革命熱は冷め、ヨーロッパは「収斂の時代」を迎える。「収斂の時代」は、イギリスのアリストクラシーが支配的地位を維持する時代である。

マシューによれば、エドマンド・バークはこの「収斂の時代」における偉大な著述家である。彼の偉大さは、トーリーやホイッグの党派精神から離れ、「理念の世界」に住んでいたことにある。バークは、政治における「理念」の役割を理解していたイギリス人であった。マシューは、「フランスの事件について」（一七九一年一二月）における次のバークの言葉を「イギリスのみならず、あらゆる著述作品の中で最も美しい言葉の一つ」(Super, III, 267）と評している。

「もしもこの世の中に何か大きな変化が起こるものとすれば、人々の精神もそれに適応するように変わっていくであろう。一般の意見や感情はその方向へ動いていくであろう。またすべての危惧、すべての希望が、それに向かっていくであろう。そしてその時、世の中のこの力強い流れに逆らい続ける人々は、もはや単なる人間の意図に抵抗しているのではなく、神の摂理そのものにあらがっているのである。彼らは、もはや意志の固い決意の人などというものではない。彼らは、ひねくれた頑固者にすぎないのである」(Super, III, 267)。

バークの言葉のように、フランス大革命の「理念」は、ヨーロッパ諸国で確実に影響を強め、やがて「理念」が時代の潮流となる「発展の時代」をもたらすことになる。現在は、この「発展の時代」であり、「宗教、政治、社会的自由の理念」は、デモクラシー社会を不可避にする。このデモクラシーの到来では革命の発祥の地であるフランスは他国に先んじており、マシューはその状況を「デモクラシー論」において次のように指摘する。

「ヨーロッパで力を増しているのは、デモクラシーである。フランスはデモクラシーを文句なく偉大なものとして、成功に導くようにつくりあげた。一七八九年の理念は一八世紀にいたるところで働いた。フランスでは国家がその理念に適合した。フランス大革命は、歴史上画期的な出来事となり、フランスは大陸のデモクラシーにおける希望の星となった。フランス人の優越感や傲慢ともいえる自負は、自分が力をもっているという意識ゆえであり、その意識は、革命の大義に由来している」（Super, II, 10-11）。

現代から振り返ってみると、イギリス帝国の絶頂期は、万国博覧会開催の一八五〇年代であり、当時、すでに後発国のめざましい発展による脅威を受けていた。マシューは、この帝国の衰退を意識していた数少ないイギリスの知識人であり、その衰退の原因を「理念」の時代に対するイギリス人の鈍感さとしてとらえていた。それは、優れたアリストクラシーをもっていたがゆえの逆説であり、アリストクラシーが優れた政治的能力を発揮して健在であることが、デモクラシーが支配的となった「発展の時代」に乗り遅れることにつながった。

マシューは、イギリスのアリストクラシーが「理念」に鈍感であったことを指摘する。それは貴族のもつ精神的傾向によるものである。この問題は、イギリスの伝統的外交を批判した一八五九年の評論「イギリスとイタリア問題（England and the Italian Question）」で詳細に論じられている。この小論は、マシューが最初に政治問題について自分の意見を公にした著作であった。マシューはこの中で、イタリア統一運動にみられる大陸の政治変動にイギリスのアリストクラシーが無関心であることを批判している。彼によれば、実際的政治に優れた貴族は、既成秩序に多大な尊敬を払う一方で、「理念」が民衆に及ぼす影響にほとんど経験的理解をもっていない。またその「理念」が抽象的であり、既存の秩序と全く異なっているがゆえに、「理念」に彼らが共感を抱いていないとする（Super, I, 83）。このように貴族の伝統的な精神的傾向のために、アリストクラシー支配が続いてきたイギリスでは「発展の時代」に取り残されてきた。アリストクラシーが「発展の時代」とあい容れない存在であることを彼は次のように説明する。

「理念に対する共感が欠如しているアリストクラシーは、社会の形成期、すなわち力や堅実性に満ち、活動的な資質が理念より重要である時代においては、最も成功を収めてきた。だが、彼らは発展した文明の時代には適応しなくなる。この時代は、社会が複雑化し、理念の理解と適用を余儀なくされるのである」(Super, I, 83-84)。

それは、ローマのアリストクラシーが、またベネツィアやフランスのアリストクラシーがたどった衰退の道と同様の現象である。「理念」を重要視する時代にあって、既成秩序に固執し、個別的・経験的思考に立つ貴族は、もはや時代遅れの存在であった。イギリスの「アリストクラシーは政治的であり、妥協に優れていた」が、その思考は「理念」重視の新しい時代に適合できなくなった。彼は『現在における批評の機能について』で、イギリス人――この場合は政治を支配してきた貴族エリートと解すべきであろう――の思考の停滞をこう指摘する。

「イギリス人は政治的動物であるといわれる。イギリス人は政治的、実践的なことを評価するあまり、理念がとかく彼の目に厭うべきものと映り、思想家は〈ならず者〉と見えてくる。つまり、理念や思想家は、いつも政治と実務に無鉄砲な手出しをするから、というのだ。もしそうした毛嫌いなり無視なりが本来の世界を逸脱して実務に無鉄砲な手出しをする理念のみに向けられるなら、至極結構である。だが、それは必ず、理念そのものに、あらゆる知的生活そのものに向けられることになる。実務がすべてなのである、精神の自由な働きなどは何物でもない、と」(Super, III, 268)。

マシューは、「デモクラシー論」においてこの「理念」を、精神の自由な働きを求める人間本性と結びつけている。アリストクラシーの没落は、この自由な働きに関心を向けなかったことに起因する。他方で「理念」に立脚するデモクラシーは、この人間本性に根ざした政治現象である。デモクラシーの精神を批判する者は、人間本性に対して不満を抱くのと同様であるとまでマシューは断言する（Super, II, 7）。この関係を彼は次のように説明している。

「生とは哲学者がいうように〈自分の本質を確かなものにする〉努力の中にある。これが意味するのは、自身の存在を十分かつ自由に発展させることである。また十分な知識と満ち足りた気風をもつことであり、束縛を受け、見劣りした存在にとどまることではない。デモクラシーは〈自分の本質を確かなものとする〉ことである。それは貴族がかつて試み、うまくいったように、この世で生き、楽しみ、所有することである。ヨーロッパが野蛮から抜け出し、一般民衆の状況が少しずつ改善され、彼らの精神が高揚し始め、デモクラシーに向かう努力は力を得た。さらに一層彼らの状況が改善されるに従って、その努力は強力になってきた。生そのものとそれが発展することは非常に魅力があるものである。人々がデモクラシーを意識するにつれて、それが求められ、与えられるほど、渇望されるようになるのである」（Super, II, 7）。

イギリス貴族の指導的地位に対する国民の敬意の念は、この一般的・普遍的理念の前に基盤を揺るがされ、アリストクラシーの支配は終焉に向かった。

マシューは、デモクラシーにともなう社会的平等の方向を人間本性の発展と結びつける。両者の連関について、彼は次々に問いを発する。「平等への確実な接近――少なくとも著しい不平等を確実に少なくしていくこと――が、人間本性にもとづく本能的な要求であり、それは社会全体――それはもはや個人や限られた階級でなく、大衆の集合体である――をできるかぎり豊かにし、自由に向かわせるということは、否定できないのではないだろうか」、「平等な社会に暮らすことは、一般に人間の精神を拡大し、その才能の働きを容易にし、活性化することを促すのではなかろうか」、「上流社会に暮らすことは、時にはすばらしい訓練であろうが、一般にそれは精神を萎えさせ、活発に能力を発揮することを不可能にさせるのではないか」、「人間が見劣りした地位でとるにたりない立場にあることが個人の性格を沈滞させ、麻痺させる影響をもたらすのではなかろうか」（Super, II, 8）と。彼は、人間の特性として、「貴族の義務 noblesse oblige」と言われるように、高い地位を自覚することで、自分がそれに値するように心がけるものである、とする（Super, II, 14）。すべての者の地位を高めるデモクラシーは、社会全体の徳性を高めることになろう。そして、一般民衆が自分の運命を決めるのにより積極的な役割を果たすようになるにつれ、貴族は、統治における指導者としての地位を脅かされるという。地位の動揺は、民衆の精神や特性に及ぼしてきた彼らの影響力を失わせることにつながるのである（Super, II, 15）。

マシューは、このようにデモクラシーを人間本性の発展にとって不可欠なものとみている。そして、デモクラシーに対応させて社会制度を組み立てたフランスこそ、社会のすべての者が十分かつ自由に発展を遂げることができる社会であるとみる。そこでは「理念」の作用が働いている。社会は、慣習から理性に、事実から権利にもとづいたものと変わる。伝統的地位にもとづいて人間関係が構築されるイギリス社会と異なり、フランス社会は普遍的・一般的な人間本性の原理によって構築されている。ヨーロッパ諸国は、現在、フランスの影響を受け、その制度を模範として政治的改革をめざしているのである（Super, II, 11）。

マシューは、そのフランス社会の状況を文明（civilisation）が発展している状況として評価している。イギリスの国力の発展にともなって、その興隆を文明の発展としてとらえる見方は、当時の歴史解釈において支配的であった。マシューは文明の本質を、人間の自己発展と連関させてとらえる。この文明観をみることによって、彼の考えるデモクラシーと人間の自己発展の関係がさらに明確となろう。それは、後の評論「平等論（Equality）」（一八七八年）において詳細に語られる。そこで彼は、文明を「社会における人間の教化（humanisation）」と定義している（Super, VIII, 286）。人間が教化されるとは、「人間本性における真の法――〈自己の限度を守り、目的に向かって進み続け、その本性に従う〉――を受け入れる」ことである。さらに文明化とは、人間本性が社会単位で発展することにある。個人の教化と社会の文明化は、対応しているものであり、マシューはバークの言葉を引用し、文明社会がなければ、人間の本性によって到達できる完成にたどりつくことも近づくこともできない、という（Super, VIII, 286）。つまり、個人としての人間がいくら教化されても社会全体の文明化がともなわなければ、完全に近づいた理想的状態に至らないということである。それゆえに最も文明化された国民は、人間の完成に最も近いところに来ている国民であり、完全ということが真に期待される状況にある（Super, VIII, 286）。マシューは、この文明化にフランス国民が近づいていることを否定していない。

教化（humanisation）の基準として、マシューが最も重要な要素としているのは、社会生活と習慣（social life and manners）の能力である（Super, VIII, 288）。フランスにおいてこの能力は、古代アテナイのデモクラシー社会以上に発達しているという。ヴォルテールが賞賛するルイ一四世の世紀における「社交の精神（l'esprit de société）」は一般化され、フランス国民全体に定着している。旧体制におけるフランスの貴族は、高尚で魅力的な社会的交際と習慣に関する理想をつくりだし、国民はそれによる恩恵を受けている（Super, VIII, 286）という。この社会習慣の定着は、社会的平等を推進する力であり、習慣の教化が人間を平等にしていくとして、マシューは、次のように論じている。

「各人が共通した習慣をもっている社会は、平等な社会である。そういった社会では社会的不平等は意味がない。不平等の状況では、社会での相互交流が容易であることが人々に脅威を与え、人々を困惑させる。したがって社交の精神をもった社会は、平等の精神をもった社会であることは明らかである。社交の智慧をもつ国民――フランス人、アテナイ人――は必然的に平等に引きつけられている。フランスの民衆は、社会における交際と習慣の能力について共通の意識をもった最初から、平等の道を歩み出していたのである」（Super, VIII, 289）。

彼は、さらにフランス人におけるこの社交の精神が大革命の推進力となったとして説明を続ける。

「フランス人の中で、社交の習慣について高尚な基準をつくりあげると、階級や財産についての封建的不平等がもはや力を失うことは、その本質からいって当然であった。そこでフランス国民は平等を受け入れ、革命を実行した。フランスを革命に追いやった主な原因は、博愛精神でも、ねたみの精神でも、抽象的理念に対する愛でもなかった。これらのことは革命に対しいくばくかの貢献を果たしたものの、最大の要因は、社交の精神であった」（Super, VIII, 289）。

マシューは、フランスでは無学な小農においてすら知性に満ち、優れた習慣をもっていると述べている。フランスの民衆は、人間的な生活、教化された者の生活を謳歌しているという（Super, VIII, 291）。

「デモクラシー論」において、マシューは、社会的平等によって上流階級がもっていた自尊心、偉大な精神、祖国の活動に加わっているという意識が一般民衆に広がり、彼らをフランス国民の中の最も優れた部分にしているという（Super, II, 9-10）。マシューは、文明化を一般国民の教化に求め、社会的平等によってそれが国民全体に普及しているフランスを「文明社会」とみている。[13] この視点によって、文明化とデモクラシーの両者は結びつくのである。

他方で、デモクラシー化の遅れているイギリスは、文明化に遅れをとっているとされる。産業化にさきがけ、未曾有の発展を遂げていたイギリス国民にとって、それは意外な指摘でもあった。マシューは、トクヴィルの言葉を次のように引用する。

「哲学的観察者（＝トクヴィル）は、デモクラシーに対して何の愛着ももたず、むしろそれを恐れていたが、次のように言わざるを得なかった。〈貴族的な国家での一般民衆は、他国に比べて、教化されていない〉。それは〈貧しく低い地位の者は自分の劣った立場ゆえに圧迫されていると感じているゆえである〉。そしてさらには次のように書かざるを得なかった。〈すべての者が権力を享受し、尊敬を受けることを求める刺激を与える平等に対する勇敢で正当な情念が存在する〉」（Super, II, 9）。

イギリスにおいて、アリストクラシーが魅力的な徳性をもっていながらも、社会的不平等ゆえにそれは一階級内にとどまり、国民全体としての教化に欠ける。イギリス社会にはフランスのように国民全体に浸透した社交の習慣は存在しない。一般国民が教化されていないというイギリスの状況は、デモクラシーが不可避になっている時代には、他国に遅れをとる原因となるのである。

第二節　イギリスのデモクラシー

マシューの議論でデモクラシーは、政治体制というよりも、主に社会状態としての平等を総称する概念として用いられていた。彼は当時、さかんに論じられていた議会制度をめぐる諸問題についてほとんど議論していない[14]。そのことは、教育制度に対する彼の深い関心と比較すると歴然としている。ダイシーは、当時のイギリスにおけるデモクラシーについての議論を、古典古代以来の政体論と社会的平等状態との二つに分けた[15]が、マシューは後者にあたるであろう。トクヴィルの『アメリカのデモクラシー』もこの視点から読んでいる。トクヴィルがデモクラシー社会における国民の習俗に焦点をあてたように、マシューは社会的平等状態と国民の社会的生活およびその習慣との関連に着目した。フランスのデモクラシー社会において両者はともに発展し、国民の教化といえる状況をつくり出した。他方、イギリスでは、アリストクラシーの長期にわたる支配によって両方とも展開は不十分である。マシューがデモクラシーの政治的潮流に直面するイギリスで問題としたのは、政治体制としてのデモクラシーが進展する反面で、社会的平等と国民の精神がそれに見合って進展していない現状である。それは、政治における平等と社会における平等が一致しないという状態である[16]。イギリスでは一八三二年の第一次選挙法改正以来、政治における平等は漸次、拡大しつつあり、労働者階級の政治的権利の主張も無視できなくなった一方で、社会における不平等は、産業化の進展によってむしろ広がりつつある。マシューの考えを要約するとイギリス社会では、社会における平等が十分でないことによって国民の階級分化が固定化され、デモクラシーが文明に結びつかなくなるということである。

この問題を論ずるにあたって、マシューがとくに重要視したのは、社会的不平等の状態にあるイギリス国民の精神である。小論「平等論」で中心的に論じられている課題は、まさにこの国民精神と不平等との関連である。彼が強調するのは、イギリスが大陸ヨーロッパ諸国と比べると社会的不平等が著しいことである。グラッドストンにみられるように、政治家は「平等はこの国の民衆にとって魅力的でない」、「イギリスではアリストクラシーが自由よりも魅力的である」と壮語する状況である（Super, VIII, 279）。マシューは、平等がフランス国民にとって宗教であるように、不平等はイギリスの民衆にとって宗教であると断じている（Super, VIII, 279）。彼が憂慮するのは、この社会的不平等がイギリス社会、とくに国民の意識にもたらした影響である。中世封建時代から連綿と続く不平等状態が一般国民に違和感を覚えさせなくなるほどまで浸透した結果、イギリスでは国民全体が教化に欠けるばかりか、各階級の深刻な精神的分化が固定化した。

その状況は、具体的には『教養と無秩序』で描く「野蛮人」、「俗物」、「大衆」の分化である。不平等状態がもたらす自然的・必然的結果として、「我々の現在の状況、すなわち上流階級を物におぼれさせ、中産階級の品位を落とし、下層階級を獣じみたものにさせる」（Super, VIII, 299）状態が生じる。彼はこれを教化における失敗と評している。そこでは中産階級が、彼らとかけ離れた上流階級の富と奢侈、社会生活と習慣をみて、自分たちの価値観――欠陥をもつ宗教、偏狭な知性と知識、歪んだ美的感覚、低い水準の習慣――に固執する。さらに、下層階級は上流階級の生活はもとより、中産階級の宗教、思想、美学、習慣に全く惹きつけられることなく、彼ら自身のビール、ジン、享楽の世界に引きこもるのである（Super, VIII, 302）。

マシューは、社会的平等がそれ自体、完全な文明を与えないとしても、不平等状態は完全な文明を不可能にするという。イギリスでは上流階級と中産階級がそれぞれ保守党、自由党を足場に、一方でアリストクラシー、他方で非国教主義を擁護して対立し、文明化の障害となっている（Super, VIII, 304）。この原因である社会的不平等の状況を改善するため相続法を大陸並にして、土地貴族が財産を独占する状況を緩和することを彼は主張する（Super, VIII, 304-5）。

マシューは、デモクラシーがイギリスにおいて最悪の誤謬をもたらすとするならば、それは予見できなかった新しい事態ゆえでなく、予見できたにもかかわらず誤った方向に進むゆえであると「デモクラシー論」において言明する（Super, II, 19）。来るべきデモクラシーに備えるために、その方向を見極める必要を彼は訴える。マシューが最も危惧したのは、この階級分化の状況でデモクラシー化が進展することによって、中産階級が政治勢力として優勢となり、彼らの精神が新しい社会で支配的となることであった。彼らは、この社会を文明化するには精神的に成熟していなかった。マシューによれば、彼らには国民全体を指導する教養と威厳がなく、現在の自分たちの理念に対する情熱しか抱いていなかった。その階級的理念――自由と勤勉――は偏狭的性格であり、理性と教養に欠け、たとえ自立し、精力的で成功した国民をもたらしても、偉大な国民をもたらすことはない（Super, II, 24）と彼は断ずる。

彼は、中産階級の精神とその性格がデモクラシー社会の嚮導理念となることを「アメリカ化」と位置づけ、その状況では高尚な理念をもったデモクラシー社会を建設することが困難であると考える。彼によれば、アメリカでは社交の精神が形成されないまま、社会的平等の状態に入り、中産階級的弊害――とくに教派主義と物質主義的傾向――を増大させている。それはデモクラシーと文明社会が結びつかない状態である。アメリカのデモクラシーの欠点は、多数者の精神を向上させ、彼らを導く理念をもたずして、多数者が権力を担う危険を有することである。アメリカ的デモクラシーの到来を、イギリスが直面している現実の危機として彼は考えている（Super, II, 18）[17]。とくに当時の自由党による諸改革は、中産階級における教派主義と物質主義に媚びたものとマシューは考えた。

このような観点からみると、マシューが諸著作において繰り返しおこなっている中産階級の知的習慣に対する批判は、イギリスのデモクラシー化に対する懸念と連動していることがわかる。デモクラシーを不可避としながらも、それが政治において危機をもたらすのは、中産階級的な思考および行動様式がデモクラシー社会を指導する状況であった。この状況では社会における高い理念が失われ、文明化に結びつかないデモクラシーに陥る。マシューによれば、デモクラシー社会ではその社会にふさわしい理念を見つけ、それを維持することが難しい。デモクラシー社会の構成員は多数いるが、彼らは理念を自ら構築する者というより、その理念に従う者である。イギリスにおいて、アリストクラシーにおける偉大な理念、高尚な感情、洗練された教養は、デモクラシーの政治的潮流の中で時代遅れとなり、失われていった。偉大なデモクラシーを建設するのに必要なのは、多数、自由、活動的である国民が、通常の者よりも高尚な理念によって動かされる状況である。彼はこのように問う。

「我々の社会は、畢竟、さらにデモクラシーが進展する運命にある。いったい誰が、そして何がその国民に高尚な風格を与えるだろうか。それは重大な問題である」（Super, II, 18）。

マシューの『教養と無秩序』における「教養」に関する議論は、新しいデモクラシー社会を構成する国民にふさわしい資質についての考察と考えることができる。それは、ロマン主義者マシューの抽象的思索と理解されるべきでなく、デモクラシー化という状況の下で、「野蛮人」、「俗物」、「大衆」の習慣を超えた精神を求める彼の知的作業と解されよう。彼が『教養と無秩序』の中で賞賛する「異邦人（aliens）」は、教養によって階級的習慣を超えた理想人として理解すべきではないか。[18] 彼の「異邦人」は、新しい社会をその教養で導くデモクラティック・エリートというべき存在である。マシューは、それぞれの階級の中に、階級精神でなく、人間精神や人間の完全性に導かれる者がおり、彼らが社会の中に散在していると考えている（Super, V, 146）。教養は、特権をもつ少数者が独占するものでなく、階級の偏見を超えて国民全体に浸透すべきものであった。この視点は、「教養人は平等の真の使徒である」というマシューの言葉に象徴されている。[19]

第三節　「ミル主義」批判

マシューの政治論は、以上みてきたように同時代のデモクラシー化と密接に関係があった。彼は、デモクラシー社会における国民の精神を重視していた。この精神において最も問題になるのが、当時の自由主義イデオロギーであった。国家による介入を積極的にとらえる彼の主張はこの自由主義批判の文脈において理解できるであろう。

マシューは、当時の自由主義を『教養と無秩序』の中で「中産階級の自由主義」と呼んだ。そして、その要点を「政治では、一八三二年の選挙法改正法案と地方自治、社会的には、自由貿易と制限なき競争および商工業者の財産形成、宗教ではディセンターの不服従とプロテスタント宗教におけるプロテスタント主義」としている

（Super, V, 106）。
　イギリスにおける当時の自由主義原理を、マシューはデモクラシー社会にふさわしくないと考えていた。一八六六年の『友情の花輪（*Friendship's Garland*）』で彼はドイツ人アルミニウスの口を借りてイギリスの自由主義を批判する。彼は、デモクラシーの基礎には「精神（Geist）」があるとする。この「精神」の本質とは理性と知性が、慣習と偏見に打ち克つことにある。この世において「精神」が「反精神（Ungeist）」に優越することが重要であるが、イギリスの自由主義の中心は「反精神」の中にあるという（Super, V, 40）。この自由主義をマシューは、世俗的および宗教的部分に区分する。それらは、それぞれの中心的人物の名をとって「ミル主義（Millism）」と「マイアル主義（Mialism）」と呼ばれている。[20]
　本節ではまず、世俗的部分について検討してみよう。「ミル主義」とは、J・S・ミルにちなんだ言葉である。マシューは、ミルの『自由論』について評価しながらも、この政治思想家に共感を抱いていなかった。[21]「ミル主義」とは、ミルの政治思想を直接対象としたものでなく、当時の自由主義的政治原理をミルの名の下に一括して呼んでいるにすぎない。[22]
　この「ミル主義」に対する批判は、『教養と無秩序』で展開している議論に従えば、三つの観点に分けられる。その第一が「機械に対する信仰」として言い表される物質主義に対する批判であった。彼は、同時代の自由党政治家ジョン・ブライト（John Bright,1811-1889）に物質主義を介した自由主義とデモクラシーの結合をみている。ブライトの演説をマシューは、次のように引用する。

「諸君のなしたことをご覧あれ。わが国を見渡すと諸君が建設した都市、敷設した鉄道、生産した製品、世界がこれまでに見た最大の商船隊に積まれた船荷を見るであろう。また諸君がその労働によってかつて不毛の地であったこの島を実り多い楽園に変えたのを見るであろう。諸君がこの富を生産したのであり、諸君は、その名が全世界いたるところで力をもつ国民なのである」(Super, V, 108)。

マシューは、このような考えをとるブライトを「俗物」とする。その物質主義と道徳性に対する無関心は厳しい批判の対象となる。民衆的政治家ブライトのこのような見解は、デモクラシーが民衆の物質的要求の手段となることを是認するものである、と彼は懸念する。「俗物」は自らにとって代わる労働者大衆を「俗物」にすべく訓練しているのである。

このマシューの主張には、彼の文明に対する見方が前提にある。彼は、国民が教化され、社会において人間の完全をめざす状況を文明としている。『友情の花輪』において同時代の文明観は、次のように揶揄される。

「中産階級の人間は、自分の手紙がイズリントンからカンバーウェルへ、カンバーウェルからイズリントンへと一日に一二回配達され、その間を一五分毎に汽車が往復すれば、発展と文明は頂点に達すると思っている。汽車は、不自由で、陰気なイズリントンの生活から、これまた不自由で、陰気なカンバーウェルの生活へと彼を運ぶに過ぎず、手紙も、二つの街の生活がそんなものだということを語っているにすぎない」(Super, V, 21-22)。

このようにマシューは、歴史上画期的な経済発展とそれにともなう物質的充足を文明と考える同時代の文明観に批判的であった。

マシューの文明観をミルのそれと比べるならばその特徴が明確となるであろう。両者はともに文明の概念をもって同時代の社会状態を表し、政治状況との関係を論じている。[23] ミルは「文明論（Civilization）」（一八三六年）において、文明を「豊かで人口の多い国民を未開人や野蛮人から区別するような種類の進歩」という狭義の定義に限定して考察する。[24] この文明とは、人々が都市や村落に定住して人口が稠密な状況にあり、農業と商工業の成果に富み、人々が大勢で共通の目的のために協働し、社交を楽しみ、社会成員の身体と財産を守る制度が確立し、自力に頼る必要がないことである。[25] ミルによれば、文明の発展によって、大衆の力は増大し、デモクラシー化が不可欠となる。「デモクラシーの勝利」は、「富の進歩という自然法則」、「読み書きの普及」、「人間の交際が一層容易になること」に依拠している。[26] イギリス社会では、文明が高度化している以上、デモクラシー化は避けられない。ミルの場合、文明の発展にともなう普遍的現象としてデモクラシーをとらえている。

ミルの文明論は、デモクラシー社会において文明化を追究するマシューとは対照的な見方である。両者ともにギゾーの『ヨーロッパ文明史』における文明観の影響が見られるが、[27] デモクラシーという同時代の問題を論じるのに、マシューの場合、人間完成の理想的状態という側面に関心をもち、精神的・道徳的状況を強調したのに対し、ミルは、この側面を避け、主に外部的生活状況に関心を向けている。文明観の相違は、両者のデモクラシー社会像の性格につながる重要な政治的論点であった。

マシューによる自由主義批判の第二の論点は、「ジャコバン主義（Jacobinism）」である。ここでいう「ジャコバン主義」とは、カーライルの『フランス革命史』における「ジロンド派」と同様、抽象的な思考体系を合理的社会建設に適用する知的態度の象徴である。それは「過去に対して激しい憤激を抱き」、「革新的な抽象的体系をすべてに適用し」、「合理的社会のために非常に細かな部分に新しい教養を白黒をつけて厳格に適用する」という特徴をもつ（Super, V, 109）。後述の教育改革における議論で具体的にみるように、この批判はベンサム主義者による政治・行政改革を念頭においていると考えられる。

マシューは自由主義の思想体系そのものに疑念の目を向ける。彼によれば、ベンサムやコントは独自の思想体系をもち、新しい学派を形成したが、その思想体系に自分の狭量と誤謬をもちこんだ。彼らの思想は、人間の完全をめざす教養の概念とあい容れないものがある（Super, V, 110）。マシューは、「ベンサムの精神と理念」が我々の将来を支配するであろうという同時代の期待に対し、次の疑問を投げかける。

「クセノフォンが歴史を書き、ユークリッドが幾何学を教えていた間に、ソクラテスとプラトンは智慧と道徳を語る口実の下に無意味なことを論じていた。彼らの道徳は言葉の上でのことであった。彼らの智慧は皆の経験が知っていることを否定するものであった」（Super, V, 111）。

彼は「ベンサムの精神と理念」が人間社会のルールとして不適当であるとし、「ベンサムからの呪縛を振りほどき」、「支持者の熱狂を寄せつけない」態度を求める。ミルも「ジャコバン主義」の「ラビ」の一人に過ぎなかった（Super, V, 111）。

マシューが理想とする教養の精神は、「過激」と「抽象的体系」に反対し、「体系の創設者」と「体系」を低く評価する（Super, V, 109）。デモクラシー社会を嚮導する原理としては、抽象的かつ非実際的な自由主義でなく、教養こそがふさわしいものである。「教養人が平等の使徒である」という彼の言葉はこの文脈で理解できよう。

彼らは、最良の知識とその時代の最良の理念を広げることに努める一方で、その「ぎこちなく、粗野で、難しく、抽象的、専門的、排他的な部分」を取り除いて「教化」する（Super, V, 113）。

第三の論点は、「自分が好きなようにすること（Doing as One Likes）」、つまり自由放任への批判である。マシューは『教養と無秩序』で同名の章を設け、詳しく扱っている。これは自由主義の最大の弊害であり、政治的実践にも関わってくる。自由放任に対する彼の批判は経済的自由主義よりむしろ、個人主義にもとづく政治的自由主義に向けられている。この点は、父トマスと同じ世代であるカーライルのレッセ・フェールへの攻撃と様相を異にしている。「自分の思うとおりにふるまうことができることが最も幸福であり、重要である」との前提に立ち、個人的自由の名の下に国家の干渉を排除する態度をマシューは批判の中心においている。彼がこの個人的自由主義において最も懸念したのは、国民統合に対する影響である。国家干渉の排除は、マシューによれば、各階級の精神的分化を助長し、高い理念をもつデモクラシーを構築することを困難にする。現在のイギリスの社会は「野蛮人」、「俗物」、「大衆」がそれぞれに「自分が好きなようにすること」を追求し、階級の観念や欲望を超越できない状況にある。各階級の者があるがままの自己を個別的に追求し、争う社会では、権力をどの階級の手にも渡さないことが互いの階級にとって安全と考える。国家活動が消極的であるべきだという世論は、このような各階級の思惑の反映にすぎない。とくにイギリスの伝統的な分権社会は、階級分立を受け入れやすい政治構造であった。マシューは公教育の分野にこの問題の典型をみている。

イギリス国民のアリストクラシーに対する敬意の念が失われた現在、共同体全体をまとめる統合原理はなく、結局、「機械に対する信仰」が全体をつらぬく原理となるというのがマシューの考えである。[28]『教養と無秩序』では労働者階級の台頭によってイギリス社会は無秩序の危機を迎えていることが強調されている。

マシューがその著作で繰り返すのが、国家（State）を「集団的かつ共同的性格における国民（the nation in its collective and corporate character）」と考えるバークの考えである（Super, V, 117）[29]。彼はこの国家の定義を諸著作の中で幾度となく繰り返し用いている。それは彼自身が言明するように、国家を有機体として、理念を体現する存在とみるバーク的国家観に立脚していたからである。そこでは国家は「一般の利益のために厳格な権力をゆだねられ、個人の意志を個人より広範な利益の名の下に統御する」ことを認められる（Super, V, 117）。国家は「国民の正しい理性を最も代表し、支配し、状況が必要とする場合に、我々すべてに権威を行使するに値する」存在である（Super, V, 124）。マシューは、個人の自由を強調するイギリスの分権的な政治的伝統の下で、国家活動は自由と両立可能であると説いている。

マシューが国家活動に期待したのは、デモクラシーを高い理念に導くことであった。小論「デモクラシー論」において、彼はイギリス国民を「アメリカ化」させないために、国家の活動が必要であると論じる（Super, II, 16）。国その活動は、かつて国民を精神的に導いてきたアリストクラシーに代わるものである。彼はデモクラシーを、国家活動を排除するアメリカ型と積極的な国家活動をともなうフランス型に分け、後者を支持する。活動の具体的内容として彼が求めたのは、国民の精神的指導にかかる部分であった。とくにそれは、中産階級の偏狭な精神をデモクラシーに適合させることに向けられる。彼は、中産階級に対して国家活動を受け入れるかどうか、次のような問いを発する。

「これから五〇年、この国は、中産階級によって歴史上決定的な転換がおこなわれるであろう。それは、もし彼らが自分たちが向上するために、国家と手を組もうとしないならば、またもし個人主義的精神を強調しすぎることをやめないならば、もし政府の活動すべてにねたみを抱くことにこだわるならば、もし過去を嫌い、特別扱いすることが時代遅れになることを学ばなければ……彼らは確実にこの国をアメリカ化するのである。そのあふれる力をもって統治をするが、彼らの低い理念と教養の欠如で国家を堕落させるのである」(Super, II, 25)。

彼は、デモクラシーを文明に適合させるには、中産階級が国家活動を受け入れることが重要な課題になるとしている。具体的には次章で述べるように国家教育を彼らが認めることであった。

第四節　「マイアル主義」批判

マシューは、「中産階級の自由主義」のもう一つの特徴として、宗教的偏見に固執する教派主義を挙げる。彼はそれを「マイアル主義」と呼んでいる。この教派主義は、ディセンターを多く抱える中産階級の知的世界を支配し、「ミル主義」とあいまって国家活動に対する否定的な態度を彼らにとらせていた。エドワード・マイアル(Edward Miall,1809-1881)は、国教会の廃止を執拗に訴えるとともに、任意主義の立場から国家による公教育に批判的であった。

この教派主義の問題は、一八六〇年代後半、政治問題として浮上した。それは、グラッドストンによって進められたアイルランド国教会廃止の動きである。一八六八年の選挙で自由党は、アイルランド国教会廃止と教会税廃止を訴え、ディセンターの熱心な支持を集めた。その後の第一次グラッドストン内閣で、アイルランド国教会廃止法案が議会に上程された。マシューが『教養と無秩序』の中で、全体の内容からいって不自然なほどかつ繰り返し反対を表明しているように、彼自身にとっても、また当時の自由党における伝統的勢力（「ホイッグ・リベラル」）にとっても重要な政治的争点であった。本節においては、『教養と無秩序』における「マイアル主義」について取り上げる。

グラッドストンによるアイルランド国教会廃止は、マシューによれば、教会税負担の不平等性を口実にして国教会解体を企てるディセンターの意向に沿った政策であった。彼は少数者の教会である国教会がアイルランド人のすべての教会財産を独占することは理性と正義に反することであると認めながらも、教会税を各教会に分配することで解決可能であると主張する。国教会解体にまで踏み込むことは、ディセンターの党派的主張であり、自由党の政策は党派的利益に立っている点で批判されるべきである。

マシューによる「マイアル主義」の批判の基本は、それがもつ階級性である。彼によれば、プロテスタント・ディセンターに最も欠けているのは十分かつ調和のある教化であり、そのことが彼らの度量の狭さや一面性、不完全性をもたらしている。マシューはこれらの特徴を「偏狭性（provinciality）」と総称し、「全体性（totality）」の欠如と指摘している（Super, V, 237）。すなわち、プロテスタント・ディセンターには、独立と自由の精神はあるが、イギリス国民全体を代表する精神に欠け、彼らは中産階級の理念に固執する態度を維持しているという。

マシューは、国教会の「全体性」とプロテスタント・ディセンターの「偏狭性」を対峙させ、前者の優越を主張する。国教会に属するかそれによって訓練されることで、人々が「全体性」、すなわち十分かつ調和のとれた完全性に近づき、この世での一般的な完成が促される。国教会は、イギリス国民の歴史と伝統を踏まえた精神的権威をもち、個人的な思考にともなう独断を抑止し、教養を求める方向へと進めさせる。他方、彼はディセンターの最大の弊害を「国民生活の主流と絶縁している」ことに求める。ディセンターは、自分の宗教的経験に固執し、他を排し、自己の教派の中で「偏狭性」を強めていくことになる。
この教派主義が社会において一般化された実例として、マシューはアメリカをあげる。アメリカには国教会がなく、各教派は独立・対等の地位で並存していた。彼は、ルナン（Ernest Renan, 1823-1892）による次のアメリカ評を支持する。

「民衆の健全な教育は、ある階級の高い教養の影響による。〈合衆国のように真摯で高度な教育が与えられず、相当な民衆教育をつくりだした国民は、今後長らく、この欠点の代償として彼らは凡庸な知識しかもたず、習慣は野卑で、精神は皮相的になり、一般的な知性を欠くことになろう〉」（Super, V, 241）。

マシューは精神的な事柄と教養、および「全体性」においてアメリカはイギリスに劣っていると断言する。その理由として、マシューはアメリカでは「俗物」である中産階級が国民の大部分を占め、彼らの教派主義が国民の知的生活全体を支配していることをあげる。アメリカにおいて人間の精神的活動が発揮されるのは、偏狭な宗教的側面に限られると彼は評する。モーゼやパウロに範を求める社会改革、古いピューリタン流の救済がアメリカでは熱心に語られているからである（Super, V, 243）。マシューは、アメリカにおいては国教会がないために、偉大で明るい前途をもつ国民であるにもかかわらず、国民全体が「偏狭性」に陥っているとする。本来、国教会が与えてくれる宗教上の規律と秩序が、アメリカでは各人に委ねられており、それらの問題が個人の精神世界全体を支配するようになったというのである。
マシューがイギリスにおけるプロテスタント・ディセンターに求めるのは、この「偏狭性」の根絶である。そのために必要なのが「国民生活の主流と接触する」ことである（Super, V, 245）。彼は、過去において現在のディセンターが国教会内に存在していた歴史を回顧しながら、彼らが「全体性」をもち、国民の「完全に向かうあらゆる進歩」をめざす組織としての国教会との和解を勧める。国教会は、「〈国家は市民すべてによる宗教をもち、その市民によるいかなる狂信をも排除する〉」（Super, V, 193）という原理に立っている。それは「どのような教権制度にもみられない開放的で活動的な精神を、壮大で国民的な礼拝方式に結合させる理想」（Super, V, 522）にもとづく国民的教会である。マシューは父トマスを受け継ぎ、ディセンターの国教会への包括化を期待した。とくにマシューの場合、個人が国家において自己完成を実現するという理念をより強く打ち出している。個人は精神的に国家との関係を欠いては、つまり「全体性」の欠如によっては完成にたどりつけないのである。教育とともに国民の精神的向上をめざす国家活動の一つとして、国教会は位置づけられるであろう[30]。

以上の視点に立って、マシューはプロテスタント・ディセンターに配慮するグラッドストンの政策を批判している。国教会が解体されると、イギリスの宗教は自由かつ独立の「偏狭性」があい争い、国民を精神的に高い理念に統合することは困難となる。マシューは、アイルランド国教会廃止を端緒とするグラッドストンの自由主義的改革の展開を危惧する。彼は、グラッドストンを現代の暴君クレオン、デマゴーグとさえ呼び、繰り返し批判する[31]。一八八六年の小論「自由主義のどん底（The Nadir of Liberalism）」では「行動の党」である自由党の「賢明でない危険な変化」に対して、「安定と永続の党」である保守党の選挙での勝利に期待を表明している（Super, IX, 72-73）。そのマシューの立場は、アイルランド国教会廃止問題を契機にバーク以来のホイッグ・リベラルから新たな支持層に自由党の重点が移りつつあった動きと軌を一にしていたといえよう[32]。

第五節　マシューにおける政治

マシューは、一九世紀を「懐疑と論争と狂気と不安に満ちた鉄の時代」と自ら述べているように、新たな変化に直面した不確実な時代に生きていた。そうした変化の中心として彼が注目したのが、デモクラシーであった。「発展の時代」にあって、デモクラシー化は不可避の趨勢である。そしてイギリスは、時代動向に対応した社会形成に遅れをとっているという考えが彼の政治意識の根底にあった。彼は、デモクラシーがもつ社会変革のエネルギーと集団的能力を評価した。彼は、優れた個人の能力を評価するものの、「発展の時代」には集団活動が孤立した個人の努力よりも有効であることを認識していた。彼の考えでは、この集団的能力をいかんなく発揮させ、国民を偉大にし、複雑な問題に対処するには、国家の活動が必要であった（Super, II, 28）。

マシューの政治論は、このデモクラシーの時代においてイギリスが衰退しているという危惧から展開されている。それを最もよく語ってくれるのは、一八六五年一一月一一日妹フランシス宛に書き送った次の書簡であろう。

「私が確信しているのは、イギリスがすべての点において果てしなく衰え、かつて偉大なオランダがたどったような衰退に陥るという現実の、ほぼ差し迫った危機です。その原因は、私が理念と呼ぶものがわが国に欠如しているからであり、世界がどのように動き、また動くべきかを認識しておらず、それに対処しないからです。この確信は私につきまとい、時には意気消沈させることもあります。私はこの変化を座視することはできません。それは事態を悪化させることにつながるからです。自分にできることがある限り、いろいろな方法でこの変化を妨げたいのです。ひとつまたひとつと方法を変えていく中で、うまくいかず賢明でない衝突を招くに違いありません。結局は失敗に終わるかも知れません。しかし、私は試みなくてはなりません。時世に勝つには、いろいろな方向を見ていくしかないのです[33]」。

イギリスが衰退しているという問題意識は、晩年に至るまで続いている。「自由主義のどん底」において、彼は、イギリスの大陸における比重と影響力の衰退を憂い、「偉大で高貴な船が難破する」との懸念を表明している（Super, IX, 56）。

彼のこの危機意識の根底には、高尚な理念のないデモクラシー社会は衰退するとの確信があった。それを防ぐ存在として国家の活動に期待した。そこには、国家を有機体として国民の理念を体現するものとみなす視点があった。個人の完成はその中で実現されるからである。『教養と無秩序』の「結論」の章で、彼は、「国家の枠組と外面は神聖である」と述べた（Super, V, 223）。その中に「最善の自己」が入り、国家は「最善の自己における力強い、恵み深い、神聖な表現および機関」である（Super, V, 224）。

マシューは、小論「フランスのイートンもしくは中産階級の教育と国家（A French Eton or Middle-Class Education and the State）」で国家における諸市民の関係を協同事業（partnership）ととらえた。それは、バークのいう「すべての学問、すべての技芸、すべての徳、すべての完全性についての協同事業」と同じである。「市民は、この偉大で決定的な共同計画に向けて、その結びつきが与え得る支援を利用する」（Super, II, 300）。彼は、バークの言葉「政府とは人間の必要に応じるべく人間の智慧が考え出した装置である」、「人間は、これらの必要をこの智慧によって実現されることを主張する権利がある」を引用して、人間の完成に向けての国家活動を擁護している（Super, II, 302）。このような国家観は、当時の自由主義的政治観の対極にある。マシューは、イギリスの国際的地位の低下の原因の一つとして、自由主義の影響を考えていた。

一九世紀半ばに自由主義イデオロギーが実践的な原理として社会改革に適用されたのに応じて、マシューの思索はそれに対抗すべく政策の次元にまで展開された。それは、抽象的・理念的なものに対して、たえず具体的現実の立場から疑念を投げかけるという、イギリスの政治的伝統の実践知を支え続けてきた知的態度といってよい。マシューは、デモクラシー社会をあくまでも有機的国家の展開として位置づけることによって、社会を機械的・科学的に理解することを、個別問題の議論を通じて拒否した。

マシューにとって政治学とは、人間の生活に関するすべてを扱うことであって、その生活が文明社会にふさわしいものであるかどうかが重要な問題であった。彼は政治学と人間との関係について、「自由主義のどん底」で次のように述べている。

「政治に関する真の高貴な学問は、いまでも諸学の中で枢要の位置を占めている。それは、この問題［いかに生きるかという問題］を人間のために取り扱うからである。その人間とは、孤立した被造物でなく、バークがそれなくしては、本来可能であった完成状態にたどりつけないという人間、すなわち、社会における人間である。彼らが求めるのは次のことである。社会全体が〈人間的〉と呼ばれるにふさわしい生活が人間の情熱と力とともになければならない。このこと、つまり社会における人間の教化（humanisation）は文明（civilisation）である。我々にとってすべての目的は、これを促進することであり、何にもまして、文明化を促すことは、真の政治家の目的である」（Super, IX, 141-142）。

マシューにとって最大の政治的価値とは、文明化であり、とりわけイギリス社会の文明化であった。彼の不満は、現在のイギリス社会がこの問題に無関心なことであった。彼にとって、イギリスの文明化とは「社会全体を教化し、調和した真の人間的な生活をもたらす」ことにあった。彼の政治における目的は、デモクラシーにおける文明社会の実現であると要約できるであろう。

（1）イギリス教育史の観点から、マシューの報告書を分析したものとして、次の文献を参照。F. Walcott, *The Origins of Culture and Anarchy* (Toronto, 1970); W. F. Connell, *The Educational Thought and Influence of Matthew Arnold* (New York, 1950).

（2）レイモンド・ウイリアムズ『文化と社会』若松繁信・長谷川光昭訳（ミネルヴァ書房、一九六九年）、九八頁。

（3）D・ウィルソンは、この評論がディセンターの耳目を引く意図があったこと、一八六七年の選挙法改正後、無秩序が懸念されていた政治状況、マシュー特有のユーモアから誤読の危険を示唆している。Dover Wilson(1933), pp. 166-167.

（4）政治思想からのわが国のマシュー研究について、次の文献を参照。小田川大典「近代・教養・国家—マシュー・アーノルドにおける自我と政治—（一）～（三）」、『神戸大学六甲台論集』第四〇巻三号–第四一巻二号（一九九三–一九九四年）、「アーノルド『教養と無秩序』の生成と構造」、『イギリス哲学研究』一八号（一九九五年）、「アーノルドとピューリタニズム」、『岡山大学法学会雑誌』第四八巻三・四号（一九九九年）、若松繁信「マシュー・アーノルドのカルチュア観（上）（下）」、「マシュー・アーノルドの非国教徒中産階級論」、『北九州大学外国語学部紀要』八二–八四号（一九九四–一九九五年）。

（5）一八五八年に、ニューカッスル卿を長とした諮問委員会で「イングランドにおける民衆教育の現状を調査し、民衆の全階級に安くて健全な基礎教育を拡大するために、もしなんらかの政策が必要であるとすれば、いかなる政策が必要であるかを考え、報告すること」が検討され、この委員会の調査として、マシュー・アーノルドとマーク

・パティソン（Mark Pattison, 1813-1884）がフランスとドイツに派遣された。スーパーによれば、この序文は「政治と経済についてのマシューの考えの要石」であり、一八七九年に独立した論文として出されたことは、彼が重要と考えていたことを示しているという（Super, II, 330）。
（6）バーカー『イギリス政治思想Ⅳ』堀豊彦訳（岩波書店、一九五四年）、一七一―一七二頁。
（7）『教養と無秩序』の中で、マシューは、貴族ジェントリ階級、中産階級、労働者階級をそれぞれ「野蛮人」、「俗物」、「大衆」と評した。さらに階級精神を超越した「異邦人」（Aliens）の存在を彼は指摘している。『教養と無秩序』第三章「野蛮人・俗物・大衆」参照。
（8）『パブリック・モラリスト（*Public Moralists*）』（一九九一年）で一九世紀の知的エリートを描いたステファン・コリーニは、ケンブリッジ版の『教養と無秩序』の編集に携わっている。彼は、その序文において、マシューの政治思想を「非政治的」であり、体系的な政治理論とは異なる社会評論であるとしている。コリーニは、マシューに「国家の性格についての厳密な分析もしくは政治的義務の論理」が欠如していることを指摘しているが、体系性を前提とするコリーニの「西洋の伝統的政治理論」概念そのものに議論の余地がある。S. Collini, Introduction, in M. Arnold, *Culture and Anarchy and other Writing* (Cambridge, 1993), xxv-xxxvi. グロスは、コリーニ同様、マシューが社会批評家であり、「社会の下部構造を論じるというよりは、社会のおもてに表れた様式、ニュアンス、風俗習慣などを批評するタイプ」の評論家と評している。ジョン・グロス『イギリス文壇史』橋口稔訳（みすず書房、一九七二年）、四八頁。トリリングの研究は、社会・政治的視点をとり入れた分析によって、マシューの全体像を描き出そうとする試みであり、彼の政治思想を論じる際、引用されることが多い。しかし、この著作での政治的議論は、同時代の政治状況に対するマシューの意識よりも、トリリング自身の政治概念に拠っていることに注意する必要がある。とくに『教養と無秩序』の分析については、ルソーの立法者とマシューの「最善の自我」の権力を重ね合わせることにみられるようにその傾向が顕著である。L. Trilling, *Matthew Arnold* (New York,1954), p. 283.
（9）近年のマシューの伝記として、次の文献を参照。手稿等を参照した詳細な研究である。Nicolas Murray, *A Life of Matthew Arnold* (London, 1996).
（10）一八三五年に出版された『アメリカのデモクラシー』をマシューは、ベリオル時代に読んでいたと推測される。Wilson (1933), p. 170.

(11)　マシューは、一八八三年一〇月下旬から翌年三月上旬にかけて、アメリカを講演旅行している。アメリカにおける講演の内容は、『アメリカでの講話（*Discourses in America*）』という形で一八八五年に著書にまとめられた。その中で社会批評家マシューのアメリカ論としては、「数について（Number）」がある。内容は、かつて「デモクラシー」で論じられた多数者支配の批判と共通している。プラトンやイザヤを例にあげながら、堕落している多数者の間にあって、賢明な残りの部分がいかに対処するかを論じている。

(12)　たとえば代表作の「ドーバー海岸」（Dover Beach）を評して、評論家の吉田健一はマシューが「人智の発達が神の否定、あるいは喪失にまで進展した近代の行き詰まりを最初に知った」英国人の一人であると指摘する。吉田健一『英国の文学』（岩波文庫、一九九四年）、二二九頁。

(13)　マシューによる各国民の精神性の比較は早い段階からおこなわれている。一八四八年三月一〇日付の姉ジェーン宛の書簡ではフランスが「政治的」にヨーロッパの先頭にあることを述べ、「〈理念によって動かされる大衆〉の〈知性〉は、ロシアの農奴にも比すべきイギリスの〈分別のない大衆〉より、はるかに彼らを政治的に優れたものにしています。同時に彼らは豊かなアメリカの大衆のような不寛容な〈醜悪さ〉で、知的世界を脅かすことはありません」と述べている。C. Y. Lang ed., *The Letters of Matthew Arnold* (Virginia,1997 - 2001), vol. 1, p. 95.（以下、*Letters* と略。）

(14)　一八六五年一一月二五日母メアリー宛書簡で、取り組むべき重要なことは、選挙法改正法案や選挙権拡大の外的機構（machinery）でなく、最も本質的で内面的なものとしている。*Letters*, vol. 2, p. 477.

(15)　ダイシーによれば、デモクラシーという言葉は、従来「男性市民の大多数が統治権をもつ国家体制」であったのが、トクヴィルの『アメリカのデモクラシー』の人気と影響で、社会状態についての意味をもつようになったとしている。Dicey (1926), p. 50, 52. 邦訳九七、九八頁。

(16)　トクヴィルは、社会における平等と政治における平等の不均衡がもたらす事態について警告している。その中でとくに不動産の少数集中をデモクラシー社会で危険なものとする議論は、マシューの『平等論』と重なるところが多い。トクヴィル「一七八九年以前と以後におけるフランスの社会・政治状態」前掲書所収、四六頁。

(17) 一八四八年三月七日の母宛の書簡において、マシューは、アメリカの道徳的・知的・社会的俗悪の波がやがてやってくるとし、ヨーロッパでフランスが最も教化されていることがわかるだろうと言っている。*Letters*, vol. 1, p. 91.

(18) 一八六〇年七月三〇日付ハリエット・マーティノー宛書簡は、このようなマシューの問題認識を端的に裏づけるものとなるであろう。彼はこの書簡で次のように述べている。「私が信ずるに、我々は大きな変動の前夜にいるのです。国民の中の少数が統治に参加する時うまくいくというような統治理論は、デモクラシーが支配的となった時代にはもはや役に立たないものです。少なくとも私の知っている限り、デモクラシーは最良の知性と徳をその中に組み合わせてもち、それによって導かれることがなければ、本当に成功しないものです。もっとも貴族的・寡頭的な政府はそうでなくともうまくいくようですが。アメリカのデモクラシーはワシントンの下で、アテナイのデモクラシーはペリクレスの下になければ決して偉大なものでなかったのです」(*Letters*, vol. 2, pp. 14-15)。

(19) マシューのデモクラシー観は、文学評論にも表れている。一八八八年にセント・マーガレット教会での講演「ミルトン(Milton)」において、彼は、「アングロ=サクソンの悪影響」(Anglo-Saxon contagion)として、「普通の人間であることが理想であり、その普通の行動が過大に評価され、欠点が過度に見逃されている」状況を挙げ、「平均人」(average man)の脅威を強調する。彼は、イギリスの高貴な理念によって、この状況に対抗すべきことを主張し、一七世紀の詩人ジョン・ミルトンの精神性を賞賛している(Super, VIII, 167-168)。

(20) マシューは、『聖パウロとプロテスタンティズム(*St. Paul and Protestantism*)』(一八七四年)において「ミル主義」を「ヘレニズムが多少堕落した不適当な形態」とし、「マイアル主義」を「ヘブライズムの亜種で、正式でない堕落した形態」としている(Super, VI, 126)。さらに『ドイツの高等教育と大学(*Higher Schools and Universities in Germany*)』第二版(一八七四年)序文では、それぞれを世俗急進主義と非国教主義に言い換えることができるとしている(Super, VII, 100)。

(21) 一八五九年六月二七日の母宛書簡でマシューは、ミルの『自由論』について、「熟読に値する書物」であり、寛容に関する記述についての「冷静で嫌味にならない叙述」と評価している。*Letters*, vol. 1, p. 468. その後、七月二日に姉ジェーンにも自由論を推奨している。*Letters*, vol. 1, p. 471. だが思想家としてミルに共感をもたなかったことは、一八六六年のハイド・パーク騒擾事件に関する言及に表れている。この事件について、ミルは自伝で労働者を説得したと誇らしげに語っている。ミル（一九六〇年）、二五〇頁。マシューは一八六八年一月二〇日付書簡で、この時のミルについて、柔弱な調子で叫んでいた姿に触れながら、「この人は私の興味を引くことはありませんでした。というのは偉大な知的能力をもちながら、自分について〈深慮〉をほとんどもち合わさないように思われるからです。この時の彼の姿はその思考の仕方をはっきりさせるものでした」と言い放っている。*Letters*, vol. 3, p. 222. ハイド・パーク事件は『教養と無秩序』で無秩序の具体例として詳細に語られるなど彼にとって印象深い事件であった。そのことは、この事件の平穏性を語るミルと対照的である。彼は、同じ書簡で、『教養と無秩序』の初版に載せていた父トマスの激烈な言葉（第二章参照）を引用しながら、事件をとりあげている。

(22)　マシューは、『聖パウロとプロテスタンティズム』で「ミル主義」を評して、ミルにあった不正に対する怒りの精神が、弟子によって単に耳障りなものや頑固で戦闘的なものになったとしている（Super, VI, 126）。

(23)　ミルの文明論と政治との関係について、次の文献を参照。山下重一『J・S・ミルの思想形成』（木鐸社、一九八七年）、二八七―二九四頁。関口正司『自由と陶冶』（みすず書房、一九八九年）、二六二―二八三頁。

(24)　Mill, *Works*, vol. XVIII, p. 119.

(25)　Ibid., p. 120.

(26)　Ibid., pp. 126-127.

(27)　マシューの文明観は、フランソワ・ギゾーが『ヨーロッパ文明史』で述べた文明の説明と共通する部分が多い。ギゾーは、文明社会における人間相互の関係の発展を強調し、個人の内面生活を重視している。また彼は、各人の自由が極めて大きいが、不平等な状態を仮定し、そこでは公共的観念が高い反面、全体的利害関係が少なく、社交が極めて稀で、野蛮人の部族の状態と表現している。この指摘は、マシューのイギリス社会の描写に重ね合わせることが可能であろう。F. Guizot, *Histoire de la civilisation en Europe* (Paris, Hachette, 1985), p. 62. 邦訳、安士正夫訳『ヨーロッパ文明史』（みすず書房、一九八七年）、一〇頁。ミルとギゾーの文明論の共通性については、山下重一『J・S・ミルの政治思想』（木鐸社、一九七六年）、二八七―二九四頁参照。またマシューとミルの文明観におけるフランス社会との比較考察の視点について、次の文献を参照。G. Varouxakis, *Victorian Political Thought on*

France and the French (Wiltrire, 2001).

(28) 「文明論」でミルは、文明化の過程で民衆の協力・団結する能力の発展を期待していた。後年のミルは、これほど楽観的でないが、自由放任下での社会の自発的統合作用の考えについて、マシューとミルの間に大きな隔たりがあったといえる。

(29) この言葉はマシューの著作に頻出するが、バークの直接の引用ではなく、マシューが要約したものである。編者註参照（Super, II, 366）。

(30) マシューは、父トマスと同様、エラストゥス主義的な国教会観に立っている。彼は、一八七六年の講演「イギリス国教会」で、国教会を「私的な教派でなく、国民的制度である」、「よきことを推進する偉大な国民的共同体」といっている（Super, VIII, 64, 67）。

(31) マシューは、ディズレイリの流暢でコミカルな洗練された振舞いをグラッドストンのピューリタニズムや自由主義的思いつきに比べて好意をもっていたという。Park Honan, *Matthew Arnold* (New York, 1981), p. 318.

(32) パリーは、この政治問題をきっかけに、国教会を支持し、宗教教育を擁護するアングリカンの自由党支持者が保守党支持に向かったことを指摘している。さらにグラッドストンの改革が進展する八〇年代になるとホイッグ・リベラルの離反は拡大する。J. P. Parry, *Democracy and Religion: Gladstone and the Liberal Party 1867-1875* (Cambridge, 1986), pp. 148-149. マシューは、アイルランド問題に深い関心をもっていたが、グラッドストンに批判的であり、一八八六年の自治法に反対している。晩年の評論ではソールズベリー卿政権のアイルランド政策を支持している。Herbert Paul, *Matthew Arnold* (London, 1902), pp. 157-158.

(33) *Letters*, vol. 2, p. 472.

第四章　マシュー・アーノルドの教育論争
――ロバート・ロウの教育改革をめぐって――

第一節　近代国家と制度改革

一九世紀後半のイギリス社会では、デモクラシー化と並行して、近代国家建設のための制度改革が進展しつつあった。この改革は、産業革命以来の経済的自由主義がもたらした社会的変化に対応するための、国家再編の試みでもあった。自由放任政策による市場競争は、富の不平等と伝統的社会の解体をもたらし、社会的不安定を生じさせた。一九世紀半ば、自由主義原理の主唱者は、国家の介入を自由市場と社会的安定を両立させるために必要であると考えるようになる。彼らは、社会の安定化をもたらす効率的な国家運営を求めていた。本章では、この国家運営の変革の一つとして、教育改革を取り上げ、この問題をめぐるマシュー・アーノルドとロバート・ロウ（Robert Lowe,1811-1892）の見解を比較しながら、デモクラシー化にともなう社会改革の方向に対する二つの異なった理念の対立を明らかにする。この対立こそ、新たな社会の〈知の支配〉をめぐる伝統的精神と中産階級的理念の具体的な主導権争いといえるものであった。

貴族ジェントリが支配する伝統的国家体制は、レッセ・フェールにもとづく最小の国家には適していても、社会問題を解決するには不適当であった。貴族ジェントリのパトロネジによる支配は、人的支配ゆえの無秩序で非効率な運営がなされていた。産業化による社会問題が深刻化するにつれて、その体制の弊害が明らかになる。自由主義者は、旧態依然としたこの体制が自由な経済活動をおこなうための社会的基盤を危うくするものとしてこれを批判した。こうした状況を受けて、当時のイギリスにおいては、合理的理論にもとづいた新しい国家制度を構築しようとする改革案が相次いで提唱されていた。警察改革、公衆衛生改革、救貧法改革などその分野は多岐にわたっている。制度改革の基本は、貴族ジェントリの人的支配に代わって近代的・合理的・効率的な行政機構を確立することにあった。マシュー・アーノルドは、アリストクラシーの統治が個人やその社会的地位に立脚し、官職や法的な上下関係に拘束されない独立性の強いものであり、効率的な行政活動とあい容れないものと考えた(Super, II, 5)。当時、アリストクラシーの政治的凋落は、この国家機構の転換によって具体的に進展していたといえよう。

この時期のイギリス政府の改革は、マクドノーによって「行政革命」と評される。彼は、この「行政革命」におけるベンサム主義者の影響をめぐり論争を巻き起こしていた。[1] この時期の行政についての一般的議論は、A・V・ダイシーの『法律と世論』(一九一四年)における一九世紀の三区分「旧トーリー主義もしくは立法休止の時代」(一八〇〇－一八三〇年)、「ベンサム主義もしくは個人主義の時代」(一八二五－一八七〇年)、「集産主義の時代」(一八六五－一九〇〇年)の上に立ち、後二者をそれぞれ自由放任の時代と国家干渉の時代に分けるものであった。[2] マクドノーは、この図式を批判し、第二期においても「行政革命」という形で集産主義的な国家改革がなされていたことを指摘し、ベンサム主義者の影響を否定的に論じている。そのマクドノーの主張に対し、ヘンリー・パリス、デービッド・ロバーツが「行政革命」においてベンサム主義者が社会改革立法に果たした役割を積極的に評価した。[3] だが、この論争は、ベンサム主義を政治思想の概念として厳密にみるか、政治的党派の用語として多義的にみるかの相違に由来しているところが大きい。たとえば、初等教育の改革者であるケイ・シャトルワースがベンサム主義者かどうかは判断が分かれるところである。

この時期の「行政革命」の実態をみる限り、ベンサム主義と総称される功利主義、政治経済学的な議論が国家の効率的運営に実践的影響をもたらしたのは確実である。それは、自由主義原理を支持しながら、他方で近代国家にふさわしい改革をめざす動きである。つまり、国家の干渉について消極的であると同時に、その国家の運営を近代化することに積極的なのである。ダイシーが指摘するように、ベンサムは改革の理想とそのプログラムを提示したものの、「行政革命」を実務で担う者の多くは、そのプログラムに忠実なベンサム主義者を自任していたわけではなかった。彼らは、「ベンサムが厳密な原理から論理的推論を導き出すことを愛したと同様に実際的な妥協に愛着をもち」、「功利主義者であったが、厳密なドグマを受け入れず」、「自由主義という名の下に、常識的ベンサム主義を受容した」者であり、「書斎の功利主義」でなく、「庶民院もしくは株式取引所の功利主義」を抱いていた。[4] 彼らに共通する考えとして、ダイシーは次の二つを挙げている。一つは、人間の存在の目的は幸福の達成であるということ、つまり、「効用の原則」を信じていることである。第二は、立法は科学であり、法律の目的は人間の幸福の促進であるという確信である。[5] この二つの考えを基軸としながら、彼らは「行政革命」を進めていった。改革をおこなうにあたっての有力な指針として、政治経済学の理論が適用された。一九世紀半ば以降のイギリスでは、自由市場と国家介入の両立をめざす立場が生まれたといえる。ベンサムがもたらした改革は、実務家によって複雑な国家行政に適用される段階に入っていた。本章でとりあげるロウは、このような実務家の代表的人物といえる存在である。彼の改革には、他の実務家のような人道主義的要素がほとんど見られず、「功利主義者の第二世代」と呼ばれるにふさわしい人物であった。

この「行政改革」は教育にも及んでいた。当時のデモクラシー化にあって教育——とくに初等教育——は、社会的安定をもたらすための重要な手段として位置づけられていた。初等教育への国家介入は、一八〇七年にベンサム主義者や自由党急進派によって初めて法案として提案され、一八三三年には国庫補助金が団体（国教会系の国民教会とディセンター系の内外学校協会）を通じて給付されるようになった。それに従い、公教育行政も整備された。この行政組織の確立にあたって中心となったのが、ケイ・シャトルワース（Kay Shuttleworth,1804-1877）である。

ケイ・シャトルワースは、一八〇四年にランカシャーに生まれ、エディンバラ大学で医学を学んだ。彼はその専門知識を活かして、マンチェスターでの公衆衛生行政に辣腕を振るい、その後、一八三九年に枢密院教育委員会の事務局長に就任した。枢密院教育委員会は当時、教育行政を担当する国家組織であった。教育行政において彼は「イギリス公教育の父」と呼ばれるほどに、その制度確立に力を尽くした。

マシューは、ケイによる教育行政改革によって新たに設置された勅任視学官に任命された。この任務は、国庫補助金が正しく使用されているか否かを確認し、学校の管理・規律・教育方法について視察をおこなうものである。マシューは、ランズダウン卿の秘書であったことから、そのパトロネジを通じて視学官に任命された。ランズダウン卿の関係から、枢密院教育委員会には、オックスフォードのベリオル・コレッジ出身者の集団が形成されていた。[6] このパトロネジ集団は、堅実な実務家というよりも旧来のジェントルマン的統治者という傾向をもっていたが、ケイ・シャトルワースの行政改革を支持していた。ケイがおこなった改革は、初等教育機関を民衆の教化を図るそれとして位置づけ、教育を民衆に新しい社会的規律と統制を与える手段と考える方向に立っていた。(7) 初等教育は、キリスト教を基本に労働者階級の道徳的啓蒙を目的としたものであり、教科教育は副次的なものとして位置づけられていた。その方向は、マシューが強調する国家による国民の精神的嚮導という主張に沿っていた。ケイの時代、勅任視学官職は、国王の名代として大幅な個人的裁量を与えられ、自分の判断に委ねられる独立的地位を保障されており、マシューはその自由を謳歌していた。大陸視察報告書である『フランスにおける民衆教育』の序文「デモクラシー論」は、行政官を越えた彼の自由な立場を象徴的に表している。

このケイの教育行政が転機を迎えたのが、一八六二年のロバート・ロウによる改正教育令である。この改革の契機となったのは、一八六一年のニューカッスル委員会の報告書であった。この委員会は「イングランドにおける民衆教育の現状を調査し、民衆の全階級に安くて健全な基礎教育を拡大するために、もしなんらかの政策が必要であるとすれば、いかなる政策が必要であるかを考え、報告すること」を目的としており、マシューの大陸視察もこの委員会の決定にもとづいたものであった。ロウの教育改革は、この報告書における「安くて健全な基礎教育」を具体的に実施するための政策である。この改革は、マシューが生涯においてただ一度政治的闘争の渦中にその身をおいた事件である。

ロウの改革については、教育学・経済学の分野から詳細な分析がおこなわれているが、(8) 本書でとくに注目するのは「行政革命」との関連である。ケイのそれに比べて、ロウの改革は効率的行政を重視し、経済的自由主義の視点を強く打ち出していたことに特徴がある。この改革の推進力となったのは、グラッドストン蔵相による緊縮財政政策であった。ダイシーがいうように、この時期の財政政策の理想は、国家費用を最低限に切り詰め、「国民の懐中で」、「実を結ばせる」国富をできるだけ多く残すよう予算を編成することであり、グラッドストンはこの理想を忠実に実行して財政削減に取り組んでいた。(9) また何よりも一八六〇年代のイギリス財政は、クリミア戦争、セポイの乱などにより、逼迫していた。当時の「行政革命」は、財政の制約の下で、効率よい小さな政府をめざす性格を併せもっていた。ロウは、この政策に沿って、初等教育について補助金削減、教育機関の効率化を積極的に推進する。

第二節　ロバート・ロウによる改正教育令

マシューは、中産階級的精神を代表する人物としてロウをしばしば著作の中で取り上げる。だが、ロウの経歴をみると彼が伝統的エリートの世界で成長したことがわかる。ロウは、一八一一年に国教会の教区牧師の次男として生まれ、ウィンチェスター校、オックスフォード・ユニバーシティ・コレッジを卒業する。そこで彼は伝統的な古典教育を受け、優秀な成績を修めている。その後、フェローを経験し、一八四二年にバリスターの資格を得て渡豪する。植民地では、ニュー・サウス・ウェイルズの立法評議会の議員を務め、効率的な行政の推進に尽力した。その妥協のない徹底ぶりは、「南半球のクロムウェル」との異名を与えられたほどである。一八五〇年に本国に帰り、『タイムズ』紙で編集に従事し、一八五二年に自由党の庶民院議員となる。その後、自由党の中心的政治家として頭角を表し、一八六八～七三年のグラッドストン内閣の蔵相を務め、一八八八年にシャーブルック子爵に叙せられ、貴族院議員となる。彼が教育改革に携わったのは、一八五九年六月に第二次パーマストン内閣（グラッドストン蔵相）の枢密院教育委員会副議長となった時期であった。この職は、当時教育行政の実質的な最高責任者の地位であった。さらに彼は、本格的な義務教育を定めた一八七〇年の基礎教育法にも積極的に関与し、教育問題について大きな実績を積んだ。

ロウの教育改革の中心は、初等教育に出来高払制度を導入することであった。それは、読み・書き・算術（三Rと総称）の習得に重点を置き、生徒の達成度によって補助金を各学校に交付するというインセンティブを導入するものである。当時、初等教育の補助金が肥大化し、ロウの政策は、財政の健全化の目的から補助金削減をめざしたものであった。彼自身は、この方式を教育に健全な刺激を生み出す自由貿易の理念に沿ったものと自負した。[10]

ロウの政策の基本には、政治経済学に対する信頼がある。彼は、政治経済学クラブ（Political Economy Club）の会員であった。[11] このクラブは、政治経済学についての知識交流の場として、一八二一年四月ロンドンで創立され、穀物法廃止など自由経済原理の普及のために実務家を交えて活動していた。ロウの時代、ミル、バジョット、シジウィック、チャドウィックなど経済的自由主義の立場から「行政革命」を推進しようとした人物が中心を占めた。そのことは、閣僚となった会員のほとんどが自由党議員であることにも表れている。

一八七六年五月三一日には、『国富論』出版百年を記念してグラッドストン議長の下で会合が開かれた。注目すべきは、その会合の冒頭演説としてロウが「百年前の『国富論』刊行でもたらされた重要な成果は何か？」という演題で語っていることである。その講演では、アダム・スミスの知的貢献を指摘する中で、図らずもロウ自身の人間観・社会観を披露している。彼は、予見性に長けたスミスの学問を賞賛し、次のように語っている。

「スミスは、価格の上がり下がりについて語り、貨幣の増減について語っている。それらを通じて彼が言おうとしているのは、つまり、その言が真に意味するのは、ある状況下で人間の精神はその影響を受けるものであり、しかじかの段階にあれば、しかじかの結果をともなうことである」[12]。

ロウは、スミスの政治経済学を「人間の活動に関する演繹的・論証的科学」ととらえ、彼を「政治経済学のプラトン」と評価する。ちなみにリカードは同じく「アリストテレス」であった[13]。

ロウは、社会原理として政治経済学の有効性を評価する。スミスの唱えた一般原理として、ロウが最も強調したのは、自由放任であった。各人は自分の利益を最もよく判断し、自分にとって最善をおこなうことで、結果的に彼は国家にとって最善をもたらす。したがって資本家の活動に干渉する政府は有害であり、彼らに完全かつ絶対的な自由を認める政府が評価される[14]。ロウはこの原理を教育にも適用できると考える。彼は、教育についての章がスミスの書いたもので最も敬服するべき部分としている。講演では、とくに大学の寄附財産や公教育が教師の質を下げるというスミスの指摘が取り上げられている。公的保護を受ける教師を特権によって保護される貿易商人にたとえるスミスの見解は、ロウの公教育改革の方向につながるものがある。

このようなロウが進めた教育改革は、至るところで政治経済学的観点が強調されている。一八六二年二月一三日に庶民院でおこなった法案の趣旨説明で、次のように彼は発言している。

「私どもは、次の原則で学校を取り扱うのであります。もし、学校が教育において効率的であるならば、……十分な公的援助を受けることになり、もし、効率的でなければ、援助を受け取ることができないということです[15]」。

ロウは「教育が非効率であれば学校が損をする」と言明し[16]、教育に費用対効果の観点を厳格に適用することを強調している。そして教育の成果を科学的に検証しようとしていた。その成果は、三R習得の程度で評価される。

改革法案は、教育効果に客観的な評価を厳格に求めることで、学校の教師や視学官の裁量を拒絶し、彼らを機械的に読み・書き・算術を供給する手段としてとらえる態度が顕著であった[17]。教師の賃金は政府の補助金でなく、需要と供給の偉大な法則によって決められ、高い水準の給与を支払ってもらうには、サービスによって需要を高める必要がある[18]。そのことが彼らを勤勉に働かせることになるという。また行政効率の評価は、独立性をもつ視学官よりも客観的な試験による方が正しい検証ができるはずであった。彼は、公教育を支配する既存の特権に対して、客観的な効果とその評価という観点から立ち向かっていることを自認していた。ロウは、従来の補助金が教育のためでなく、教育に携わって利益を得る者を支えていることを激しく批判する[19]。ロウはすでに一八五三年、インド高等文官（ＩＣＳ）採用の公開試験導入を押し進め、七〇年には公務員の試験採用に力を尽くしたように、試験によって既得権を排除する政治姿勢は一貫していた[20]。ロウの改正教育令が当時猛然と反対を受けたのは、その改革の内容そのものよりも、その背景にあるロウの機械的方法論と挑発的言辞であった。あまりの反発に法案の修正とともに、ロウは、後に副議長職の辞任を余儀なくされた[21]。

第三節　マシュー・アーノルドによる改正教育令批判

マシューは、勅任視学官として実質的にロウの部下にあたっているが、その改正教育令を痛烈に批判している。匿名で一八六二年二月、『フレーザーズ・マガジン（*Fraser's Magazine*）』誌に掲載した論文が「再改正教育令について（Two-Revised Code）」[22]である。同月、ロウは庶民院に法案を提出しているだけに、マシューの行為は行政官として覚悟をともなうものであった[23]。

この論説で彼が最も批判しているのは、教育の効率化の下に、国家が民衆教育から大幅に手を引くことである。彼によれば、それは教育への国家干渉に反対する中産階級の任意主義者（voluntarist）の主張に沿った政策である。この批判の中でマシューは、ニューカッスル委員会に加わったエドワード・マイアルの名を挙げている。マイアルは、偏狭なディセンターの典型として、「マイアル主義」の名をマシューから奉られている人物である。

出来高払制度での最大の問題は、国家による教育が限定されることである。この法案は、公教育における国家の責任を、読み・書き・算術を授けることに限定し、必要とされる最低限の教育だけを国民に授けるという方針の下にあった[24]。つまり、できるだけ多数の者にできるだけたくさんの読み・書き・算術を授けることが「民衆の教育」であり、それが「国家に求められていること」と考えるのである（Super, II, 215）。ロウは、国家による民衆教育の役割を国民に三Rを効率的に大量供給することに限定していた。その供給実績に応じて教育者は報酬を与えられる。ロウは、補助金給付という手段で教育の範囲を確定したのであった[25]。

これに対し、マシューは従来の制度が「規律、教化、宗教や道徳的訓練、賢く進んだ子どもへのより高度の教育」にも補助金を与えていたことを強調する（Super, II, 215）。公教育において彼は教化を重視する。子どもの養育者が書物や知識に対する関心を欠いていることから、公教育がそれに代わって、子どもを教化する。そこには教育のある年長者の考えと知識の影響がある。マシューは公教育による「一般的な知的陶冶（general intellectual cultivation）」の必要性を論じている（Super, II, 223-224）。学校は「読み・書き・算術を教える単なる機械でなく」、「宗教的・精神的・知的な複合機能をもつ生きた統一体」であった（Super, II, 224）。この統一体を優れた配慮の下で後見するのが視学官職であった。

さらにマシューは、公教育の内容を限定することで、下層階級の自己向上の機会を制限すると指摘している。新制度は三R以上の公教育に配慮していない。[26] 彼は、この政策の背後にこれ以上のデモクラシー化に制限を加えようとする中産階級の政治意識をみている（Super, II, 226）。このマシューの指摘は、ロウが第二次選挙法改正で労働者階級に選挙権を与えることに徹底的に反対したことで実証されていよう。[27] 中産階級の意識を強く反映するロウの改革は、自階級の利益に立ったものであり、国民全体の教化に対して関心が薄いというのがマシューの批判の根幹にあった。

マシューが憂慮するのは、この改革が国家と下層階級の「決定的な結びつき」を破壊することである。国家による「重要な指導」、「初歩的な方向づけ」を排除することで、国家の活動が機械的で沈滞したものになる（Super, II, 235）。そのことは前章で言及した国家による精神的指導に逆行する動きであった。この点でロウの改革は、マシューにとって自己の国家・政治観の根本に抵触するものであった。

マシューとロウの初等教育をめぐる衝突は、小学校を「知識を授ける機関（instructing agent）」として扱うか、「教化をおこなう機関（civilising agent）」として扱うかの相違であった。[28] ロウの場合、それは工場労働に適した人材を供給する合理的なシステムであり、国家による初等教育は、そのための最低限の知識教育であった。労働者階級がそれ以上の高い教育を受けるための支援について、彼は考えていない。それは自らがおこなうべきであり、国家は関与しない。初等教育は、自由な経済運営を保障する安定した社会秩序を確保するための方法であった。そして国家は試験を通じてその教育の内容と成果を評価する謙譲的役割にとどまる。そこには、経済的自由主義と国家介入を両立させようとするロウの立場をみることができる。[29]

マシューは、初等教育を「集団的で共同体としての統一性をもった国民」の形成のために不可欠なものとし、国民全体を教化させる内容が必要であると考える。国家に求められていることは三Rだけでなく、「規律、効率、品格（character）」の教育である（Super, II, 227）。そこでは人格形成が強調される。彼は、何よりも同時代のイギリス社会における階級文化の乖離を憂慮しており、初等教育では労働者階級をイギリス国民としてふさわしいものに教化することに力点をおいた。マシューーは、公教育が国民の精神的連帯の絆（liens de solidalité morale）を確立することを期待する。その繋がりがないと上の階級における教育や財産の優越がねたみを招くことになる（Super, II, 227）。彼の理想は、貴族と話題を共有できるフランスの一般民衆であった。

実のところ、マシューーにおいて教育問題に対する関心の中心は、中等教育以上にあった[30]。彼は、初等教育に関する論争を国民教育全体に対する橋頭堡と考えていた。その考えの一端が、一八六二年三月一二日付の母メアリー宛書簡にみられる。

「我々がこうした［小学校が〈教化をおこなう機関〉である］見解を今回の議論の中で確証できるならば、国家による教育における将来の一大拠点が確保されることになるでしょう。私は、国家による教育の運営が、やがて中等教育や高等段階の学校にまで拡大していくことを期待します[31]」。

マシューーは、国家の後見を中等教育以上に及ぼすことを期待している。彼は、初等教育の調査で大陸諸国を訪れたが、彼は、視察任務の対象である初等教育でなく、むしろ国家主導の下で実施されている中等教育に関心をもった。初等教育に関する視察報告書の序文にあたる「デモクラシー論」では、中産階級に対する中等教育を国家がおこなうことを強調している。その後の教育関係の著作も「フランスのイートン」、『大陸の学校と大学』など大陸諸国の先例を紹介しながら、国家による中等教育の必要性を主張している。

彼がこれらの評論で繰り返し強調しているのは、イギリスにおける中産階級が最悪の教育を受けているという考えである。中産階級の「俗物」性は、任意主義の名の下に放任された教育で、その物質主義と教派主義を再生産することによって維持される。彼らは、パブリック・スクールでおこなわれる人格教育――卓越した精神的態度、指導力の養成など――の恩恵に預かっていないとする。

マシューは、フランスにおけるリセとコレージュを中等教育の模範としている。それらは、中産階級に良質な教育を国家によって与える機関である。現在、イギリスにおいて良質な中等教育は、貴族ジェントリ階級中心のパブリック・スクールに限定されているが、国家が中等教育に乗り出すことによって、安価で良質な教育を中産階級に供給できることを彼は期待している。[32]「フランスのイートン」では具体的にその構想を展開し、中等教育が一新されることを期待している。国家が運営する中等教育機関は、中産階級を教化し、高い理念を与える具体的制度としての役割をもつ。マシューは、「狭量で無愛想で魅力がない」中産階級が「陶冶され、寛容で、気高い」ものとなり、さらに彼らが労働者大衆の「希望をもって働く目的、喜んで望みを託す目標」になることを期待している（Super, II, 324）。

さらにマシューの議論は、国家によって運営される大学という主張に発展していく。特権階級の教育機関である大学を国家の手によって開かれたものとすることで、国民全体の教養を向上させる。それは、高貴な精神をもつデモクラシー社会を実現することへの国家による制度的保障を完全にする試みである。[33]

マシューは、このような教育機関の担い手である教育者の人格的役割に大きな期待を寄せた。一八八六年一一月一二日におこなわれた退官演説で彼は、デモクラシーの時代において、大衆の精神と徳性を形成する教育者の影響力に期待し、彼らの活動によってバークのいう「イギリス民衆の伝統的で生得のものといえる誠実性と敬虔」が維持されることを賞賛している（Super, XI, 378-379）。彼は父トマスと同様に、コールリッジ的な国家聖職者（clerisy）像を教育者としての職務に重ね合わせていた。

以上のようなマシューの教育論は、当時の自由主義的な世論において冷ややかに受け止められた。教育についていえば、イギリスにおける任意主義の伝統は根強いものがあった。一八六一年七月の『エディンバラ・レヴュー』では、他の教育改革論と比較する中で『フランスにおける民衆教育』に次のような厳しい評価が下されている。

「フランスの民衆教育に関する氏の報告書は、全体として大陸諸国の行政における官僚精神を是認している。それは自由なイギリス人の精神にとって苦痛と良心の呵責をもたらすほどである。わが国の公共精神が活気をなくし、上流階級が自らの義務と真の利益に鈍感になった結果（アーノルド氏はそうなりつつあると思っているようである）、国家の役人に我々の重要な任務を委ね、社会悪の万能薬を国家行政に求めるようなことを神は許さない。それは、官僚制度が精神にもたらした影響の悲しむべき結果であり、アーノルド氏の広くて自由な気質は、判断が狭まってこの奴隷的原理に陥っている[34]」。

『エディンバラ・レヴュー』の論者の関心は、需要と供給の原理に反する現行制度の批判であり、民衆教育における補助金支出の削減方法である。したがって大陸並の国家教育の充実を訴えるマシューの議論は論外であった。そこでは、マシューの議論を彼の所属する教育委員会を代弁する党派的主張であると示唆している。この批判は、ロウが反対派を既得権益の擁護者として一蹴したことに共通している。

また『コーンヒル・マガジン（*Cornhill Magazine*）』一八六四年七月号の「イギリスの中産階級教育」という小論では、マシューの「フランスのイートン」を評して、イギリスの国民は「厳格で画一的な規律が政府機関と固く結びついているような考えに我慢できない」し、「ある年齢のすべての少年が同じ方法で全く同じことを学ぶようなこと」を聞いたことがないと批判する。[35]イギリスでは宗教対立が長らく存在し、宗教組織がそれぞれ教育を担ってきた伝統があった。その状況は、国家介入に対する伝統的不信と結びついて国家主導による教育を不人気なものとしている。

ロバート・ロウは、一八六八年一月二二日にリバプールで中産階級の教育について講演をおこなった（初等教育についての講演と一緒に『中産階級と初等教育（*Middle Class and Primary Education*）』としてまとめられた）。彼の教育問題における主たる関心は、マシュー同様、初等教育より中等教育にあった。ロウは、イギリスにおいて中産階級が専制的な政治権力をもつ事態になっても、その教育が「根本的誤謬と全くの思い違い」の上に成立しており、彼らに教養がなく、精神的規律がないことを嘆いている。[36]この状況は、中産階級がもっと広い知識をもってビジネスに取り組むことがなく、協同して行使する権力をもたず、影響力をもつ階級の一員としての義務感がないという弊害をもたらしているとする。[37]

ロウは、中産階級の教育を整備する必要を認めながらも、国家や寄附財産に委ねてはならないとする。そうした教育は教師の質を落とし、社会や本人に役に立たない学問を奨励することにつながる。[38]ロウは中産階級が費用を自弁し、子弟のためにビジネスに適合し、才能を開化させる教育をおこなうことを促している。[39]彼が推奨した教育は、国語、そして現在の外国語、数学、自然科学であった。同時に彼はラテン語、古代ギリシア語中心の伝統的教育を数百年前と同じものとして批判する。ミルが『自由論』で、国家教育が支配階級による精神支配の手段となる危険性を指摘したように[40]、ロウは、中産階級教育が私的領域にあり、伝統的教育が公教育という方法で押し付けられることに警戒心を抱いた[41]。

マシューにせよ、ロウにせよ、デモクラシー化の中で大衆が無秩序状態におかれることを懸念し、彼らを直接指導する立場の中産階級の資質を改善しようとする点では一致していた[42]。両者の違いは、中産階級的価値観をどの程度積極的に評価するかであった。そのことが中産階級の教育を国家に委ねるか私的領域にとどめるかの相違になって表れる。ロウは、スミス、ミルのような自由主義者と同様に、国家の後見より、中産階級の自己教育能力に信をおいていた。

以上のような教育改革をめぐるマシューとロウの対立は、「行政革命」をめぐる態度の相違にもとづくものである。ロウにおいて改革とは、自由主義的近代国家を安定的に運営するという目的に立っており、効率性の原理と調和するものであった。彼にとって、社会は個人の集積であり、国家は各個人の競争にふさわしい場を提供するものである。他方、マシューの場合、有機的組織である国家体制の全体的調和を重視している。産業化の時代において発生した社会問題に的確に対応すべく、行政改革は推進されるべきであり、市場の要求とは別であった。彼が大陸諸国の官僚制度がもつ牧民官的・後見的性格を賞賛したのは、国家全体の調和という高度な観点を期待したからであり、さらに市場原理が早くから発展し、それを中心とする社会運営に好意的なイギリス世論に対抗するためであった。だが、教育行政において、マシューの主張はその世論を説得することができなかった。

イギリスの初等教育は、結局、マシューの思惑とは異なり、一八七〇年の基礎教育法にみられるように任意主義的原理が採用され続けることになる。政治学者のアーネスト・バーカーは、多元主義的立場から、イギリスにおける自立した任意社会の象徴として、初等教育の例をあげるほどである。[43] マシューが強調する国家教育による精神的指導は、所詮イギリス社会ではなじみのない議論であった。

だが、中等教育については、パブリック・スクール教育が優位に立ち続けていた。一八六四年のパブリック・スクールに関するクラレンドン委員会の報告書では、伝統的な古典教育のカリキュラムがイギリスの政治エリートの人格形成に果たした役割を全面的に認める。イギリス国民の誇るべき資質——他人を統治し、自分を統率する能力、自由と秩序のバランス感覚、公共精神、不屈の男らしい性格など——がこの教育の影響によるものとされる。さらに一八六八年のパブリック・スクール法によって、中等教育は、パブリック・スクールの古典教育を頂点とした教育ヒエラルヒーを確立する。下位校はパブリック・スクールのカリキュラムに近づくことで学校の格があがるものとされ、主として中産階級によって設立されたグラマー・スクールもこの価値基準に従って序列化されることになる。このことから中産階級の有力層自体が、自己の子弟にパブリック・スクール教育を受けさせる行動をとる。マシューが危惧した国家の指導層における中産階級的原理の浸透は曲がりなりにも回避できたといえよう。ただ指導層と一般民衆、さらにまた独自の価値観を維持し続けようとする中産階級との精神的世界の相違は相変わらず残ることになる。イギリスにおける教育は、任意主義の下で階級文化の相違を維持した。

（1）「行政革命」に関する論争を解説したものとして、岡田与好「自由放任主義と社会改革——〈一九世紀行政革命〉論争に寄せて——」『社会科学研究』、第二七巻四号、一九七六年参照。この「行政革命」論争は、ダイシーにおける一九世紀の三区分をめぐる評価を基本としている。

（2）Dicey (1926), pp. 62-69. 邦訳、一〇六—一一一頁。

（3）各議論について、Oliver Macdonagh, The Nineteenth-Century Revolution in Government: A Reappraisal, in *Histo-*

rical Journal, 1958, vol. 1.; Henry Parris, The Nineteenth-Century Revolution in Government: A Reappraisal Reappraised, in *Historical Journal*, 1960, vol. 3. ; David Roberts, Tory Paternalism and Social Reform in Early Victorian England, in *American Historical Review*, LXIII-2, 1958. 参照。パリスは、ダイシーがベンサム主義者の自由放任的性格を強調したことを当時のグラッドストンを中心とする急進的自由主義者を批判するための時論とする。またロバーツは、社会改革立法とトーリーとの結びつきを否定し、国家主導の政策におけるベンサム主義者の役割を指摘している。

（4） Dicey (1926), pp. 169-170. 邦訳、一八九頁。

（5） Ibid., p. 142. 邦訳、一六八頁。

（6） ベリオル出身者は、結束を維持し、他の部門の知識人と密接な関係をもっていた。彼らは実務的な行政官というより知的ディレンタントの側面をもっていた。Richard Johnson, Administrators in Education before 1870: Patronage, Social position and role, in Gillian Sutherland ed., *Studies in the Growth of Nineteenth - Century Government* (London,1972), pp. 128-129.

（7） Ibid., p. 132.

（8） ロウの教育政策については次の文献を参照。D. W. Sylvester, *Robert Lowe and Education* (Cambridge, 1974); C. Duke, Robert Lowe-A Reappraisal, *British Journal of Educational Studies*, vol. 14, no, 1. 1965. 岡田与好「自由貿易と教育改革―ロバート・ロウのばあい―」、『自由経済の思想』（東京大学出版会、一九九二年）所収、大田直子『イギリス教育行政制度成立史』（東京大学出版会、一九九二年）、四三―七五頁。ロウの伝記については、次の文献を参照。J. Winter, *Robert Lowe* (Toronto, 1976).

（9） Dicey (1926), xxx. 邦訳、一二頁。

（10） 「政府補助金と保護の制度」の旧制度に対し、新制度は、「少しばかり自由貿易をもつ」ことになるとロウは議会で発言していた。Parliamentary Debate, vol. 164, 1861, c. 731.

（11） 政治経済学クラブの活動内容の詳細については、次の文献を参照。藤塚知義『経済学クラブ―イギリス経済学の展開―』（ミネルヴァ書房、一九七二年）。

（12） Extracts from the Revised Report on The Proceedings at the Dinner of 31st May, 1876, Held in Celebration of The

Hundredth Year of the Publication of the Wealth of Nations in *Political Economy Club*, II, vol. 3 (London, 1881), p. 80.

（13）Ibid., p. 83.

（14）Ibid., p. 86.

（15）Parliamentary Debate, vol. 165, 1862, c. 230.

（16）Ibid., c. 229.

（17）Sylvester (1974), p. 224. ロウは、改正法において視学官の三分の一の仕事が無用になるといっていた。Parliamentary Debate, vol. 155, 1859, c. 319. 旧体制下での視学官は助言者や顧問役を自任していたが、法改正後、ほとんどの時間を試験実施に費やし、審問官の役割に甘んじることになる。Winter (1976), p. 181.

（18）Parliamentary Debate(1862), c. 215. ロウは、この法の目的を教育の質より量の増加とし、よりよい学校を求めているのでなく、学校をもっと働かせることであると説明している。Ibid., c. 215.

（19）Ibid., c. 211.

（20）Sylvester (1974), p. 38.

（21）一八六二年二月一三日に議会に上程された法案は、出来高払制度を維持しながら、補助金の一部を三R以外の給付に向けること等修正されて五月に成立した。一八六四年にロウは、教育委員会が議会に提出する視学官の報告を改竄した件で辞職を余儀なくされる。

（22）本論文の翻訳について、小林虎五郎編『再改訂法典』（東洋館出版社、二〇〇〇年）参照。この文献は論説執筆の経緯、マシューのプロフィールなど詳細な解説を含んでいる。

（23）ロウは、視学官が公費負担で自己の見解を報告書で表明したり、教育のようなデリケートな問題に論争をもちこむことに批判的であった。Sylvester (1974), p. 9. また法案の作成に関与していたリンゲンは、マシューの論文に怒っていたという。*Letters*, vol. 2, p. 127.

（24）ロウは法案の趣旨説明で、法で決めるのは「教育の最大限でなく、最低限である」とし、次のように述べている。「我々の提案しているのは、子どもが読み・書き・算術ができなければ、学校に出席したとしても補助金を与えないことです。それ以上［学校では］勉強させないと言っておりません」。だが、ロウの弁明にもかかわらず、助成対象が三Rに限定されることで、事実上、公教育の内容の線引きがおこなわれることになる。Parliamentary Debate (1862), c. 237.

(25) 国家が公教育に直接関与せずに、一定の能力を試験で認定するという方式は、ミルの『自由論』で提唱されている。Mill, *Works*, Vol. XVIII, pp. 302-304. ロウは実務家としてこうした提案を具体的制度に発展させたといえる。

(26) ロウは、改正法の適用を受けるのが、教育費用を払えない者の子弟であり、約一一歳までの就学期間に、読み・書き・算術を教えることで十分であるという。法の目的は、これらの子どもに世間での地位や仕事を越える教育を与えることでなく、彼らの仕事にふさわしい教育を与えることと説明している。Parliamentary Debate (1862), c. 237-238.

(27) 労働者階級の政治進出に反対した政治家としてのロウ像について、ブリッグス（一九八八年）第九章参照。公務員任用試験を推進するように、ロウは教育を受けた者が政治を担うというメリットクラシーの視点に立っていたが、教育をすべての者に与えるという考えは、一八六七年の選挙法改正後までなかった。Sylvester (1974), p. 28. マシューは、『友情の花輪』でロウの選挙法改正反対論における階級的性格を痛烈に揶揄した（Super, V, 16-17）。ダイシーによれば、ロウは第一次選挙法改正下の議会は、それ以上民主的な議会よりも、功利主義原理に従った立法をおこなうことができると考えていたという。Dicey (1926), p. 165. 邦訳、一八三頁。

(28) 一八六二年三月五日付母宛書簡で、彼は自分の基本的主張を「国家が小学校に対して〈知識を授ける機関〉である以上に〈教化をおこなう機関〉として関心をもつことである」と言っている。彼は保守党のダービー卿やディズレイリに法案批判の担い手として期待しており、彼らに「教化をおこなう機関」として小学校を認識させることで、新法案を阻止しようと考えた。*Letters*, vol. 2, p. 125.

(29) 経済的自由主義者は、公教育を市場経済安定化のための最低限の国家介入と考えた。ロウが信奉するアダム・スミスは、『国富論』第五巻第一章で、文明化した商業社会において一般民衆のための公教育の必要を論じていた。彼は、読み・書き・算術の基礎教育を国家がおこなうことで、民衆が熱狂や迷信によって無秩序状態をつくりだす危険を減少する効果について触れている。Adam Smith, *Wealth of Nations* (London, 1811), pp. 196-203. 邦訳、スミス『国富論（四）』水田洋監訳、杉山忠平訳（岩波文庫、二〇〇一年）、五二一－六〇頁参照。

(30) マシューは、『大陸の学校と大学』（一八六八年）において、民衆教育は、現代の精神と必要から生じたもので歴史上古いものでないが、中等教育は、ヨーロッパ各国が文明化された社会となって以来存在し、歴史をもつ制度とする（Super, IV, 35）。彼にとって中等教育は、文明と密接に関わるものであった。

(31) *Letters*, vol. 2, p. 125.

(32) マシューは、中等教育の直接の目標を「自分と世界を知る」ことに求めている。『大陸の学校と大学』では、詩作、哲学、歴史のような「自身を知る」知識と、自然科学、自然現象・法則のような「世界を知る」知識の総合を提唱している（Super, IV, 290-292）。

(33) 『大陸の学校と大学』ではイタリアの著作家による次の言葉を引用しながら教育と国家の関係を論じている。「皆が理解し、意識すべきことは、学問に関する良き制度と国民の高度な知性の発展が、国家権力と、国民における真の秩序正しい自由の最も本質的な基礎である、ということである」（Super, IV, 182）。

(34) *Edinburgh Review*, vol. 114, 1861, July, p. 6.『エディンバラ・レヴュー』の論説は、教育についてのマシューの主張に批判的である。一八六〇年一月の評論では、彼の教養重視の公教育論を挙げ、公教育の対象になる学校では「労働者や職人に有用である」、「熟練労働者を非熟練労働者と分けるような緻密な技術」が求められていると批判する。この評論は、ロウと同様に効率性の推進、学校の数の充実が公教育の第一課題としている。Ibid., vol. 111, 1860, April, p. 184.

(35) Middle Class Education in England, in *The Cornhill Magazine*, vol. x, 1864, July, p. 410.

(36) R. Lowe, *Middle Class and Primary Education* (London,1868), pp. 4-5.

(37) Ibid., p. 5.

(38) Ibid., pp. 16-17. この議論はスミスが『国富論』第五巻で展開している議論とかなり重なる。

(39) Ibid., p. 18.

(40) ミルは、国家教育が政府における支配勢力の気に入るものであり、効果を上げて成功すればするほど精神に対する専制を確立し、それが身体に対する専制にまで拡大すると主張している。Mill, *Works*, vol. XVIII, pp. 302.

(41) このことは、ロウの次の言葉からも明らかであろう。「彼ら［中産階級］は、他の国の同じ階級に比べて教養を欠き、教化されていない。彼らは精神を高める必要があり、金銭が人生のすべてでなく、その唯一の目的でないと教えられねばならない。また道徳性も向上させねばならないし、名誉の感覚も鍛えねばならない……だが、これだけは言いたい。中産階級の子弟に上流階級が受けてきた教育を勧めることはできない」。Lowe (1868), p. 18. ロウのこの発言は度重なるマシューの批判を受けてなされた演説であるとされる。Winter (1976), p. 166.「フランスのイートン」を読んでいたロウは、イギリス版リセが不可能であり、選挙権を与えられた貧しい者に対して税金を裕福な者の教育に払うことを期待すべきでないと考えていた。Ibid., p. 162.

(42) ロウはマシュー同様、イギリス社会のアメリカ化を危惧していた。ロウの懸念は、選挙法改正によって大衆が政治参加することの嫌悪からであった。Ibid., pp. 133-134.

(43) アーネスト・バーカー『政治学原理』堀豊彦他訳(勁草書房、一九六九年)、六二頁。

第五章　理想的国家体制の復活

――カーライルにおける統治と勤労倫理――

第一節　カーライルとその時代

トマス・カーライル（Thomas Carlyle,1795-1881）は思想家として異例の存在である。同時代において、彼は大きな知的影響力をもったが、現在、その思想についてほとんど関心をもたれていない。現代人からみるとカーライルの著作は、大仰で古めかしく、膨大であるが同じことを繰り返す退屈なものにみえる。しかも、その内容は反デモクラシー的であり、英雄崇拝と独裁を強調する点で時代遅れと思われる。[1] しかし、一八三〇年代から四〇年代にかけて、カーライルは時代の預言者として尊敬を集めた。とくにオックスブリッジの若者に与えた彼の知的影響は注目すべきものである。[2] だが、その影響は、同じく知的影響を誇った同時代のニューマンのように体系的思想によるよりも、道徳的雰囲気といえる性格をもっていた。[3] それは移ろいやすく、一八五〇年代以降、彼が過去の専制を絶賛するにつれ、その著作は前世の遺物として扱われるようになった。彼の黙示録的評論は、チャーティスト運動が高揚し、革命の気運が高まった時期に注目され、社会が平穏にもどるに従い、忘れ去られていく性格をもっていた。

カーライルの著作は、一九世紀イギリスの国民統合に関する議論を検討する上で欠かすことができない著作である。それは、建設的議論というよりも、もたらした破壊的効果の方が大きい。つまり、この時期、伝統的国家体制を批判する有力な社会原理として登場してきた自由主義的議論に対して彼の著作は少なからず打撃を与えた。自由主義が有力なイデオロギーとして世論を支配していたとしても、実際の統治エリートにおいて優越した社会原理にならなかったのは、彼の著作の影響が少なからずあったと考えられる。

そもそも、一九世紀イギリス社会の近代化において自由主義（とくにベンサム的功利主義）は、物質主義に立った進歩崇拝、政治経済学と結びついた厳格な合理主義、人間の快楽に関する功利主義、感情的要素の排除など、既存の価値体系に徹底的に挑む刺激的なものであった。伝統的な知的世界に生きる者の多くがこの議論に違和感と反感をもっていた。

トマス・アーノルドの社会評論は、この刺激に対する一つの反応である。だが、彼の政治的議論は、社会的反響の点からみれば、大きなものではなかった。たとえば、彼の教会と国家に関する著作は、伝統主義的立場をとる者からの反発をむしろ招いてしまった。そして当時の社会問題に関する彼の著作で、後世まで語り継がれているものはほとんどないのが実情である。彼が社会批評家でなく、教育者として知られるように、その社会観・政治観は、ラグビー校の教育活動という人的影響を通じて広がった。

カーライルは、新しく野心的で挑戦的な自由主義的議論に激烈な火の説教を加えることによって、その攻撃目標を明確にした。叫びにも似た晦渋で大時代的な文体は、自由主義者の論理明断性の対極に位置していた。カーライルの自由主義批判によってつくり出された道徳的雰囲気は過小評価できないであろう。少なくとも世紀半ばには、自由主義のもつ挑戦的・刺激的部分が修正を余儀なくされた要因の一つといってよい。

本章では、一九世紀の一時期にカーライルの評論がもった意味を念頭に置きながら、彼の政治的議論の構造を明らかにしていく。とくに、一八四〇年前後の『フランス革命史（*History of French Revolution*）』（一八三七年）、『チャーティズム（*Chartism*）』（一八三九年）、『過去と現在（*Past and Present*）』（一八四三年）の諸著作を中心に、カーライルにおける政治統合の議論とその基礎にある勤労の精神との関係を分析する。[4]カーライルは、伝統的国家体制の危機にあって、その統治原理を宗教的雰囲気で理想化し、産業化に適した新たな倫理を結びつけることで、自由主義的社会原理に対抗したことが明らかにされる。

トマス・カーライルは、トマス・アーノルドと同年の一七九一年にスコットランドの石工の長男として生まれた。両親は、敬虔なカルヴァン主義者であり、とくに父親は、謹厳で仕事に一所懸命励むピューリタン的人物であった。カーライルの旧約的宗教観および勤労精神の強調は、若き日の体験に由来するものであると考えられる。彼は、エディンバラ大学を出た後に文筆活動に従事する。[5]スコットランドにいた時から、青年期のＪ・Ｓ・ミルと交流をもち、彼の勧めでロンドンに出て著作活動を本格化させた。最初に評判をとったのが『衣装哲学（*Sartor Resartus*）』（一八三三年）であった。その後、『フランス革命史』、『チャーティズム』、『英雄崇拝論（*Heroes, Hero-worship, and the Heroic in History*）』（一八四一年）と立て続けに著作を発表して、文名を高めていく。[6]トマス・アーノルドが社会的論説を展開した一八三〇年代後半から四〇年代にかけて、文人カーライルの評論は絶頂期にあったといえる。この時期のカーライルの著作は、時流に乗り、社会的影響力をもっていた。しかし、五〇年代以降の著作は、文学者としてのカーライルについてはともかく同時代の社会的評価という点では、それを下げるものであった⑺。

カーライルの黙示録的社会批評は、一八四〇年代、チャーティスト運動が高揚し、伝統的国家体制が危機に陥った際、知識人の関心を引きつけていた。彼らは、貴族ジェントリが支配する社会の改革の必要を痛感しながら、ベンサム主義者の唱える急進的改革やチャーティスト運動のようなデモクラシー化に対して、危機感をもっていた。カーライルは、功利主義改革とデモクラシー化を批判する一方で、伝統的価値・モラルを強調しながら改革を訴えることで保守的な改革者の支持を集めることができた。

このような知識人の筆頭に挙げられるべきは、トマス・アーノルドである。同年生まれの二人のトマスの間には交友関係があった。アーノルドの死去直前、カーライルはラグビー校を訪問し、アーノルド親子（この時、マシューは不在であった）の案内で、クロムウェルの古戦場であるネーズビーに出かけている。この訪問がきっかけでカーライルは、護国卿の事績の研究に邁進することになった⑻。両者が交流を始めたきっかけは、一八四〇年一月にアーノルドからカーライルに送った書簡であった。『フランス革命史』を読んだアーノルドは、カーライルの社会批評に関心をもち、面識のない彼に手紙を出したのであった。彼は、この中でカーライルの『フランス革命史』を次のように賞賛している。

「私は全く面識のない貴殿に、このようにお手紙をお出ししたことを謝らねばなりません。しかし、貴殿のフランス革命史を読んで以来、面識を得たく思っておりました。といいますのも、御書に歴史の本質を見出し、喜びを感じたからです。私は、子どもの頃からフランス革命に深い関心をもち、かなり書物を渉猟してきました。本書で貴殿の知識が豊富かつ聡明な判断を下されていることを知りました。すべての点でご見解に賛同するわけではありませんが――いくつかの点でかなり見解が違うものもあります――御書における見識とその雄弁、詩的情景は今まで出合ったことがなく、これからも出合えそうにない貴重なものであります」（LC, II, 159）。

書簡でアーノルドは、自分の社会問題に対する関心をカーライルにとうとうと述べている。[9]それによれば、当時アーノルドは、社会問題解決のための著述活動に限界を感じており、社会問題を調査して民衆の実態を発表することで支配階級の意識を変えることを試みようとした。この協力をカーライルに求めていた。彼は、カーライルを「貧しい者の福祉」について見識をもつ者として信頼を寄せている。

このようなカーライルへの信頼は、理論偏重の自由主義者にない魅力を彼に感じたからであった。アーノルドは、一八四〇年一月二三日ジェイムズ・マーシャル宛書簡で、自由主義者への見解を次のように述べている。

「私が自由党と見解を異にするのは、……カーライルと共通するのですが、彼らはベンサムを過大評価し、また政治経済学者の見解を重視しすぎることです。私は、これらの著述家の能力やその結論が真実であることに疑いを挟むものではありませんが、それは彼らの学問の範囲内のことであります。彼らの学問の最高善と実際の生活におけるそれとは同じではありません。それゆえに自由貿易や大資本の有利性ということに含まれている多くの問題は、経済的見地では完全であっても、政治的に考える場合、非常に複雑です。他の点を無視するならば、経済的に利点が多くとも、実際には直接に社会的害悪をもたらすものです」（LC, II, 160-161）。

アーノルドは当時、改革論の主流を占めていたベンサム主義者、自由貿易論者に批判的であり、彼らの方法は社会問題の解決につながらないと考えていた。

カーライルの政治論は、当時の社会問題に義憤を抱きながらも、功利主義的・自由放任的な社会改革の議論に対して、抵抗感をもっていた知識人に受け入れやすいものであった。一八三〇年代に彼らが期待をかけたはずのホイッグ急進派は、ジョン・ラッセル卿にみられるように自由放任的な立場に近づいていた。そして三〇年代末の不況は、市場原理で社会問題が解決できないことを思い知らせるものであった。カーライルの説教的議論は、社会の現状を憂慮する知識人の結節点として存在していた[10]。

第二節　『フランス革命史』における歴史観

『フランス革命史』（一八三七年）は、カーライルの著述家としての名声を確立した作品である[11]。この著作の出版をめぐっては、ミルとの有名なエピソードがあり、それはスマイルズ（Samuel Smiles, 1812-1904）の『自助（*Self-Help*）』（一八五九年）にも取り上げられたほどである[12]。

フランス革命は、イギリス国民のみならずヨーロッパの人々にとって、歴史上、画期的な事件であった。この歴史を英語で叙述した最初の本格的著作がこの『フランス革命史』であり、評価されるに十分な環境があった[13]。しかし、『フランス革命史』が好評を博した理由は、こうした歴史学的貢献にあったのではない。その本質的な理由は、この著作全体が、フランス革命という歴史的事件から、イギリス社会の現在の問題に明確かつ力強い処方箋を提示したことにあった。フランス旧体制の崩壊と新しい革命体制の混乱を叙事詩的に表すことによって、カーライルは、イギリスの伝統的国家体制に教訓を与えた。トマス・アーノルドは、この教訓のメッセージを明確に汲みとった読者の一人であったといえよう。

ミルは、一八三七年の『ロンドン・ウェストミンスター・レヴュー』においてこの書の紹介を詳細におこなった。彼は、革命とは「一つの虚偽の破壊」として、カーライルの描いた革命の勃発の原因を次のように要約している。

「二つの集団――国王・封建貴族と聖職者――がその高い地位を維持し、彼らに払われる服従と忠誠を受けていたのは、ただ彼らが民衆に指導を与えていたからである。……しかし、革命前の数世紀には……国王と貴族は民衆に真実の指導と保護をおこなわなくなっており、それらをなすという幻想もなくなっていた。社会の重要な仕事のすべてが、彼らの妨害にもかかわらず、彼らなしでも動くようになっていた。精神的教師の任にある者は、教師としての義務を怠り、自分の教えるべきことを実行しないばかりか、教える内容も信じなくなっていた。しかも、もったいぶった口調で話すことや報酬を受け取ることをやめなかった。このようにしてフランスの社会と統治のすべての制度がますますはっきりと虚偽となってくるに従って、民衆は次第にその実情を理解した。……善人は、もはやそのような統治者に服従せず、悪人は彼らを畏怖することがなくなって、両者はともに立ち上がって混乱に向かって驀進した」[14]。

ミルの要約は反権力的な急進派的特徴をもちながらも、的確に要約しているといえる。カーライルは、支配者層の指導力低下の帰結として生じた、国民のすべてを巻き込む精神状況の変化こそが、革命の根本原因であることを『フランス革命史』の基本的分析視点として設定する。

この『フランス革命史』において、カーライルの諸論述に流れる主張がすでに完全な形で存在している。ここで着目すべきは、次の三点である。第一は、カーライルが神の摂理に立脚した盛衰史観を示したことである。歴史の探求とは「現実の世界における支離滅裂で変動極まりない混乱の中から、理念がいかに展開していくのか」を解明すべきものである。彼は、歴史の過程において神の理念が盛衰する様子を次のように説明している。

「この理念（Ideals）は成長し、雨風に打たれて発育した後、円熟し、立派に花開く。しかるのち、たちまちのうちに（花の盛りは短きゆえに）しぼみ、あわれにも衰えていく。それはあるいは静かに、あるいは音を立てて、消え去っていくのである。花の命は本当に短い。百年に一度咲くサボテンは、百年待って花を咲かせるもわずか数刻である」（FR, I, 11）。

彼は、進歩と啓蒙に背を向け、統一性と生命力をもった一つの有機体としての宇宙を前提としている。この宇宙は神の力で満たされている。[15] 人間は宇宙の法則を理解して行動することを求められ、歴史家は、その法則を歴史の中で理念として解明する。

カーライルは、過去の歴史において、理念の「花」が咲く時期とそうでない時期があることを区分する。そうでない時期を頽世（decadent ages）と呼ぶ。この時期は、decadent という言葉のとおり、国民の精神的衰退と結びつけて考えられる。

「何の理念も成長せず、開花しない頽世とはいかなるものであったか。神への信仰と忠誠は一掃されており、ただ残っているのは、うわべだけの祈りと嘘に満ちた服従であった。厳粛な儀式は、すべて浮華なお祭り騒ぎとなった。権威者の信条とは、痴愚かマキアヴェッリ主義の二つに一つであった。嗚呼。世界史は、このような時代を気にも留めず、徐々に簡単に記されるようになっていく。そしてついには人間の記録の中から削り去られてしまうのである」（FR, I, 11）。

フランス革命以前の旧体制の時期は、まさにこの頽世の時代にあたる。革命は、この頽世を打ち破る突発的現象であり、神の正義の表れであった。この見方は、フランス革命に恐怖と混乱をみるバーク以来の革命観と異なっている。

『フランス革命史』で第二に注目すべきは、カーライルが統治者と民衆の指導 - 服従関係を政治的支配の中心とみていた点である。この支配関係を強調する見方は、彼の諸著作において共通している。統治に携わる者の指導に対し、国民が信服して従う時代こそ、神の理念が開花する時期である。両者の関係と理念の盛衰は密接なつながりがあった。

カーライルは、フランス革命以前の時期に旧来の権力である王権と教権が統治能力を喪失し、指導 - 服従関係が混乱したとみる。彼は、この指導 - 服従関係を世俗的支配と精神的支配の二面から考察している。彼は、人間の現世での生活を政治形態などの外面的条件と教会による精神的向上を中心とする内面的条件から考察している。当時のフランスでは政治的・宗教的権威が国民に対して指導力を失い、体制に対する国民の服従心が弱体化していた。この時期、権威の空白を埋めたのが「百科全書派、フィロゾーフ」――具体的には著述家、詩人、俳優、論争家、パンフレット著作家――であった（FR, I, 12）。彼らが国民を精神的に支配することで、旧体制の政治的権威は危機に陥った。

当時、この「文人という貴族」(Noblesse of Literature) が「法律家としての貴族」、「商人としての貴族」にまして勢力を強めていた。カーライルは、彼らが「頽世」の瓦礫とほこりの中で、時代に適合し、最も強い勢力となった様子を次のように叙述している。

「彼らは腰に剣をもたず、懐に黄金をもっていない。しかし、その頭の中に〈思想という偉大な魔術の能力〉をもっている。この時に、フランスのフィロゾーフが確立したのである。その言葉の中にいかに多くの内容が含まれていることか！　実際、広く蔓延した疫病の最も重大な兆候は、この中に潜在していたのである。信仰は消え去り、懐疑主義がやってきた。世に害悪は充ち積もったが、これに抵抗し、修正を加える信仰をもつ者はいなかった。自らを正して新たにやり直すような信仰をもつ者もなかった」(FR, I, 14)。

フィロゾーフは、宗教的なものを含めたこの世の権威に対して、否定的な立場をとっていた。彼らは「虚偽は信じることができない」という一点を強調し、個人的感覚に依拠し、霊的な事柄に関心をもたなかった (FR, I, 14)。フランス革命をもたらした原因は、政治的・宗教的権威の空白状況に他ならない。上流階級が「むなしい堕落と精神の空虚」に陥り、下層階級に「貧困と沈滞」が支配しており (FR, I, 14)、その秩序の崩壊にフィロゾーフがつけこんだのである。

さらに『フランス革命史』において着目すべき第三点は、デモクラシーをフランス革命のアナロジーで考え、それを無秩序と同一視したことである。当時のイギリス社会においてこのような議論はよくみられるが[16]、カーライルは歴史叙述の中でまざまざと具体的に描写し、読者にデモクラシー化の帰結について危惧を抱かせた。カーライルはデモクラシーを次のように評している。

「叡智を欠く者の世界から出てくるのは叡智の欠如である。憲法をつくっても、投票箱を通してふるいにかけても叡智の欠如しかでてこない。新しく入れ替わったいかさま者と不純な輩の餌食となってしまい、結果は事の始めと比べ、あまりよくなっていない。叡智に欠ける人間から誰が叡智を引き出すことができようか」（**FR, II, 242**）。

デモクラシーによって生じた無秩序を治めるのは「兵士の剣」であり、「無秩序は破滅である」ことを彼は強調している（**FR, II, 242**）。民衆がよき指導者の下に服従することに歴史の健全な方向は存在し、平和が維持される。本来指導されるべき民衆の政治支配を認めるデモクラシーは、叡智を欠く者の支配であり、自然に反し、歴史の理念にもとることであった⑰。

以上みてきたように、カーライルのフランス革命に関する叙述の背後に、読者は、当時のイギリスの状況――特権に固執し、改革を拒む貴族ジェントリ階級、労働者階級の経済的悲惨、イデオローグとしてのベンサム主義者の台頭――を汲みとった。チャーティストの政治運動の高揚は、イギリスの伝統的国家体制の崩壊の最終幕の前兆ではないか、と多くの者が考えた。カーライルの『フランス革命史』は、その意味で極めて時宜にかなっていた。読者は、彼によって示されたフランス革命の教訓がイギリスに適用可能と考えた。同時代のイギリスに関する彼の評論が好評をもって迎えられたのは、こうした事情があったからである。

第三節　カーライルと『チャーティズム』

『チャーティズム』は、社会批評家としてのカーライルの文名を最高にした作品であった。この評論で彼は『フランス革命史』で導き出した教訓を同時代のイギリス社会に適用した。もっともその適用は、三年後に執筆した大部の『過去と現在』においてもなされている。だが、封建時代のいささか退屈とも思われる年代記を間にはさむ『過去と現在』に比べ、「イギリスの現状問題」を直接扱った本評論は、カーライルの同時代の政治状況に対する評価が最も明確に表れている文献であろう。

『チャーティズム』は、それを支持するのでなく、この運動を高揚させた「イギリスの現状問題（Condition of England Question）」を明らかにし、支配階級の精神的頽廃を激しく糾弾する著作である。カーライルによれば、チャーティスト運動は、この頽廃に対する神の怒りのもたらした教訓である。彼は、神の怒りを伝える旧約的預言者のように、イギリス国民に現在の混乱状況を解き明かしている。彼は、この書を通じて支配階級の統治における義務を改めて明らかにし、その政治的権威を再び確立させる必要性を強調している。その過程で現金支払が唯一の人間関係となっている現状を嘆いている。彼は、現在のイギリス社会が神なき物質的社会であり、精神的統合の危機にあることを訴えた。カーライルの主張は、産業化とモラルの衝突に直面した多くのイギリス人にとって預言者的響きをもって受け止められた。

預言的記述は、『チャーティズム』冒頭の問題提起からすでに表れている。カーライルは、現在のチャーティスト運動が煽動家によってもたらされた一時的な事件でなく、イギリスの社会から生じた構造的なものであると述べている。それは、重大な広がりをもった問題であり、力ずくで押さえても、問題の本質が存続している以上、常に新しい形をとって表れる。カーライルは、イギリスの多くの識者が抱いている不安を冒頭で指摘することで、彼らの心の琴線に触れるのである。

「労働者階級の状態と気質は、今のところ、気味の悪い問題であって、それに関して何かを言わねばならないし、何か手を打ってしかるべきものである、という感情が、広く一般の人々の間に存している。……我々一人一人にとっては、この問題は、すべての実際的問題の中で最も不気味なもの、それについて今何か手段を講じなければ、いつかはそれ自体が、誰にも喜ばれないような動き方をする問題であるように思われる。もう何年も前からずっとそう思われてきた。その問題の中に立ち入って行動すべき時期がすでに来ている。そのような行動について考慮し、それについてはっきりと語る時期は、もうずっと以前から到来しているのである」（ME, III, 255)。

執筆当時、チャーティストによる第一回の請願活動は沈滞していたものの、労働者の劣悪な生活と彼らの政治的要求は、読者の多くにさらなる政治行動を予想させた。支配階級に属する人々には時代が破滅へと突き進んでいるものと映り、次の波には押し切られてしまうという恐怖感が新たに募った。実際この後、一八四二年、四八年の二度にわたってチャーティズムは高揚する。それは、一八四八年を頂点にヨーロッパ全土を覆った革命的気運の前哨であった。

カーライルがチャーティズムに見出したのは、イギリス国民を二分する階級対立であった。それはヨーロッパ全体に見られるが、「イギリスではどの国よりも痛々しく、目につく」としている（ME, III, 259)。この階級対立の状況は、トマス・アーノルドが『教会改革の諸原理』を執筆した一八三〇年代前半のそれと一変していた。アーノルドの時代における対立は、貴族ジェントリ階級と中産階級の政治的主導権をめぐるものであったのに対し、『チャーティズム』の時期は、この二つの階級と労働者階級との対立状況が見え始めていた。ディズレイリが小説『シビル』で指摘した「二つの国民」の説明は、これ以降の階級対立の状況である。[18] マシュー・アーノルド、ウォルター・バジョットなど後年の政治論の多くは、この「二つの国民」問題の解決をめぐって展開された。

カーライルの政治的著作で展開される議論の特徴は、この階級対立の現状を解決するのに政策的・技術的対応でなく、支配層の精神的変革を訴えたところにある。それはアーノルドと同様のアプローチであったが、カーライルはより情熱的で荒削りの表現で、多くの者の共感を集めることに成功した。

そもそも人文主義的伝統をもつイギリスの支配階級においては、統治の本質を政策技術でなく、統治者の態度としてとらえる傾向がある。そこでは個々の政策をおこなう専門技術よりも、人間の精神面に及ぶ支配者としての態度が重視される。古典古代に範をとった人文主義的な統治者論は、その典型である。長らく貴族ジェントリ階級の政治家においては、統治者としての態度が重視され、家門や社交界において伝授されていた。カーライルがその非エリート的な履歴とファナティックと思われる主張にかかわらず、伝統的支配層に影響を与えたのは、当時の支配者が、現状の問題を統治者の態度に起因するという伝統的アプローチに立っていたからだと思われる。[19]

イギリスの伝統的支配は、パトロンとクライアントの関係として表現されるように、支配階級と一般民衆との間の広範な人間関係によって支えられてきた。この関係は権力支配でない信従関係である。上に立つパトロンが思いやりをもち、支配されるクライアントに従属意識を抱かせない人格的配慮の上に両者の関係が成り立っていた。[20] エドマンド・バークとロッキンガム卿の関係はその成功例であり、サミュエル・ジョンソンとチェスターフィールド卿の関係は失敗例であろう。微妙な均衡の上に成立するイギリスの伝統的国家体制にとって、この人間関係――指導と服従の関係――は、体制を維持させるための基本的な統治原理であった。支配者が伝統的に会得してきた統治者としての態度は、この基本原理を実践するための奥義であった。この意味からトマス・アーノルドの唱えた古典教育を核とする教育は、統治者としての理想を再構築したものといえる。[21]

当時のイギリスの政治状況において、人間関係が転換期にあった。第一は、産業革命にともなう社会構造の変化である。産業化の過程で農村から都市に人口が流出し、土地貴族の名望家としての権威が低下しつつあった。パトロンとクライアントの関係は、地方社会で最もその有効性を発揮できるものであった。都市部において指導－服従関係は希薄であった。第二は、支配階級における精神的緊張感の低下である。フランス革命後、摂政時代と呼ばれる一八一〇年代にかけて、伝統的支配階級、とくに貴族のモラルは、放蕩者ボー・ブランメル（Beau Brummel,1778-1840）を時代の寵児とする「ダンディズム」礼賛に見られるように、著しく低下していた。カーライルは、『衣装哲学』の第一〇章で「ダンディ一団（the Dandiacal Body）」という表現で「衣服を着ることが仕事であり、役目であり、存在をかける」、「着るために生きる」者を風刺している（SR, 184）。マシュー・アーノルドが『教養と無秩序』で描く「野蛮人」としての貴族像は、主としてこの時期のものである。貴族の堕落は、一八三〇年代の改革の時代に入って、特権に固執する彼らに対する一般国民の不満を高めることになった。

カーライルが「イギリスの現状問題」の背景にある問題として強調したのは、統治の基礎にある人間関係の崩壊である。一連の政治的著作での彼の主張は、結局、この一点に帰着するといって大げさではない。カーライルは社会のみならず宇宙の基本原理として、指導－服従関係を位置づけていた。[22] 彼がイギリスの階級対立の原因とみたのは、統治者と一般国民の間の人間関係の破綻であった。チャーティズムの高揚の背後に、彼は、大衆が既存の国家体制に服従する動機を喪失して、支配者の政治指導が不可能になっている状態を見て取った。カーライルは、チャーティズムの本質を国民、とくに労働者階級の精神的健全性が失われた結果として、次のように述べている。

「一つの国民の思想、国民の多数を占める大衆の思想が逸脱してしまった時、その国民の働きを結びつけた結果は、一大狂気であり、支離滅裂であり、破滅であろう。一般大衆のために健全な精神状態を取り戻さなくてはならない。さもなければ、弾圧そのものさえ、弾圧する能力を失うであろう」(ME, III, 257)。

彼は「大部分の国民の状態はその国民の現状そのものである」と考えており、問題解決のためには労働者階級の精神を健全な方向に導かねばならないとしている。この書で激烈に語られる労働者の悲惨な状況は、彼らの精神的困難を描きだすための叙事詩ともいうべきものである。

カーライルによれば、労働者大衆の精神状況において最も憂慮すべきは、不正に対する大衆の憤りである。それは国家体制に服従する動機を失わせる最大要因である。彼は次のように語っている。

「人間が幸福か悲惨なのかは、外面的なものをもっているかどうかではない。心が正しい時には、赤貧にも飢餓にもあらゆる苦しみにも、そして死そのものにさえも、喜んで耐えるものである。だが、不正であると感じることには、すべての人間は忍び難いものである」(ME, III, 277)。

外面的な苦痛に人間は耐えられるが、「魂の痛み、汚名、精神的自我（moral self）に加えられた痛み」には耐えられない（ME, III, 277）という。この「魂の痛み」は神によるものでも同様である。「永遠の不正には、たとえそれが無限の力によって与えられたものであっても人間は辛抱できない」とすらカーライルは断言する。その時に取り得る唯一の手段は「叛逆（revolt）」であった（ME, III, 278）。

カーライルの政治思想を論じる際、英雄の独裁支配、または権力の支配が強調されることが多いが、彼は権力そのものよりも、政治的支配における被治者の積極的服従を重視していた。彼によれば、政治的支配の中で最も直截的で、力を剥き出しにした「征服」でさえも「野蛮な力と強制」では決して成功しないとする（ME, III, 279）。「征服者とともに被征服者にもそれが有益であることを示さないような征服は永続しない」というのが彼の見解である（ME, III, 278）。そして服従を獲得する「強者」には「魂の強さ」が求められる。カーライルはこの「強者」を次のように描写している。

「［彼は］賢明な者である。順序だって物事を考え、実があり、勇ましい。これらは、すべて叡智の基礎をなしている。何が何であるか、何から何が生ずるか見通す力をもち、ものを見る目、行動する手足をもっており、治め、指揮し、命令するのにふさわしい人物こそが強者である。彼の筋骨は、我々の筋骨より強くない。しかし、彼の魂はずっと強く、賢明であり、明晰、善良で、高貴である」（ME, III, 279）。

『英雄崇拝論』などにみられる超人的英雄の独裁は、民衆の自発的服従を導く魂の魅力が存在してはじめて可能であった。

「イギリスの現状問題」をみるならば、民衆には「自分たちは不正を受けているという耐えがたい確信」が存在している（ME, III, 280）。彼らは不正に対する怒りによって服従の動機を喪失し、その結果、政治支配が動揺している。労働者階級においては、「あらゆる意味での忠誠心の崩壊、不服従、信仰心の衰微」が見られ、「叛逆心、上の階級に対して反感を抱く険悪な復讐的気分、この世において上の者の命令に対する尊敬の念の減少、精神的に上位に立つ者の教えに対する信義の念の希薄ということが下層階級の一般的な精神態度になりつつある」（ME, III, 280）というのが彼の観察である。政府の弾圧に懲りずに叛乱が相次いでいるように、彼らを力でさえ服従に導くことのできないのが現在の状況である。

カーライルは、イギリスの現況にフランス革命の影をみている。彼は、フランス革命が「まだ完成していない」という。この革命は、「抑圧されている階級が、抑圧しているかそのことを無視している上層階級に叛逆する」という一般性をもち、ヨーロッパ諸国すべてに警告を発したものとする（ME, III, 281）。彼は「チャーティズム、急進主義、選挙法改正法案、十分の一税法案」などが登場する現況を「わが国のフランス革命」という（ME, III, 281）。現在における指導－服従関係の破綻こそ、革命的混乱の原因であり、統治の回復こそが緊急の政治課題であるべきである。

カーライルが統治の基礎として重要視したのは、伝統的国家体制のヒエラルヒーを支え続けてきた親権的人間関係の回復であった。彼によれば、すべての人間の心の底には次のような「願望と祈り」が存在しているという。

「私に指導者（leader）を与えてくれ。いつわりの指導者でなく、真の指導者を与えてくれ。私を正しい道に進め、節義を尽くすことができ、忠誠を誓って従うことができ、それでよかったと感じるような指導者を！」

（ME, III, 290）。

彼によれば、「生徒と教師」、「忠実な臣下と教え導く国王」のような健全な指導－服従関係が「人間社会の活力の源」であり、「人間社会で不可欠で永遠なもの」である（ME, III, ,290）。

　この親権的人間関係において、カーライルは、服従する者よりも、支配する者の義務を強調する。『フランス革命史』と同様に、彼は、聖職者階級とアリストクラシーが世俗と精神世界において一般国民を指導すべきことを論ずるが、本書では、とくにアリストクラシーの義務を強調している。アリストクラシーは、「立法と行政を手に握り」、「豊かで権力をもち、長くその地位が安泰であり」、「いかなる国、時代、階級にないほどの能力を自由に手に入れた」者たちである。もっともカーライルのいうアリストクラシーとは「土地からの富」と「商業からの富」からなり、資本家階級も含まれている（ME, III, 287）。『チャーティズム』の執筆目的は、このアリストクラシーが「下層階級を統治するために何をなすべきか、何をなそうと努力すべきか」を示すことであり、「解決しなければならない問題」を告げることである（ME, III, 295）。彼の諸著作は、この問題を追究している。

　『チャーティズム』同様に、現在の階級対立状況をテーマとしている『過去と現在』において、彼は、その統治の理想を中世の封建社会に求めている。当時の統治者が支配者にふさわしい資質をもっていたことが、その高い地位の根拠であったと断言している。そこで冗長ともいえる筆致で描かれた一二世紀のサムソン修道院長による封建的支配は、その理想像の具体的描写である。統治者とは、そのヒエラルヒーの位置にふさわしい義務を果たし、一般国民を治めることが全体を繁栄に導くのである。

　カーライルにとって、統治とは人間関係に還元されるべきものであった。彼がイギリスの伝統的国家体制を評価するのも、それが親権的人間関係の基礎に立脚した有機的制度であるからである。この有機的国家体制について彼は『衣装哲学』の第三巻第二章で次のように言及している。

「政府は、いわば政治体（Body Politics）の外皮であって、その全体を包んで保護するものである。また肉体的たると精神的たるとを問わず、世のいっさいの同業組合や職業団体は、当該社会が立脚し、活動する肉体的衣服、すなわち、筋骨組織である。とすれば、宗教は、その全体の生命と温かい血液の循環とをつかさどる最奥の心嚢組織および神経組織といえよう」（SR, 146-147）。

指導と服従は、この有機体の各部分の関係を基礎づける重要な原理であった。それがないと社会は「魂が抜け落ちた肉体のように倒れて死に、恐るべき有害な分解を示して消滅する」（ME, III, 290）のである。

現在において、統治の復活を阻害するものは、カーライルによれば、二つ存在している。まず一つは、自由放任という「何よりも虚偽であり、異端であり、呪われるべきである社会原理」である。この自由放任原理を支配階級が認め、社会のあり方を市場原理に委ねることは、カーライルによれば、彼らが自ら統治の任を退くことに等しく、その統治能力の欠如を認めるに等しいという（ME, III, 287）。「自由放任原理にもとづき上流階級が下層階級を統治することは、現在のイギリスではもはや可能ではない」（ME, III, 286）というのが彼の見解である。

イギリスにとって重要なのは、支配階級が統治能力を回復することであり、一般国民の期待もそこにあるとする。一八一九年のマンチェスターのセント・ピーターズ・フィールドやフランス革命時におけるグレーブ広場での民衆の結集に、指導されることへの欲求をみる。カーライルは、「ピータールーからグレーブ広場にいたるまでの間の、人々の騒動、狂気のわめき」を、「私を導いてくれ、私を統治してくれ、私は、正気でなく、あわれな者であって、わが身を導くことができない」という、言葉なき祈りと受け取る。彼は、「人間の権利」として、無知な人間が賢者によって、「おだやかにでも力づくにでも」正しい方向に導いてもらうことを挙げている。彼は、自由を「この権利を享受する」ことであるとしている（ME, III, 288）。この議論の前提として、彼は現在のイギリスの状況を次のように断定している。

「労働者階級は、もはや統治なしでは、すなわち、〈実際に〉指導され、治められなければ、もはや進むことができない。イギリスは彼らを導き、治める何らかの手段を見出さねば、平和裏に存在することはできない」（ME, III, 286）。

カーライルは、政治参加を求める大衆の暴動の背後に指導されることの要求を読み取っていた。デモクラシーが進展した現在では、皮肉に響く彼の言葉は、統治エリートの社会的責任を重視する当時の世論にあっては、受容可能な現状分析であった。

このような大衆理解に立つカーライルにとって、デモクラシーは統治能力の回復に逆行する第二の要素であった。だが、最近のデモクラシーの展開は、彼にとって次のように無視できないものである。

「デモクラシー、それは多数者による多数者の〈自己統治（self-government）〉を意味する。今現在、言葉の上で、あらゆるところで熱心に求められていることを私はよく知っている。デモクラシーは今や、急速な進歩を遂げている。そして危険な加速度がついて、ますます急速になっている。事物の進歩は、いたるところで、それが最後のゴール、決勝点であるようにデモクラシーの方を向いている」(ME, III, 288)。

彼はデモクラシーが不可避なことを理解しながら、あえてそれを正面から攻撃する。デモクラシーを「空虚」、「自己消去(self canceling)の仕事」とし、「長期的にみるとほんとうの結果はゼロである」と断定している。それはまた「無政府と自由放任の完成」であった(ME, III, 289)。デモクラシーにもとづく統治が実現されたフランス革命では「議会というものが望み得る限りの完璧なものであった」が、最後には「ヨーロッパにかつて見られなかったほどの厳しい専制政治によって統治され、機能を果たさなくてはならなかった」のである(ME, III, 289)。カーライルはデモクラシーを批判した後、次のように結論づける。

「途方に暮れたヨーロッパがもがき求めているのは、多数者による多数者の〈自己統治〉という不可能事でなく、最も賢明な者による統治という可能事である。それは祝福された可能事である。間違った統治でなく、レッセ・フェールでなく、これこそ、真の統治である」(ME, III, 289)。

カーライルにとって親権的関係にもとづいたエリートの統治こそがチャーティズムの混乱からイギリスを救う方策であった。それこそが『チャーティズム』執筆の目的として掲げられた「正義(right)を明らかにし、力(might)を明らかにする」試みであった(ME, III, 259)。

『チャーティズム』は、既存の支配階級に対する激しい憤りに満ちているが、この書で直接の攻撃目標になったのは、カーライル同様に支配者階級を攻撃していた哲学的急進派であった。カーライルは、冒頭から「民衆の友人であり、民衆の努力によって選出され、民衆の胸底にある無言の要求を解釈し、言明するはず」である急進派議員が「イギリスの現状問題」に無関心であることを攻撃している（ME, III, 257）。カーライルは、彼らの改革論の中に、具体的な人間関係よりも普遍的・抽象的原理を尊重する態度をみる。その典型的態度が選挙権獲得という政治目的に「イギリスの現状問題」を矮小化することである。彼によれば、哲学的急進主義者は、具合の悪いことが生じるたびに「選挙権――国家的おしゃべり大会の選手一人を送り出す二万分の一の権利――の要求」を万能薬としている。それは、カーライルには、労働者の状況改善よりも、彼らの奉じる普遍的原理を社会に適用させること自体を目的にしているように思われる[23]。労働者階級を代表するはずの急進派が議会で論じる「法廷経費の低減、アイルランドの公平処置、アイルランド人特別歳出条項、納税条項、救貧税、教会税、戸主選挙権、投票問題、記名か無記名か」は、カーライルによれば「事物の影（shadow of things）」以外の何物でもなく、ベンサム的公式であると一蹴される（ME, III, 314）。そして彼らはフランス革命におけるジロンド派にたとえられる。

「労して働き不平の多い何百万の人々の惨めな生活の中にその惨状を認めず、ただ自分自身の、貧弱で頑な理論と利己主義のために、こねまわしたり、売買したりする原料としか彼らを見ない人々、また、何百万人の生きた同胞、胸には脈うつ心臓があり、苦闘し、苦悩し、希望している同胞たちも、彼らから見ると、〈大衆（mass）〉、〈バスチーユを吹き飛ばすための爆薬の塊り（mass）〉、選挙で自分たちに投票するための者にすぎない、と考える輩である。こういう人々は訝しきたぐいの人々である」（ME, III, 314-315）。

ジロンド派は、やがてもっと過激なジャコバン派に圧倒される運命にある。同様に急進派は労働議会での彼らの活動に業を煮やした労働者階級が、自身の政治的発言権を求める運動に直面する。これこそ、チャーティズムに他ならないと彼は断定する（ME, III, 314）。労働者階級と哲学的急進派との決裂は、『チャーティズム』において激烈な形で暴露されるのである。

当時の急進派にとってカーライルの指摘は、心安からざる指摘であった。J・S・ミルは、一八三〇年代、院内の急進派議員は労働者階級を指導することができると考えていた。ミルがダラム卿を中心とした急進派勢力の結集を目論んでいたのは、三〇年代後半であった。一八三九年の「改革政党の再編成（The Reorganisation of the Reform Party）」では、「生来の急進派（natural Radicals）」に企業家・商業者、ディセンター、国教会改革派、労働者を結集させ、特権階級に数と知性の連合で対抗することをミルは提唱する。労働者階級は、急進派のイニシアティブの下にあることが期待され、急進派の政治家は「中産階級による労働者階級のための統治」を心がけねばならないとされた[24]。

ミルは、『チャーティズム』に対して、一八四五年四月の『エディンバラ・レヴュー』掲載の書評「労働者の諸要求（The Claims of Labour）」で反論を加えている。この反論は、ヘルプスの『労働者の諸要求』の書評の形式をとりながら、カーライルの書を契機に強まった親権的な労働者保護論に向けての批判であった[25]。『労働者の諸要求』は、企業家に対する労働者保護の教訓を集めた著作であった。ミルは、この書評でマルサスを例に挙げて、政治経済学の知識が社会問題解決に果たす役割を論じながら、「新しい博愛主義者（New Philanthropists）」の欺瞞性を攻撃する。カーライルは「貧民が地主に従属し、保護を受けるしかない社会的存在」としている点で、現在のデモクラシー化に反対するディズレイリの青年イギリス党、『タイムズ』紙の共感を受けているとしている。[26]彼らの唱える親権的支配者と労働者との服従‐保護の関係は、「ロシアの農奴制」、「西インドの奴隷制」と同じ状態に労働者を貶めているとして批判する。[27]ミルによれば、封建主義は「現代に形成されるべき制度や慣習の型ではありえない」とし、「平等の精神と個人的独立の熱情が最も貧しい人々に浸透している」イギリス社会では、「自分たちの最も個人的な事柄が他の人々によって支配される代償」を払って親権的保護を受けるものでないとする。[28]ミルは新しい時代における個人の独立と自己規律に期待をかけ、親権的関係を封建的なものとして排除した。

ミルの弁護にもかかわらず、政治経済学にもとづく社会改革は、当時の世論の支持を失いつつあった。一八三〇年代末に急進派は、この「平等の精神と個人的独立の熱情」に満ちた労働者階級をすでに指導できなくなっていた。抽象的個人を前提とする自由主義イデオロギーは、体制批判の段階では、積極的に議論を展開できたが、階級対立という現状に対し、統合理論としての限界をカーライルに批判されたのではなかろうか。労働者階級の政治的進出に対し、自由主義的国家体制の構築という万能薬に依存し続ける急進派の無力を苛酷な筆致でカーライルは暴き出したのである。

第四節　カーライルにおける勤労倫理

近代化が進展している当時において、指導と服従の親権的関係の回復を訴えることが、なぜ人々に関心をもたれたのか。一〇年後には前世の遺物とされるような封建的主張が魅力をもっていたのは、イギリス国民が「敬意の念をもった国民」（バジョット）というだけでは説明がつかないであろう。カーライルの主張が熱心に受け入れられたのは、それが支配階級の道徳心に訴え、政治的権威の回復をめざすという保守的性格をもっていただけではない。彼は、労働を社会原理の基礎と位置づけることで、福音主義的な労働倫理をもつ中産階級の支持をも集めた。中産階級にみられる勤労精神を彼は賞賛し、それを労働者階級にも広げ、さらに社会全体の精神とすることをめざしていた。この議論は、サミュエル・スマイルズの『自助』にみられる「尊敬できる《リスペクタブル》」労働者論の先駆であった。カーライルは、指導と服従の関係の中に労働という原理をもちこむことによって、封建的人間関係を現代に生けるものとして描き出した。

現代の産業化に対するカーライルの立場は複雑である。初期の小論「時代の兆候（Signs of the Times）」では、現代を「機械の時代（mechanical age）」といっている。

「この時代を簡単な言葉で特徴づけるならば、英雄的、宗教的、哲学的、道徳的時代のいずれでもなく、機械の時代といわなければならない。それは、機械の世紀である。言葉の外面・内面を問わず、すべての領域において、機械による全能の力で、目的に手段を適合させる偉大な技術を発展させ、教え、実践させる時代である」(ME, I, 473-474)。

現代は「外的・物質的にばかりか、内面的・精神的にも機械によって支配される」時代である（ME, I, 474）。カーライルは、当時の産業化を「イギリスの現状問題」をもたらした原因としていた。『イギリスにおける労働者の状態』（一八四五年）を描いた社会主義者フリードリッヒ・エンゲルス以上に、彼は、その諸著作において産業化の悲惨面を強調し、より多数の読者に衝撃を与えた。

だが他方で、カーライルは、この「機械の時代」に息づく生産・創造活動を積極的に評価した。これが典型的に表れているのが、『チャーティズム』における工業都市マンチェスターの賛美である。彼は、当時、貴族ジェントリ階級が醜悪なものとして嫌悪し、「イギリスの現状問題」の象徴的存在であった工業都市マンチェスターを架空のドイツ人教授の口を借りて、次のように描写している。

「マンチェスターは、綿毛と塵煙の町、騒ぎと争いを好む町で、君にはぞっと身震いするようなものとしかみえぬというのか？　そう考えてはいけない。魔法の夢のように美しく、しかも夢でなく現実である一つの貴重なものが、その忌まわしき包装の中に隠されている。――その包装は、自らを投げ捨ててその美しいものが自由に見られるようにするため苦闘しているのである（チャーティズムおよび同類の運動を見よ）。君は月曜の朝五時半の、マンチェスターの目覚めを健全な耳で聞いたことがあるか。その町の何千という工場が、大西洋の潮のとどろきのように、一斉に仕事を始める。一万の一万倍もある糸巻きや紡錘がぷんと唸りを立てて回っている。――それは、たぶん、ナイヤガラの滝のように荘厳（君はよく知らないだろうが）である、いやそれ以上に荘厳である。紡績は、最終的には裸の人々に衣服を与えることであり、手段としては物質に対する人間の勝利である。煤と絶望は本質でなくて、それから分離することができる」（ME, III, 308）。

彼は、当時のマンチェスターにその表面的な姿でなく、その背後にある生産と創造の精神を見ていた。マンチェスターが象徴するのは、現在のイギリスが歴史上、理念の開花期にあることであった。

カーライルは、産業化の中にイギリス・ルネッサンスの時代に匹敵する才能の開花をみていた。エリザベス朝での、シェイクスピア、ベイコン、シドニーという文芸の俊秀に対し、同時代におけるワット、アークライト、ブリンドリーなど産業革命の発明家を対峙させる。これらの人間は、下層階級出身で風采も上がらないが、文芸の偉人に比肩する偉大な成果をあげているとカーライルはいう。

産業化の成果を強調することは、ある意味では物質主義的であり、マシュー・アーノルドが批判する中産階級的な文明論と共通するところがある。「機械の時代」を批判し、封建時代の支配者の精神性を強調していたカーライル像からすれば、一見すると意外である。彼は、産業化の推進力となっている精神を「機械の時代」から分化・抽出している。彼を産業化の批判者と一概に決めつけることはできず、むしろその著作には産業化の時代精神を取り入れているといえる。

カーライルによれば、国家の発展を裏づけるものが勤労の倫理であった。『過去と現在』の主張は、『チャーティズム』とほぼ重なっているが、彼はこの書で労働の神聖性をとくに強調している。それは神の意志にかなう高貴な任務である。真実の勤労とは、宗教的なものであることを彼は幾度となく述べる。彼にとって、勤労は一生涯の目的であり、労働によって神から与えられた力が人間に作用する。彼は勤労に、現世で神の意志を実現する英雄的性格をみる。彼は次のように語っている。

「労働は本来、宗教的性格をもっている。労働は〈勇敢な〉性格をもつ。それはすべての宗教の目的である。人間の労働は、泳ぐ人になぞらえられる。広大な大洋は、今にも彼を呑み込まんと脅かしている。もし彼が勇敢にそれに立ち向かわなければ、その言葉は実行され、呑みこまれてしまったであろう。休むことなく賢明に挑み、力強く叱責し、闘う時、いかにそれが忠実に彼を支え、征服者として彼を運んでいくか見られよ」（PP, 168）。

彼の労働観は、現世に定められた天職に対する献身を説くピューリタン的エートスを反映していた。この考えは、ディセンター出身の産業家にみられる福音主義的労働倫理に通じるものであった。彼らにとって労働は、神の意志をこの世に実現させるための課業であった。マックス・ヴェーバーが「資本主義の精神」を見たのもこのような者たちの倫理であった。

カーライルが説く勤労の倫理は、旧約的・絶対的な神の命令と同一視され、『過去と現在』で語られる中世封建時代のサムソン修道院長の事跡は、外見上、古色蒼然たるものであった。しかし、この倫理は、ヴェーバーが旧套の下に隠されたものを看破したように、新しい産業社会の信条としてふさわしいものであった。そして、そのめざすものは、奇しくもカーライルが批判してやまない自由放任主義者、哲学的急進派と同じ方向にある。この共通性を端的に示すのが、一八三四年の改正救貧法に対する評価である。

この時期の救貧法改正は、経済的自由主義の立場から救貧行政の効率性、貧困者の自助努力を強調するものであった。この改正は、ベンサム派の政治制度改革の代表的な例であり、これを機にイギリスでは中央集権行政が整備された。改正救貧法において、救貧院は社会的落伍者の収容施設として苛酷な待遇を与えるものでしかなかった。チャールズ・ディケンズの小説にみられるようにこの改正救貧法は、当時の人道主義者の批判の的であった。自由放任の名のもとに放置された労働者大衆の悲惨を訴え続けてきたカーライルは、救貧行政について経済効率の行き過ぎを批判するが、改正制度自体は評価している。現在におけるさまざまな弊害を改革するための過渡的問題とみていた。この改正法は「全真理としては、異端的で呪われるべき」であるが、「半真理としては正当で称揚すべきもの」であり、「絶対に実行に移されるべき」であった（ME, III, 266）。「倹約をせず、放縦な生活を送る者から、堅実な労働者を保護する」（ME, III, 267）ものが改正法であった。この法は労働者に「正義」を与えるとする。この「正義」は、「働かない者は誰でも乞食や泥棒にならなければならない」、「働かない者に報酬なし」（ME, III, 266-267）という信条である。

カーライルは、労働こそが「宇宙の一大理論」であり、自然にかなったものとみる。そして改正救貧法を、神の祝福とその果実を得る第一歩とみなしている。彼は、労働が社会原理として重要であることを次のように述べている。

「とくに最近では、働かない者は、わがイギリスでは居場所がないことをあらゆる方法で、周知徹底させる必要がある。働かないで身分に応じた貯金をしたいなどと思う人間は、どこかよその国へ行けばよい。そのような者には次のことを知らしめるべきである。すなわち、法はやさしいものでなく、峻厳であり、自然の法――イギリスの法も、長い目で見るとこれに抗し得ないであろう――によって、彼はそういう習慣を捨てるか、悲惨にもこの地球から追放されるかのいずれかを運命づけられている、と。能力に応じて働かない者は彼の必要性に応じて消し去ってしまえばよい。世にこれより正しい法はない」（ME, III, 266）。

彼の理想とする労働者とは、自分で労働することに誇りをもつ者であり、施し物で生活を保護され、無料で安楽な救貧院に収容されることを潔しとしない者であった。

このような形で適用される勤労の倫理は、指導と服従による人間関係を基礎づける原理となり得る。伝統社会における封建的人間関係は、パトロンとクライアントの関係であり、ミルがカーライルを批判する時の奴隷・捕虜の屈辱的な服従とは異なる。西欧における封建的君臣関係においては、名誉という観念がパトロンとクライアントの主従関係を支えていたとされる。つまり、名誉という観念は、両者の行動や意図の予測可能性を高める内面的原理を提供することにより、主従関係を支えるイデオロギーとして機能していた[29]。カーライルは「労働の騎士道（Chivalry of Labour）」という言葉をもち出すように、この封建的名誉を労働という概念で置き換えようとしている。カーライルの倫理を騎士道倫理とプロテスタント倫理の合金といっているネフの指摘は、この意味で当を得ている[30]。「尊敬できる《リスペクタブル》」労働者を理想とする勤労の原理は、産業社会における名誉となり得るものであった。この名誉にもとづいて行動する労働者大衆の行動は、予測でき、信頼可能となる。彼らが短期的利益のために関係を放棄し、倫理上の評判を傷つけることは少なくなる。さらにこの倫理は、来世的性格をもつために、現世での不遇に耐えながら、長期的な目標をめざす労働者の内面の原理を提供し得た。この倫理を共有する限り、労働者大衆は「彼ら」でなく、内側の集団に属することができるのである。

『過去と現在』において勤労の倫理は、指導と服従の人間関係を基礎づけるものとして強調される。それは労働者と企業家に適用されるべく具体的に説明される。まずは、チャーティズムにおける労働者の生活向上の要求に対して向けられる。労働の神聖性は、労働の対価として賃金を安易に要求する態度を批判する。高貴な労働者にとって賃金は、「天にあって他のどこにもない」のである。彼は次のように問う。

「……諸君は報酬を必要とするか。諸君の英雄的行為に対するよい報いとして、よいものをたらふく食べ、虚栄と安楽の生涯を送り、この世、あの世でいわゆる〈幸福〉になることが、諸君の目的、人生目標であったか。私は諸君に代わり断固として、否と答える。新時代の精神的奥義は、諸君が、その明晰な頭と心で断固として、そのことに否と答えることに存する」（PP, 172）。

カーライルは、労働者の生活向上には留意したが、それが拝金主義的な要求につながることを批判する。彼にとって「勤労は祈り」であり、労働者は修道士のようにふるまうべきであった。賃金は、労働を続けるのに必要なものを得るだけにとどめ、安逸な生活をむさぼるためのものではなかった。彼は、労働を単なる生活維持の手段としてでなく、この世にあって神の意志を実現する宗教的な活動とみていた。

この勤労の倫理は支配者にも適用される。カーライルは、この倫理に照らして当時の支配階級を「享楽主義（Dilettantism）」と「拝金主義（Mammonism）」に二分する。この分類は、マシュー・アーノルドにおける「野蛮人」と「俗物」の区別を彷彿とさせるものであるが、カーライルの場合、勤労の倫理が強く反映されている。「享楽主義」とは「働かない貴族（Unworking Aristocracy）」としての貴族ジェントリ階級、「拝金主義」は「働く貴族（Working Aristocracy）」としての中産階級、とくに産業家階級を指している。カーライルは、勤労の観点から前者に厳しい目を向けている。彼らは土地を所有し、特権を付与されている代わりに、国民を指導し統治をおこなう義務をもつのを忘れ、贅沢三昧に耽り、既存の特権に固執している。カーライルは、そのような怠惰な階級を自然の法則――その中心にあるのが勤労の原理である――に反し歴史における一時的な例外であるとする。カーライルは、「狐狩りに興ずる血色のよい兄弟」に「諸君らのぴちぴちとはちきれそうな顔に恐るべき死相が表れている」と警告し、「言うも恐ろしい、身の毛もよだつような破滅の姿」を認める（PP, 151）。カーライルは、五〇年前のフランス貴族が現在の彼らと同様、遊興に耽りながら地代の値上げを主張していたことを重ね合わせ、同様の運命を予告する。

これに対してカーライルは、「働く貴族」にはるかに好意的である。彼は「いかに拝金的でさもしいものであっても、勤労はつねに自然と繋がっている」という。少なくとも彼らが勤労の倫理にもとづいて行動し、産業化の成果を生み出したことをカーライルは評価している。しかし、それが歪んだ形——勤労原理が富の神マモンに閉じ込められ、拝金主義に向かっている——であることを遺憾としている。

勤労の倫理において評価されるはずの「働く貴族」が指導者として十分な役割を果たしていないのは、自由放任主義、拝金主義にある、とカーライルは指摘する。人間関係が「現金支払」だけで動かされ、「自由放任・競争・需要供給の原理」がこの世を支配していることを、彼は『過去と現在』の中で何度も嘆いている。「働く貴族」はこの時代状況に蝕まれている。彼らは勤労精神をもちながらも、その拝金主義的精神によって社会問題を引き起こし、他階級の憎しみの対象となっている。社会の発展にとって重要なのは、この世で勤労の義務を果たしている「働く貴族」の精神的変革である。カーライルによれば、その変革をもたらすべき教訓が、同時代の諸現象——救貧院の悲惨な労働者、チャーティズム、ストライキ、穀物条例、トーリー主義、自由放任主義の全面崩壊——に表れているという。その具体的な表れが次の叫びである。

「見よ。需要供給は、唯一の自然の法ではない、現金支払は、人間相互の唯一の結びつきではない、全くそうではない。需要供給よりも深い、もっと深いところに、人間生命そのものというべき神聖な法や義務がある。もし諸君が仕事を続けるつもりならば、いまこそこれらを学び、従わなくてはならない。そうすることで天地万物は彼の側に立ち、彼は働き、尊い報酬を得るであろう。そうでない者は、万物を敵に回し、森羅万象の中で仕事を続けることができない。引きもきらぬ反抗、闘争、憎悪、孤独、呪いが彼の行く手に表れ、自分の獲得するものが黄金に見えたとしても、結局、成功でなく、不成功であったことがわかる」（PP, 157）。『過去と現在』での晦渋な議論は、「働く貴族」に対するこの教訓の繰り返しであるといっても誇張でない。勤労の倫理が開花している現在の産業社会において、その中心を担っている彼らが拝金主義的精神を捨てることこそ国家発展につながる。

カーライルは、現在の労働者階級を取り巻く状況を改善するために、国家による干渉政策――工場法、労働時間法などの法律――が必要であることを認める。だが、彼の期待は、政府による法的救済策よりも労働者階級を使用している「産業の隊長（Captains of Industry）」の精神的変革に重きをおく。彼らが拝金主義を捨て、気高い主人として、気高い労働者の間に立つことによってもたらされる社会の変化に未来をみる。彼は、産業化の時代に対応した人間関係を期待している。この人間関係は、具体的に詳しく語られる。雇主と労働者との間に永続的契約関係があり、金銭だけでなく、広範な人間的関係をもつ状況を彼は期待する。そこでは工場に福利施設を建設し、人間的絆を強める。企業の活動に上は工場主から、下は監督・職工が関心をもつような状況が生まれる（PP, 232-233）。「労働の騎士道」が職場において存在する状況は、まさに産業化社会において親権的人間関係を導入した姿であった。その関係の基礎には勤労に対する両者の尊敬がある。『過去と現在』の中で、カーライルは産業化における「イギリスの現状問題」の解決を、産業家の精神的変革だけでなく彼らと労働者との人間関係の回復にも期待したといえる。この関係は、名誉を媒介とした封建時代の騎士道にも通じるものであった。しかし、カーライルの著作において、この勤労の原理を紐帯とする人間関係は、一八五〇年代以降、神秘的英雄による強力な支配を強調する中で後退していくことになる。

第五節　カーライルの同時代的意義

カーライルの社会批評が世論に受け入れられたのは、労働者大衆の悲惨な状況を卓越した筆致で描き出し、社会原理としての自由主義を全面的に否定したところにある。彼は、産業化の成果を誇りながら、勤労の倫理と自由主義を区別して考え、後者を「機械の時代」の産物として、社会原理として適用することを徹底的に拒否した。その態度は、政治論としての自由主義にも及んでいる。「時代の兆候」において、カーライルは「単なる政治制度(mere political arrangement)」に関心がもたれることを機械化時代の兆候とみなしている。人類の幸福のためとの名目で政府の変革、法制度改革、行政の適切な抑制などを求める態度がそれである(ME, I, 479)。彼は、このような同時代の知的状況を次のように描写している。

「我々の関心は、道徳、宗教、人々の精神状況でなく、物理的、実践的、経済的状況であり、それらは公共の法によって定められるものである。〈身体としての政治(Body-Politics)〉がますます崇め奉られ、〈魂としての政治(Soul-Politics)〉がますますそうでなくなるのである……。人は自己利益によってのみ導かれる。よき政府とは、これらの利益の均衡をうまく計ることである。……二つの政党にとってまさに政府は機械である。不平をもつ者にとっては、政府は、〈徴税機械〉、満足する者にとっては〈財産擁護の機械〉である」(ME,I, 480)。

このようなカーライルの政治観は、政治と宗教の一体化を最後まで求めたトマス・アーノルドの政治観と同様に精神性を重視している。両者にとって政治における第一の課題は、国民の精神的健全性の回復である。そしてそここにデモクラシーの時代における国民統合の重要な鍵を見出していた。

実は、政治におけるこうしたアプローチは、当時の実践的政治家においてもおこなわれていた。ミルが指摘したように、カーライルの議論は、労働者階級とその保護者である貴族階級を結びつけようとしていたベンジャミン・ディズレイリの議論と共通する部分をかなりもっていた。[31] ディズレイリは、一八四〇年代前半に保守党の貴族出身者とともに青年イギリス党（Young England）と呼ばれる集団を結成し、社会立法を積極的に支持していた。彼らは後見的国家を理想とし、それが労働者階級を政治に統合することを意図していた。青年イギリス党は、政治経済学者や功利主義者の合理主義的制度を批判し、かつての安定したヒエラルヒーを再興しようとした。[32] 青年イギリス党時代のディズレイリは、労働者の悲惨な状況をイギリス社会の精神的堕落としてとらえ、指導を求める民衆を的確に統治する政治的リーダーを求めていた。[33]

それでは、カーライルが同時代の政治課題と考えたものは何か。『チャーティズム』で架空のドイツ人ザウアータイク教授の預言として引用した「イギリス国民にとっての世界史における二大課題」がそれについて示唆しているのでないかと考えられる。つまり、「水陸二つからなるこの惑星の半分かそれ以上を征服して人間の使用に供する偉大な産業的任務」と「その征服の成果を平和的で永続的方法で分かちあい、それがどのようになされるべきかをすべての人々に示すという偉大な国家体制上の任務」である（ME, III, 303）。彼は二つの任務――イギリスの対外進出と国内社会の安定的繁栄――の遂行のために階級対立を憂え、イギリス国民の統合を模索していたと考えられる。二つの課題の遂行を阻むものが、「イギリスの現状問題」であった。

この問題の現実的解決策として、カーライルが具体的に掲げたのは、教育と移民という手段である。実は、彼と同様に支配階級の精神的変革を強調したトマス・アーノルドもまた現実的・具体的手段としてこの二つを挙げている。以下では同年生まれのもう一人のトマスの議論との比較を通じて、カーライルの同時代における政治的位置を明確にしていくことにする。

カーライルは、『チャーティズム』において、教育が「政府の第一に着手して果たすべき機能である」(ME, III, 318) と強調している。文字を読めないことの悲惨な状況を大仰に語る彼は、「神の姿に擬して作られた人間が労働のため二本足の獣という身分のまま続いていく」状況を憂えている (ME, III, 318)。だが、カーライルの関心の中心は「二四〇〇万人の労働者を秩序状態におく」ことである。「ベイコンの知力、ルターのエネルギー」をもってしても困難なことが「二四〇〇万人の普通の知性が行動に目覚めること」によって可能となるとしている (ME, III, 319)。彼は、政府による初等教育を支持していた。教育を宗教と切り離すことには反対であった彼だが、当時の国教会とディセンターの教育をめぐる主導権争いに頓着しなかった。とりあえず、アルファベットを理解させることを目標とする政府の試みに賛意を表する (ME, III, 320-321)。

トマス・アーノルドの場合、労働者階級の教育には熱心でない。彼は、労働者階級が教育を受けることで彼らが信頼できる政治的主体となる可能性について懐疑的であった[34]。両者は、教育を政治的支配の手段として位置づけている点で共通する。カーライルが、教育によって民衆の服従心が向上することに期待を寄せるのに対し、アーノルドは統治エリートの資質の向上に関心があった。逆にカーライルは支配者の資質を超人的英雄に示されるように個人的なものと考え、エリート教育について言及していない。

第二に、両者ともに移民という手段を、帝国の発展と社会問題の解決を両立させる方策と考えている。アーノルドの場合、古典古代の共和政の発展――ギリシア諸ポリスやローマが植民市を地中海沿岸に拡大発展した事例――を挙げながら移民政策を支持している。貧困者の生活状況の改善には、財産の平等を求めて政治的混乱を引き起こすのでなく、移住地で彼らが自由民にふさわしい生活をすることが有利であると彼は説いている。移民政策を推進するには、海外勤務に積極的な支配階級――彼の息子二人もインドとタスマニアに出ている――の気風を労働者階級に教育することを考えている（MW, 191-192, 198-200）。

カーライルの場合、移民の目的は宗教的である。勤労意欲あふれるイギリスの労働者階級が、労働の手が加えられていない地に進出することを歴史的使命――それは神の意志にかなう使命である――と位置づける。「地球上の陸地の十分の九は、空き地か遊牧民が用いているだけ」であり、「耕しに来い、刈りに来いとの呼びかけ」がある一方で、「膨れ上がり、沸き立ち、休むことを知らないヨーロッパが比べるもののないほどの膨張の限界に達している」と強調している（ME, III, 326）。彼の主張は、アメリカの地を神に与えられたものとして植民したかつてのピューリタンと同様、強い宗教的使命に裏づけられたものであった。そこには、勤勉な自国民を選ばれた者とみる旧約的摂理観を垣間見ることができる。そのようなカーライルの態度は、一八六五年西インド諸島で勃発したジャマイカ叛乱で図らずも明らかになる。黒人叛乱を弾圧したエア総督を支持する彼の激烈な人種差別的主張は、古くからの知己であるミルと激しく対立したばかりか、後世にも人種差別論者の汚名を残すことになった[35]。

カーライルとアーノルドは、イギリスの海外発展をありのまま賞賛する帝国初期の世代であった[36]。彼らの世代は、その発展史観とイギリスの対外発展を無理なく結びつけることができた。だが、世紀半ばのデモクラシーの進展とともにイギリスの対外政策は、パーマストン外交にみられるように民衆の熱狂と武力に頼り、道徳性と相反する事態が続出するものに変わっていった。アーノルドは、アヘン戦争におけるパーマストンのやり口を苦々しく思っていたが[37]、その後の展開を見ずして早世した。長命であったカーライルの場合、その宗教的情熱が帝国主義的ショービニズムと結びつき、その社会的評判を落とすことにつながった[38]。

カーライルとアーノルドの二人が最も異なるのは、その宗教および伝統的国家体制に対する見方であろう。第一に宗教については、同じキリスト教の神を戴いているとは思えないほど、両者の世界は異なっている。カーライルの場合、カルヴァン主義的プロテスタンティズムに端を発した汎神的宗教であり、それはきわめて旧約的な世界である。ダワーのいう「キリスト教信条なきピューリタン」は端的な表現であろう[39]。歴史観、社会観には彼独特の神の意志が強く反映され、この神に対する熱意を彼は著作において激烈かつ高らかに表明している。彼の議論は、同時代における宗教の意義を強調していても、教会について積極的言及はない。さらに実践における勤労倫理の強調は、ディセンターにおける福音主義的キリスト教に近い。対するにアーノルドの場合、発展史観の背後に神の摂理はみられるものの、カーライルのように歴史的事件に直接神の意志を読み取る旧約的な解釈をとっていない。彼は同時代の「イギリスの現状問題」に対し、キリスト教倫理からの批判をおこなっても、それは理性と両立できる道徳的立場からのものである。彼のキリスト教倫理は、国教会を基礎におく伝統的支配階級の価値観と適合し、古典的人文主義と密接に結びついている。両者の相違を一言で表すならば、マシュー・アーノルドが『教養と無秩序』で述べた「ヘブライズム」と「ヘレニズム」の相違に相当するであろう。カーライルの神は旧約的・熱狂主義的であり、アーノルドの神は、古典古代の叡智と結びつき、合理的なものであった。だが両者ともに、同時代の功利主義、レッセ・フェール、拝金主義を宗教的倫理から攻撃する点で共通している。両者とも、産業化における個人主義的倫理——自立的個人における自助努力の尊重——を認める点で時代に対応しながら、功利主義・自由放任主義の人間疎外という面に対して強い批判を加える。

第二の相違は、伝統的国家体制に対する見方である。両者ともに当時の歴史的・有機的な国家体制が動揺していることに危機感を抱き、秩序の回復とイギリス国民の精神的変革——とくに支配階級の統治者としての義務の自覚を喚起した——を第一の政治的関心とした点では、共通している。これに対し、二人が違っているのは、彼らが考える伝統的国家体制の内容である。アーノルドの場合、歴史的継続性をもったイギリスの伝統的支配体制を前提とし、貴族ジェントリ階級に中産階級を加えながら、デモクラシー社会においてこの体制を維持し続けることを考えていた。他方、カーライルの場合、伝統的国家体制における支配者と一般の国民との間の指導−服従関係を強調し、新たに「働く貴族」に期待をかけるように見えながらも、次第に英雄崇拝の傾向を強め、伝統的国家体制の枠から逸脱していくことになる。クロムウェル、フリードリッヒ大王など彼が後年に英雄とした人物は、イギリスの伝統的国家体制の枠内に収まらない専制的指導者であった。

伝統的な知的世界に生きたアーノルドと、スコットランドの労働者階級出身で著名になっても伝統的エリートに対し、疎外感を抱き続けたカーライル、この二人の知的形成は、伝統的国家体制についての個人的意識の違いをもたらしている。時代の危機に対し、同じく統治者の精神的義務を訴えながらも、アーノルドには既存の統治者階級という拠点があり、彼はその伝統を活かした改良主義的な変革を考えていた。古典古代における公共精神を媒介にした市民社会を理想とし、支配者の統治資質回復をめざすのが、アーノルドの取った方向である。(40)

他方、カーライルは、伝統的支配の中に、アーノルドのように徳を共有した個人における横の人間関係よりも、親権的な指導−服従関係という縦の人間関係に着目し、それが社会の秩序を形成すると理解していた。彼は、政治論の中で、親権的関係をますます露骨に強調するようになり、ゴシック時代の封建的支配者から、神の意志を受けてすべての者に命令を下す超越的な英雄の追求へと変貌していった。

また、キリスト教的国家像についても、両者の考えの差が表れている。両者はともに国家の嚮導原理としてのキリスト教を強調するが、カーライルの宗教は、神と人間との直接的関係を重視する汎神論的宗教であり、アーノルドの場合、人間相互のモラルを基本とする宗教であった。カーライルは、制度としての国教会が国家秩序に果たす役割について、ほとんど言及しないのに対し、アーノルドは、国教会を伝統的国家体制を支える柱石として位置づけていた。

以上検討してきたように、カーライルの政治的主張は、同時代の知識人に強烈な影響を与えたが、それは一八四〇年代の一時期に限定されていた。彼の預言者的訴えは、産業化と功利主義そしてデモクラシー化に危機感を抱く同時代人の共感を得た。だが、デモクラシー化の進展に逆行し、伝統的国家体制よりさらに古い専制を賞賛するにつれ、社会評論として現実的魅力を失っていった。グーチがいうように、イギリス人がより「楽観的・民主的」になった時に、カーライルは、より一層「悲観的・反動的」になっていった㊶。世代によるカーライル評価の落差は、アーノルド親子を比較すると顕著である。カーライルが亡くなった一八八一年の書簡でマシューは次のように述べている。

「私はカーライルがそんなに好きであったことはありません。彼は〈石炭を［産炭地］ニューカッスルに運ぶ〉ということわざのように思われます。もともと熱心さに溢れている国民に対し、熱心であれと説教し、他の有用なことについてはほとんど言いません㊷」。

危機の四〇年代に父によって真剣に受け入れられた説教も、息子の世代には、くどいものになっていた㊸。

カーライルの真骨頂は、同時代の自由主義がもたらす人間疎外に対する道徳的批判者としての役割であった。

その任務は、市場原理が初期の荒削りなものから温和なものと変化していくにつれ減じていくべきものである。もっともその変化は、カーライルの著作がもたらした道徳的雰囲気が貢献したところも大きい[44]。彼の文筆活動は、自由市場が社会秩序や国民の福祉を損なったことに対する道徳的憤慨を正当化し、数々の立法措置をもたらす知的動因の一つとなった[45]。労働党の創設者であるケア・ハーディがカーライルの著作に刺激を受けたのはその典型であろう[46]。この時代、社会問題を示す「イギリスの現状問題」という言葉は、彼の著作に由来していることをもってしても、その著作の影響の大きさを物語っている。たとえば、同時代において適者生存、自然淘汰を訴えるハーバート・スペンサーの社会進化論の知的影響がイギリスでなく、大西洋を隔てたアメリカにおいて全盛を極め、経済的自由主義を支えた状況をみても、短期間における影響力であれ、カーライルの文筆がイギリス社会にもたらしたものは小さくないと推測できるのである。

さらにカーライルが「イギリスの現状問題」に対する道徳的憤慨を、社会原理として登場してきた自由主義に向けることによって、伝統的国家体制における価値体系のもつ人間性、道徳的優位を広く示したことも見逃すべきではない。ディズレイリに代表されるトーリー・デモクラシーは、この道徳的優位を政治的に活用していた。カーライルの著作は、一九世紀イギリスの国民統合の精神的性格を形成する上で重要な貢献をなしたと考えられる。

（1）一九三一～三二年のロンドン大学キングス・コレッジの講義でダワーは、「現在の世代がカーライルを読もうとも賞賛しようとも思わない」のは、「彼のスタイルがあまりに攻撃的、激情的であり、メッセージがあまりに道徳的であり、説教調だからである」としている。だが、ダワーによれば、「一九世紀は説教が好まれ、彼の書は力強い刺激があり、同時代の思慮深い人々に感動を与えた」という。〈チェルシーの哲人〉カーライルは、「きわめて優秀な精神的預言者であり」、ゲーテも賞賛した「道徳的力」が彼の影響力を高めたという。Robert Dower, Thomas Carlyle, in Hearnshaw (1933), p. 32.

（2）ハーヴィは、オックスブリッジにおける自由主義的知識人を語る中で、カーライルの影響について次のように述べている。「大学でカーライルの説教は耳を傾けられた。彼は何も解決策を与えなかったが、努力と誠実と精神的勇気を厳しく述べていた。彼は自由主義的個人主義の友ではなかったが、四〇年代と五〇年代の大学ではその思想への転換を容易にした」。C. Harvie, *The Lights of Liberalism* (London, 1976), p. 38. ハーヴィのいう「自由主義的個人主義」は、彼が考察の対象としている一八六〇～八六年の「大学での自由主義者（University Liberal）」を指している。彼らは、カーライルが攻撃対象としていた初期の自由主義者と異なり、国家介入に積極的で、労働者階級の福祉に積極的な知識人の一団である。

（3）グロスは、カーライルの影響が「漠然として」おり、「一つのイデオロギーというより、なんとなく漂う雰囲気のようなもの」であると評する。グロス（一九七二年）、三五頁。金谷展雄は、「カーライルの強み」を「モラリストの立場をそのまま社会批評にもちこんだ」点にあるとしている。その書は、「人々の道徳的自覚に訴える」ことに成功したが、結局、「彼らはカーライルの言葉を拝聴しながらも、安んじてそれぞれの道を歩むことができた」のである。金谷展雄「社会批評におけるカーライル」、『英語青年』研究社、一九八一年一一月号、一七頁。

（4）カーライルの政治思想について、邦語文献として、向井清『トマス・カーライル研究—文学・宗教・歴史の融合—』（大阪教育図書、二〇〇二年）、足立幸男「カーライルの産業文明批判」、山崎時彦編『政治思想史—保守主義の生成と発展—』（昭和堂、一九八三年）所収、半澤孝麿、前掲書、七五—七九頁、山下重一「カーライルとミル（一）～（四）」、『社会思想研究』社会思想研究会、一九六七年、第一九巻四—六号、一一号、金谷展雄「機械の時代を読む—時代精神をめぐる二つの解釈」、松村昌家他編『帝国社会の諸相』（研究社、一九九六年）所収、金谷「イギリス保守主義における We と they—バークとカーライル」、『英語青年』研究社、一九九四年七月号。また、翻訳文献として、B・ネフ『カーライルとミル』石上良平訳（未来社、一九六八年）、A・L・ルケーン『カーライル』樋口欣三訳（教文館、一九九五年）参照。

本書では、デモクラシー化における国民統合という観点で、同時代の政治的議論に影響を与えた一八四〇年代の著作を中心にカーライルの政治思想を取り上げている。したがって、その政治思想の全体像を明らかにすることを目的としていない。ここでは、同時代の政治状況を参照しながら彼の著作に関心が集まった論点を取り出して分析する手法をとっている。

（5）当時は、イングランドとスコットランドでは大学の位置づけが異なり、エディンバラ大学は安い学費で実務的教育をおこなう中等教育機関であった。オックスブリッジにおける古典人文学を核とする知的世界にカーライルは無縁であった。

（6）カーライルの伝記的事実については、Fred Kaplan, *Thomas Carlyle* (California, 1983) 参照。この文献は、近年出版された書簡を活用している伝記という点で注目される。

（7）カーライルにおける著作内容の断絶については、たとえばG・M・トレヴェリアンが一八五〇年を境にして「二人のカーライル」があると指摘している。この点についてダワーは、もともと早い段階で後期の要素が存在しており、「程度と強調の度合」の相違にすぎないとしている。Dower(1933), pp. 40-41. 世論への影響力が頂点にあったのは、ルケーンによれば、一八三七年の『フランス革命史』から一八五〇年の『現代論パンフレット』の出版の間である。前者で同時代人の注目を惹き、後者で関心を失うことになったと彼は指摘している。ルケーン（一九九五年）、九七頁。

（8）グーチ（一九七四）、四八頁。カーライルにとってこの訪問は、テーマを絞って内乱史研究からクロムウェルの書簡と演説に専念するきっかけとなった。この時、ラグビー校を訪問して彼は「勉励平穏の聖堂」と評した。Fitch (1897), pp. 107-108.

（9）アーノルドは、イギリスの下層階級に関心をもっており、貧しい者との個人的交流を積極的におこなっていた（LC, I, 205-206）。

（10）ルケーンは、カーライルの知的青年への影響はフロイト、マルクスに勝るとし、その影響の幅広さを指摘し、交友関係にあった名士を掲げている。その中にはミル、トマス・アーノルドの他に、サッカレー、ディケンズ、ブラウニング、テニソン、マッティーニの名がある。ルケーン（一九九五年）、九八－九九頁。

（11）『フランス革命史』は、著作中で最も人気があった。とくにトマス・アーノルドは、最も暖かい賞賛者の一人であった。Richard Garnett, *Life of Thomas Carlyle* (London, 1887), p. 86, 107.
（12）ミルは、カーライルから預かった原稿を誤って燃やしてしまった。『自助』では、苦しみと悲しみに耐え、再び執筆をおこなったカーライルを賞賛している。S. Smiles, *Self-Help* (New York, 1875), p. 127.『自助』は、明治時代の日本でも中村正直訳『西国立志編』として広く読まれた書物である。
（13）カーライルの著作は、歴史叙述よりもその説教的記述に注目が集まっていた。歴史家アクトンは、「カーライルは私の最も嫌いな歴史家である。ただ、ゆがめられた歴史であるが、『過去と現在』と『フランス革命史』には天才のきらめきがある」と評している。Dower (1887), p. 39.
（14）Mill, *Works*, vol. XX, pp. 158-159.
（15）Hugh Trevor-Roper, Thomas Carlyle's Historical Philosophy, in *Times Literary Supplement*, 1981, June. 26th, p. 732.
（16）三〇年近く後の『イギリスの国家体制』（一八六七年）においても、バジョットは、デモクラシーによる大衆支配の混乱状況を「デモクラシーは恐ろしい破局の後でないとかつて倒した体制に戻ろうとしない」、「デモクラシーはほとんど耐え難い不幸を体験しないと自らが劣っていることを信じない」（WB, V, 382）と論じている。
（17）ミルは、カーライルのこうした代議政治観に批判的であった。カーライルが「制度や統治形態がなし得ることについて、あまりにも低い評価しか与えていない」と彼は評している。代議制度は、ミルによれば、「国民がある人々またはある原理に信念をもっている時」には「その人々と原理が優位に立つ、唯一の規則正しく平和的方法をもたらす」ものである。この制度においては、「最も賢明だと思われている者」かそうでなくても「その叡智が目的に最も役立つ者」の手に政治指導が委ねられるとする。Mill, *Works*, vol. XX, p. 162. ミルの指摘のとおり、カーライルは、すべての著作を通じて、制度というものに軽蔑を示し、それを単なる機械的装置と考えているところがある。Trevor-Roper (1981), p. 731.
（18）『シビルあるいは二つの国民（*Sybil or the Two Nations*）』は四五年に執筆された。ディズレイリは、第二巻第五章で、登場人物に次のように語らせている。「女王は二つの国民を治めています。……二つの国民、その間には交流もなければ、共感することもありません。習慣、考え方、感情もお互いに知りません。あたかも異なる地帯や惑星の住人のようです。異なった育てられ方をされ、異なった食物を与えられ、異なった習慣をしつけられ、そして違う法によって治められているのです」。「君が話しているのは、富める者と貧しき者のことかね」。B. Disraeli, *The Works of Benjamin Disraeli* (London, 1976), vol. 14, p. 93.

(19) たとえばコールリッジは『俗人説教(*Lay Sermons*)』(一八一七年)で産業化における悲惨な状況を指摘しながら、最後の部分で、支配者の義務を強調し、次のように語っている。「我々の工場主は、規制に合意すべきである。また我々のジェントリは、彼らに代々保護され、依存する者を諭すのみならず、教育に配慮すべきである。そしてその領地を――法と政策の原理によって、すべての人間的干渉から自由になっているが――神と彼らの祖国の前で果たすべき義務をともない、信託されている機関とみなすべきである。……各人は自分の力でその及ぶところで努力し、自分のできる限りのことをおこなうべきである」。Coleridge (1972), vol. 6, pp. 229-230. 世代は下るが、南アフリカの植民地開拓に貢献した政治家セシル・ローズ(Cecil Rhodes, 1853-1902)は、指導者の卓越性に対する関心から、カーライルを愛読していたという。Robert Rotberg, *The Founder: Cecil Rhodes and the Pursuit of Power* (Oxford, 1988), p. 386.

(20) J. G. A. Pocock, The Classical Theory of Deference, in *American Historical Review*, 81, 1976, p. 522.

(21) ポーコックは、アーノルド親子が、土地貴族の衰退によって乱れた信従の均衡を回復するのに古典教育を通じてコールリッジ的メリットクラシーを導入しようとしたとしている。Ibid., p. 523.

(22) 初期の小論「特質について(Characteristics)」(一八三一年)において、カーライルは政治関係を次のように説明している。「政体(Politics)がつくられるとき、弱者は強者に服従する。彼らは、指導してもらえるように心から忠誠心を捧げる。いや人間性に敬意を表してこう言おうか。無知なる者が賢き者に服従する、と」。彼は、この支配が野蛮な力でなく、精神的偉大さによるものと続けて述べている(ME, II, 202)。

(23) カーライルは急進派の議会活動を批判するだけでなく、次のように彼らの奉ずる理論まで攻撃の対象としている。「この頃〈麻痺性急進主義(Paralystic Radicalism)〉とでも呼べる現象がある。統計学という葦でつくった物差しで寸法を測り、哲学的政治経済学というおもりで苦悩という暗黒の海の深さを測る。そしてそれがいかに無限の海かを我々に正しく教え、実用的な結論をもって要約し、慰めるように、この海では人間のなしうることは何もない。ただ座って物欲しそうに〈時間と一般法則〉を見守ることしかすることはないといい、べつに自殺を勧めるわけでなく、冷ややかに別れを告げる」（ME, III, 317）。
（24）Mill, *Works*, vol. VI, p. 483.
（25）ミルが執筆した背景には、カーライルの著作を契機として社会問題への親権的議論が高まったことに対処しようとする『エディンバラ・レヴュー』からの働きかけがあったとされる。ネフ（一九六八年）、二四〇―二四一頁参照。
（26）*Edinburgh Review*, vol. 81, 1845, April, p. 265.
（27）Ibid., pp. 266-267.
（28）Ibid., pp. 267.
（29）池上英子『名誉と順応―サムライ精神の歴史社会学―』森本醇訳（ＮＴＴ出版、二〇〇〇年）、二五―二六頁。
（30）ネフ（一九六八年）、一九八頁。
（31）ネフによれば、ディズレイリはカーライルの影響に対して最初の反応を示した人物であり、カーライルの唱えた社会的福音を世襲貴族の強化のために用いた。前掲書、二三八頁。
（32）T. A. Jenkins, *Disraeli and Victorian Conservatism* (London, 1996), pp. 20-21. ディズレイリの「青年イギリス党」は、かつてのホイッグであり企業家階級出身であるロバート・ピールが中産階級の支持を求める政策をとっていたことに保守党内で対抗していた。
（33）ディズレイリの議論とカーライルのそれとの親近性は、たとえば青年イギリス党の綱領的意味をもつ小説『コニングビー（*Coningsby*）』（一八四四年）においてみられる。作中で青年貴族の政治家コニングビーは「イギリスの現状問題（the Condition-of England Question）」を憂慮する中で、「世界史上、類を見ないイギリスの急速な物質的発展」を賛美しながらも「精神的文明がそれにともなってない」と述べている。彼によれば、イギリスは「精神において成長したのでなく、組織や制度において成長しただけである」という。こういった中で民衆は「今までにない痛々しい状況にあり、指導がないことに気づく」のであり、政府に対し、「指導され、統治されることを求めている」ものであると断言している。Disraeli (1976), vol. 12, pp. 93-94. ディズレイリの好意的評価にもかかわらず、カーライルは彼を嫌っていた。Kaplan (1983), p. 462, 520.

(34) トマスは、労働者階級が社会の主要な原理についての知識をもつことに懐疑的であり、新聞による啓発をおこなっても困難であると考えていた (LC, II, 203)。

(35) E・ウィリアムズは、人種差別論者カーライルを批判する代表的論者であろう。時代状況にもよるが、カーライルを反デモクラシー、反自由、反平等のネオファシストとさえ断じている。E・ウィリアムズ『帝国主義と知識人』田中浩訳（岩波書店、一九八七年）参照。没後百年の一九八一年に、歴史家トレバー＝ローパーは、カーライルを評して、デモクラシーを否定し、摂理に導かれた新しいカリスマ的英雄を待望する点でナチズムに共通する政治哲学を提供したと断言している。Trevor-Roper (1981), p. 734.

(36) 社会問題の解決と帝国の発展を両立させることは、当時の議論としては、経済的自由主義者を含み広く認められていた。この考えは、一八八〇年以降、帝国主義として発展し、自由党・保守党を問わず、共有されることになる。B・センメル『社会帝国主義史』野口建彦・照子訳（みすず書房、一九八二年）参照。

(37) 没する直前の一八四〇年五月一三日付ハル宛書簡で、アヘン戦争を「邪悪」で「国民的罪」と批判した (LC, II, 174)。

(38) 金谷によれば、カーライルはもともと優れた者の集団 we と劣った者の集団 they に分ける思考法にとらわれており、初期は急進主義的にそれが表れ、後期に反動主義的に表面化したと指摘している。金谷（一九九四年）、一三頁。またストレイチーは、一八世紀の国際主義に対する一九世紀イギリスの島国的偏狭性を代表する人物としてカーライルを辛辣に描いている。リットン・ストレイチー『てのひらの肖像画』中野康司訳（みすず書房、一九九九年）、一七二―一七三頁参照。

(39) Dower (1933), p. 42. 同様にウィリーは「ピューリタニズムを捨てた一団のピューリタンの一人」と評している。ウィリー（一九八五年）、一一七頁。

(40) アーノルドが古典古代で共感したのは、ローマより、アテナイであった (LC, I, 181)。このことにも彼の抱く理想世界の主知的傾向がみられる。

(41) グーチ（一九七四年）、五二頁。

(42) *Letters*, vol. 5, p. 142.

(43) また、マシューと同年代のバジョットは、『自然科学と政治学』において次のように言っている。「カーライルの偉大な才能にかかわらず、長年の著作において高い評価を受け続ける作品が一つでさえあるか問題である。穏健でない方法が内容に疑問を抱かせるのである。ただ彼の名がどのような運命をもとうと、カーライルは現代の世代に多大な教訓を与えたのである」(WB, VII, 60)。

(44) ヤングは、「カーライルが強調した人間性、非物質的価値、リーダーシップの雰囲気的影響は計り知れない」と評している。G. M. Young, *Portrait of an Age* (Oxford, 1952), p. 48n.

(45) ルケーンによれば、一八四〇年代のイギリスを特徴づけるものは、人道主義的社会改革であり、穀物法廃止、工場法・鉱山法・公衆衛生法制定等の運動に示された。カーライルは、時代の精神状況をつくり出すとともに、そこからつくり出された人物であるとする。ルケーン（一九九五年）、一二九―一三〇頁。

(46) Dower (1933), p. 45.

第六章　伝統的国民統合の再解釈

――ウォルター・バジョットとイギリス国家体制――

第一節　バジョットにおける伝統的国家体制

イギリスにおける政治的権威の問題を論じるにあたって、ウォルター・バジョット（Walter Bagehot, 1826-1877）の『イギリスの国家体制（*English Constitution*）』（一八六七年）は欠かすことのできない著作である。バジョットの政治論は、イギリスの国家体制を「威厳的部分（dignified parts）」と「実効的部分（efficient parts）」に分けて権威の獲得と行使を区別して論じた。バジョットのこの著作は、国家機構論の観点から論じられることが多く、その中で伝統的国家体制を擁護する保守主義的政治論との近接性が指摘されてきた[1]。イギリスの伝統的国家体制の機能を巧みな筆致で分析したバジョットをジェイムズ・ブライスは、一八世紀のモンテスキュー、一九世紀初頭のトクヴィルに擬している[2]。だが、バジョットが描く伝統的国家体制は、現存する制度そのものの分析・考察以上に、彼の求める理想的国家像が見え隠れしている。その点に目を向けることによって、伝統的政治思想に比べたバジョットの議論のもつ独特の性格を理解できるであろう。現在の我々からみれば、バジョットの主張は伝統的国家体制を擁護する保守主義的な議論として受け取られようが、それは、エドマンド・バーク、マシュー・アーノルドとは異なる自由主義的保守主義とでもいうべきものである。彼にとって、伝統的国家体制を支配するのは、旧来の貴族ジェントリでなく、新興の中産階級であり、彼らのビジネス精神が体制を導いていくべきだとしているからである。

バジョットの経歴をみると、マシューやロウなど同時代の伝統的エリートと異なった知的世界を経験したことが明らかである。一八二六年、ウォルター・バジョットはユニテリアンの地方銀行家の息子に生まれた。彼は、ブライトン・コレッジを卒業後、一八四二年にロンドン大学ユニバーシティ・コレッジに入った。当時のロンドン大学は、ディセンターに開かれたイングランド唯一の高等教育機関であった。このロンドン大学は古典・宗教教育よりも、中産階級的価値観を反映した科学・数学・経済学を重視した教育をおこなっていた。

大学卒業後、一時は法律家をめざしたものの、家業の銀行業に従事した。この時期、彼は文芸に関する諸論文を発表し、マシューに比肩する評価を得ていた。ミルトン、シェイクスピアに関する小論など、後のバジョットの著作とは、かなり異なった分野のものである。一八五八年に『エコノミスト（*The Economist*）』の創始者ジェイムズ・ウィルソンの女婿となったのをきっかけに政治評論を手がけ、六〇年にはウィルソンの後を襲って同誌の経営者となる。(3)『イギリスの国家体制』、『自然科学と政治学（*Physics and Politics*）』（一八七二年）、『ロンバート街（*Lombard Street*）』（一八七三年）などバジョットの代表的な著作はこの時期の産物であった。

バジョットの政治思想は、自由貿易を支持し続けてきた『エコノミスト』誌の編集者にふさわしく自由主義的であった。実際の政治において、彼は自由党支持の立場をとっていた。マシューと比べるならば、バジョットの立場は、伝統的エリートの知的世界よりビジネスを重視する中産階級的価値が色濃く表れている。彼が『イギリスの国家体制』において描いた国家体制は、バークが描いた伝統的国家体制と制度の外見は連続しているが、その担い手と機能は大きく異なる。アリストクラシーは、国家の「威厳的部分」に限定され、「実効的部分」は新興の中産階級に委ねられる。さらにバークのいう「紳士の精神と宗教の精神」は、バジョットによる国家体制の叙述には表れていない。彼が示したのは、一九世紀における自由主義の視点からみた伝統的国家体制というべきものであった。この解釈の転換は、『イギリスの国家体制』の冒頭で強調されている。つまり、イギリスの国家体制は、「外見上は、引き続き同一性を保ちながら、内部では長い間ひそかに変化している」のであって、「祖先の時代には真実であった言葉」による解釈に代わるものを提示しなければならないのである（WB, V, 203）。このようなバジョットの意図は、従来の研究の中心となってきた彼の描く国家制度の具体的機能についての分析よりも、その前提にある彼の問題関心に着目することで明らかとなるであろう。とくに宗教と国家に対する彼の立場は見逃すことができない鍵となる。「一人の人間の宗教は、その者に関する主要な事実である」とトマス・カーライルが述べたように、バジョットの著作における宗教の扱いは、彼の政治思想の特徴を端的に語ってくれる。

宗教と国民統合という問題提起で進められてきた本書において、世俗的なバジョットの議論を取り上げる意義は、伝統的議論との相違を通じて、イギリスの国家体制における宗教のもつ意味を浮かび上がらせることにある。本章では、バジョットの宗教と国家に関する議論に注目し、さらに政治的リーダーシップをめぐる主張との関連を検討しながら、伝統的国家体制についてのバジョットによる新しい解釈を明らかにする。

第二節　神秘的でない伝統的国家体制

バジョットは、イギリスの国家構造を抽象的なシステムでなく、歴史的な所産として理解している。その態度は、ベンサムの流れを汲む者が抽象的原理を前提に政治改革を論じたのとは異なっている。『エコノミスト』の編集者である彼は、政治経済学に理解をもっていたが、政治において抽象的原理を早急に適用しようとする態度には批判的であった。彼は『自然科学と政治学』で体系化された哲学、抽象的思索の行き過ぎを批判し、抽象的体系は「若者を引きつけ、思慮の浅い者には感銘を与えるが、教養のある者には深い疑念を抱かせる」ものであるとする（WB, VII, 125）。彼は、熟慮にもとづく行動を評価し、抽象的体系にもとづく性急な改革による破壊を批判する。バジョットは、イギリスの政治社会を一つの有機体としてとらえ、歴史的に漸次発展してきた集団と考えていた。それは、抽象化することのできない特殊的性格をもっていた。イギリスの国家体制は、長い年月をかけて形成された歴史的存在である。それは、そうした過程のないアメリカの大統領制やフランスの第三共和政に比べて優れているというのが彼の見方であった。バジョットによれば、統治はこの有機体の性格を前提に考察されなければならない。個人の性格が多様なように、国民的性格も多様であり、統治方法もそれに対応したものがあるはずであった。

その考えは、同時代のフランス政治に対する態度に表れている。彼はイギリス国家体制を他国に適用することが困難であると考えていた（WB, V, 210）。一八五一年のルイ＝ボナパルトのクーデターに際し、彼は共和派のバリケード作りに参加しさえしたものの、結局、ルイによる強力な行政を社会秩序維持のために必要であるとして支持する。彼は、一八五二年に『インクワイアラー（*Inquirer*）』誌に連載した小論「一八五一年のフランス・クーデターについての書簡（Letters on the French coup d'état of 1851）」で、フランス国民の特質（character）を移り気で、過度に感情的かつ軽率としている。このようなフランス国民がイギリスのように議会政治を運営することの困難を彼は指摘し、ルイの権力をフランス社会の統治に有効であると評価している。バジョットが統治制度を分析する前提には、国民的性格に関する観察があった。議会政治は、イギリス国民の愚鈍（stupidity）に適しているというのが彼の見解である。

バジョットは、政治的有機体の発展を説明する際、ダーウィンの進化論とメインの古代社会論を援用しているように、伝統的国家体制を世俗的・科学的に分析していた。国家制度を眺めるバジョットの視点は、バークやアーノルド父子が強調する精神的・伝統的価値観とは一線を画している。バジョットにとって、国家共同体は個人の人格的発展などの精神的要素と無縁である。国家は、人間における共同体のある種の形態にすぎない。彼の有機体的国家観は、発展段階論に立ちながらも物理的発展に極力限定したことに特徴があるといえよう。彼は、イギリスの政治体制が他国のそれに比べて卓越していることを評価したが、それは機能的側面であり、精神的価値とは別である。

バジョットの描く伝統的国家体制は歴史的・有機的なものであるが、精神性・神秘性とは無縁である。『自然科学と政治学』で分析するように、国家は、ダーウィンの進化論にみられる適者生存の過程をたどって形成された一つの集団にすぎない。国民としての性格は、強い集団がその支配を拡大する過程で形成される（WB, VII, 37）。そして他の国民との自然淘汰の競争に突入する。そこでは物理的な要素が大きく作用する。未開社会では、すべてのヨーロッパの歴史は、「軍事力の優れた民族が劣った民族に優位する歴史である」とし、その強者を支えるものが文明の進歩であった（WB, VII, 45-46）。文明とは、物質的成果であり、その発展過程は生物の進化と同様、科学的分析の対象となりうるものである。

バジョットの国家論において、宗教は国民的性格をもつ集団の凝集力を高める機能的役割しか果たさない。それは支配者への服従を支える機能をもつが、国家を他の社会と区別して聖別する役割をもつものでない。宗教による服従の獲得は統治の一手段であり、時代の変化によって、その手段としての機能も弱まっている。彼によれば、宗教的権威と政治的権威が密接に結びついていたのは過去のことである。

このことに関連してバジョットは、伝統的国家体制における国教会のエラストゥス主義的性格とそれがもつ政治的機能について言及していない。『自然科学と政治学』で彼は、国家形成の初期に「教会と国家が単に結びつくだけでなく、それらが同一のものとなる」ことによって服従を導くことを認めていた。だがトマス・アーノルドのように教会と国家の同一化が現在の諸問題を解決しうると期待することに否定的である(WB, VII, 31)。バジョットは、教会と国家の同一視を古代ギリシアやローマのような過去の段階での現象とみている。古代社会において、社会的紐帯を維持する手段として宗教は有効であった。また来世を信じさせることで人々を行動に導く「武装している宗教」は、国家の発展をもたらした。だが文明の発展によって人々は神秘的なものでなく、客観的な法に政治的服従の根拠を見出すようになってくる。「討論の時代」にある現在のヨーロッパでは、「自由思想」と「発展した科学」が支配的となっており、宗教は議論の中心ではない(WB, VII, 108)。宗教は「討論の影響」によって個人的なものとして考えられるようになる。現在のイギリス社会を対象とする『イギリスの国家体制』で宗教について言及されるのは、「神から任命された」君主に対する忠誠について述べている箇所にすぎない。それもまた宗教的要素ということであって、国教会とは関係がない(WB, V, 230-234)。

ディセンターを父にもつバジョットは、国教会に対してそもそも国家宗教としての位置づけを与えていない。一八四六年九月九日付母宛の書簡の中で、彼は、トマス・アーノルドの国家教会論を批判しながらイギリスの宗教状況について次のように述べている。

「国民的教育制度で教えられる宗教とは、私の見解では国民的宗教であるべきです。しかし、イギリスに〈国民的〉宗教は存在しません。国民の一部はある宗教を信じ、その宗教は他の者にとって救済への致命的な信条となっています」（WB, XII. 246）。

バジョットは、国教会のあるべき姿でなく、現況に関心があった。イギリス国教会が国民全体の宗教として受け入れられていないと彼は観察していた[4]。

そもそもバジョットは、文明化された現代において宗教の社会的機能に重きをおいていない。彼は同じ書簡の中で宗教を「人々が知的になり、教え導かれるのに必要な唯一のものではない」といっている（WB, XII, 246）。さらにハットン宛の一八四八年九月二〇日付の書簡で彼は「中世においてはすべての体系的な思想はキリスト教的であり、霊的なものであった」が、「イギリスではホッブズ以来、世俗的な者によってつくられた非キリスト教的な体系的哲学が存在している」と述べている（WB, XII, 284）。

バジョット個人は、宗教を真摯に考え、それが政治的服従の基礎にあることを否定してはいない[5]。宗教は、「討論による政治」を主導する「活力ある中庸」をつくりだす方法・態度を与えるが、個人の内面にとどまるべきものであった[6]。彼は、国教会がイギリス社会の精神的中心を占め、それが社会的規律を与えるという主張について批判的であった。その点でトマス・アーノルドの教会と国家の一致という主張は批判すべき対象であった。キリスト教による社会規律を強調するトマスに対し、バジョットは一八四八年一月ハットン宛書簡で「まだ固まっていない自分の考えを正直かつ性急に口にし、真実と思うことをこらえ性もなく口にしてしまう熱狂的な人物」と評する（WB, XII, 267）。バジョットにとって、現在は寛容が広く認められる「討論の時代」であった。社会的規律が国教会によって与えられることに否定的であり、ディセンターの不寛容な態度にも批判的であった。

彼の描く伝統的国家体制は、国教会を精神的中核にしない点で、バークなどの伝統的保守主義とは明確な一線を画している。バジョットが擁護するのは伝統的国家体制の中でも世俗的部分であり、彼は統治機構と精神的価値を切り離して議論をおこなった。バジョットが論じた国家体制は、外観こそ「古めかしいゴシック様式」であったが、その精神は近代的なものである。国教会を中心とする伝統的な知的世界に属さない者にとって、この国家体制は、古めかしい外観に不満があったが受容できないものでなかった。

第三節　デモクラシーとリーダーシップ

バジョットが同時代の政治を論ずる根底にある問題意識とは何であろうか。彼は、マシューをはじめとする多くの論者と同様に、イギリス社会のデモクラシー化がもたらす現象を危惧していた。一八五九年に執筆した「議会改革について（Parliamentary Reform）」の最後において、彼は、真の政治家の任務を、国民の中の「安定」部分――土地利益――に対して「成長」部分――都市・工業利益――の影響を増やすことであるとする。[7]その一方で労働者階級の政治進出に警戒を示し、「民主的革命（democratic revolution）」を懸念している（WB, VI, 235）。彼は、新興の中産階級の政治的進出を支持し、体制に取り込みながら、過度なデモクラシー化による労働者階級の政治的影響を排除しようとした。[8]当時は、ジョン・ラッセル卿の選挙改革が一八五二年、五四年に挫折し、ジョン・ブライトによる選挙権拡大運動が盛んな時期であった。バジョットは、ブライトの要求を支持しながら、労働者にまで選挙権を拡大する事態を警戒していた。[9]

　このような考えは、後年になっても続いた。とくに一八六七年の第二次選挙法改正以降、労働者階級の政治進出に対する彼の懸念は現実のものとなってきた。『イギリスの国家体制』第二版（一八七二年）の序文で述べているのは、大衆の政治参加によって平等の要求が噴出する危険である。彼は、貧民が最初に投票権を行使する場合、「貧民の天国」をつくろうとする傾向があることを警告する（WB, V, 172）。さらに、二大政党が労働者の歓心を買うことによって、彼らがキャスティング・ボートを握る事態を危惧する（WB, V, 173）。バジョットは、労働者の取り扱いに細心の配慮を求めており、譲歩しすぎて体制の危機を招くことを危惧しながら、全く彼らの要求を拒絶することで労働者を階級として団結させる危険をも警告している。彼は、労働者階級が政治的に結集することを「それ自体、その目的において最大の悪である」と断定する。彼らが支配権を握ることは、「教育に対する無知の支配」であり、それは「知識に対する数の支配」に他ならないとする。その場合、「民の声は悪魔の声」となる状況が生まれる（WB, V, 174）。

　『イギリスの国家体制』は、新興の中産階級の統治を正統化するための「社会工学に関するマキアヴェッリ的著作」の面があることをクロスマンが示唆している。彼は、優れた少数者が大衆の尊敬を得て、自発的に服従させるというプラトンの政治観の伝統をこの著作に見出している。[10]『イギリスの国家体制』では、政治制度の客観的分析以上に、デモクラシー化の中で、いかに制度を運営すべきかというバジョットの問題関心が見受けられる。当面のイギリス社会を統治していくにあたり、バジョットは、貴族と中産階級が「教育のない大衆の支配を防止し、軽減する」ために手を握ることを提唱する（WB, V, 177）。それは新興の中産階級に実質的な権力運営を任せながら伝統的国家体制を擁護する方法であった。『イギリスの国家体制』で、最も有名な国家体制の「威厳的部分」と「実効的部分」に二分する思考法は、理論分析というよりも、バジョットがイギリス社会における階級文化の著しい乖離に対応して模索した統治手段といえるものである。

バジョットによる国家体制に関する分析は、あくまでもイギリス社会の現状の上に成り立つものであった。したがって、抽象的個人を前提とする政治議論には否定的であった。『イギリスの国家体制』における冒頭で、彼は、ミルの『代議政治論』を念頭におきながら「紙の上に書かれたもの」(paper description) と評している。バジョットは、「種々な構成分子の明白な相違を常に念頭においておらず、これをたえず強調しない哲学」というものが、「重要な現実を無視し」、「理論として根本的に間違って」おり、「実在しないものを実在すると期待させ」、「いずれわかることを前もって教えない」としている (WB, V, 208)。バジョットによれば、制度を判断するのは、「哲学者の一団、架空の後世の人間、外部の権威」でなく、「現にここに存在しているイギリス国民」でなければならないのである (WB, V, 193)。そして彼は「イギリス人ほど純粋哲学に縁遠い国民はいない」と考えている (WB, V, 234)。

バジョットの『代議政治論』批判は、とくにミルが支持しているトマス・ヘアの比例代表制度に向けられる。その制度では、選挙民が自由に選挙区を構成して議員が選ばれ、ミルは、党派とは無関係な有識者の選出を期待した。バジョットにすれば、この制度はイギリス国民の現状を理解しないものであって、実際に投票すれば、有識者の選出どころか、党派的・宗教的利益の噴出につながりかねない。その結果、議会は「主義 (ism)」を代表することになる (WB, V, 303-304)。ミルの議論は、バジョットにいわせると国民の心理的・慣習的部分を理解していないものであった。

バジョットは、抽象的個人の集合体としてでなく、有機体としてイギリス国家体制をみていく。イギリス社会の現状は大きな山にたとえられる。内部に原生層、中年代層、第三紀層という人間進歩の各段階をもっており、下層社会と古代社会の未開の人々との共通性を強調している（WB, V, 208）。「威厳の支配」は「教養の低い人間、つまり未開の第一段階にある人間」に対して「演劇的要素、すなわち感覚に訴えるもの、人間による最も偉大な理念を体現していると自負するもの、またある場合には人間的起源を越えていることを誇るもの」を提示して彼らの忠誠を確保することである（WB, V, 209）。「人間の感情は強いが、理性は弱い」ので、「感情」に訴える君主政は強固で、「理性」に訴える共和政は弱体であるとする（WB, V, 230）。もっとも「威厳的部分」による支配は、「国民が後年、世の中をいっそう広く見渡すことができ、いちだんと経験を積み、もっと冷静な考えができるようになる」段階に入ると、「わかりやすく選ばれた指導者による単純な統治」に代えられる可能性を残している（WB, V, 371）。

バジョットの政治学における基本的関心は、イギリス社会における政治的リーダーシップにあるといえる。彼は、政治家の任務を「民衆を指導し、民衆から指導されない」ことにあるとし、次のように述べている。

「公共の事例において非常な無知がただならぬ力をもっている時に、無知な民衆の決定を受け入れ、それを繰り返し口にするならば、その政治家は、国民のただの雇い人であり、国民の役に立つよりも害を与えるだけである」（WB, V, 173）。

彼は、イギリス国民における信従を統治の前提とし、政治家のリーダーシップは統治過程において重要性をもつと考えている。

政治評論のデビュー作といえる「議会改革について」において、彼が強調しているのは、「統治の適性」である。

それは、すべての個人に無条件で存在している資質ではない（WB, VI, 203）。彼は、政治における「真の原理」として「各人は、その権力を行使するのによりふさわしい者を邪魔しない限りで政治権力を行使する権利をもつ」ことを挙げる。すべての者は自分の政治的能力に応じた政治的影響力をもつべきであり、抽象的権利にもとづいて、平等に政治参加を認める民主的議論は批判されるべきである（WB, VI, 203-204）。この立場は『イギリスの国家体制』でも同様である。彼はイギリス国民を指導するにふさわしい者を考察しながら、伝統的制度――とくに議院内閣制――の運用をその適性に合わせる解釈をほどこしている。

バジョットは、大衆主体のデモクラシーに対抗するためにアリストクラシーと中産階級の協調を訴えながらも、実質的な政治指導を新興の中産階級の手に委ねることを主張している。彼は伝統的国家体制を擁護しながら、それを中産階級主導のものに再構成する。伝統的国家体制の叙述にあたって、国教会を除外したのもその一つの表れといえるのではなかろうか。国教会制度は、トマス・アーノルドのような包括教会論者の主張にもかかわらず、アリストクラシーと中産階級を分断させる政治要因であった。伝統的体制の批判者として政治の舞台に登場した自由主義者は、世紀半ば以降、伝統的国家体制を維持することに利益を見出す者が増えていった。ロバート・ロウは、その代表的な人物であろう。さらなる変革は、獲得した彼らの地位を危機にさらすものであった。伝統的国家体制から貴族ジェントリ支配の要素を換骨奪胎したバジョットの論説は、彼らの立場の理論的基礎となり得るものであった。

バジョットは、「知性的保守主義（Intellectual Conservatism）」という小論（一八五六年『サタデー・レヴュー』初出）で「自由主義者はもはや保守主義者である」と宣言し、次のように述べている。

「その精神的・知的状態――そこでは政治的に知性をもつ人々が優位に立ち、政治的に知性をもたない者は徐々に訓練され、自由主義がつくり出そうとしてきた秩序と自由が一体となっている状況――が今や現前にある。しかし、我々の制度は日々、〈不穏な諸階級〉や正真正銘の官僚制支持者、一切を巻きこむデモクラシー、短兵急な専制主義者によって攻撃されている」(WB, VI, 98)。

バジョットは、従来の「ものを考えない保守主義」と自由主義的秩序を擁護する「知性的保守主義」を分けて考える。後者は「資本主義的保守主義」と言い換えられるものである。自由主義的改革を求めてきた新興資本家階級は、伝統的国家体制の下でその理念の実現を求め、体制を擁護する立場をとるべきであった。彼は、『イギリスの国家体制』で、すでに中産階級が専制的権力(despotic power)をもつ(WB, V, 378)とさえ断言している。その主張は、事実の描写というよりも、中産階級が現体制に組み込まれていることを強調するレトリックであろう。

それでは、バジョットはこの中産階級の政治的リーダーシップをいかなる理由で正当化しているのであろうか。彼は、この階級を「教養をもっているが平凡な大衆」、「興味を引かない人々」(WB, V, 378)と一見するとあまり高く評価していないようにみえる。だが、それは、バジョット流の韜晦であることが彼の主張をたどるうちに明らかとなろう[11]。議論の中で彼は、産業化によるイギリス社会の変化に着目する。そして貴族階級の没落を産業化の進展と結びつけている。彼によれば、「毎日のように会社、鉄道、社債、株券などが貴族階級の〈周囲〉にますます繁茂するようになり、まもなく彼らを覆い隠してしまう」状況にある(WB, V, 265)。社会はますます安定したものでなくなり、その状況が貴族の地位を危うくしている。「平均を上げて頂上を相対的に、いな絶対的に低くさせようとする」近代社会の犠牲になっているのが貴族であった(WB, V, 265)。

貴族の没落は、時代における知的傾向の変化と結びついている。政治的リーダーシップにとっては、この事実の方が深刻である。バジョットによれば、「近代精神」つまり「我々の生活の中に生きており、我々の行動を生き生きとさせ、我々の考えを発展させている」知的状況は貴族の精神と異質なものである（WB, V, 278）。具体的には、現在のイギリス社会では「事実を尊重するという一定の傾向」が生じつつある。彼は、そのことを次のように説明している。

「この事実尊重の傾向はヨーロッパでも生じている。それは現代における最大かつ最新の二つの知的作用が生み出したものである。その一つはビジネスである。我々は、商業の物質的成果を重視しすぎて、その精神面への影響を見忘れている。すなわち、それは物質欲、理念の軽視、上品な言葉づかいを気にとめなくなるといった精神を生み出している。働けば必ずもうかるというのがモットーである。〈剣を元帳に切り替えた〉のは本当であるばかりか、戦争自体もまた剣によるばかりでなく元帳によっておこなわれている」（WB, V, 363）。

社会は「一目瞭然とした実用性」によって動かされ、この状況で支配者の任務の大変動が起こる。つまり新しい社会を指導するには、「刺激に乏しく、絶え間のない地味な活動が必要」であり、たえず事実を確認する活動――「単調な観察や聞き取りによって退屈な事実が事実であることを確かめようとしている」（WB, V, 363）こと――が重要となる。

その状況は、議会の任務の変化に端的に現われている。バジョットによれば、旧来の議会は、伝統的に受け継がれてきた法の変更を阻止する機能が中心であったが、現在の文明社会の議会は、日々変わりいく社会において新しい要求に適合する立法が求められる（WB, V, 372）。この立法活動において、何よりも必要となるのがビジネス能力であるとし、彼は次のように描写する。

「一八六五年の法令集、すなわち同年度の制定法一般をみるがよい。そこには文芸作品は一遍も載っておらず、また上品で優雅なものも見当たらない。載っているのは、無味乾燥な問題であり、山のような重苦しいビジネス上の問題だけである。そのいずれもが、貿易、財政、法改正、コモン・ロー改正に関するものである。つまり、どれを見ても多種多様なビジネスに関するものであり、しかも常にビジネスに関するものだけである」（WB, V, 279）。

バジョットは、政治的リーダーシップにとって必要な資質として、ビジネスについての知識を重要視する。[12] そして、貴族が「現在の立法を適切に修正する任務を遂行するために必要な能力をもっていない」とする（WB, V, 279）。貴族の思考法は、事務的な知識やその訓練や習慣を体得するのに向いておらず、それに最も不適当な環境に置かれている。ビジネスに不向きなアリストクラシーは、実質的な統治から手を引かざるを得ない状況にある（WB, V, 279-280）。

このビジネス優位の政治社会の中で「思考力を身につけ、豊かな財力をもち、しかもビジネスの訓練を積んだ一階級がのしあがってきた」（WB, V, 280）。「この高度にビジネスを修めた者」が中産階級出身のエリートであった。この時期、イギリス社会の近代化に向けての諸改革は、まさに彼らによって担われていた。

バジョットが政治において重視するのは、抽象的理念よりも実務的活動である。彼は「鈍重な政府（Dull

government)」（一八五六年『サタデー・レヴュー』初出）の中で、イギリス政治が他国に比べて優れていることを次のように語っている。

「多くの国々において、自由を求めながらもそれに失敗してしまう原因は、民衆的政府を政治活動の道具でなく、知的興奮の手段とすることにある。基本的なことを議論することは、その後の行動よりも面白い。それらの国民は、結果を達成するよりも議論に磨きをかけることに喜びを感じている。彼らは、一般的推論で考えを広げることは、実際のビジネスを考えるよりもずっとすばらしいというのである。彼らは、一口でいうならば、民衆政府を求めながら同時に鈍重な政府を望んでいないのである。だが、イギリス国民は、他の国民がほとんど考えなかったことを忘れていなかった。それは、政治はビジネスの一種であるということである。彼らはそれに耐える資質をもち、法——そのような人間の活動に必ずともなう——に従う。堅実な労働と退屈な材料に向かって眉間にしわ寄せ、数字を口にする。これがイギリスの行政である」（WB, VI, 84-85）。

彼はイギリス国民を「愚鈍」と揶揄しながらも、この資質こそが「鈍重な政府」による統治を成功に導いてきたことを自負する。現在のイギリス社会では、「興味を引かない人々」のビジネス能力による支配こそ望まれるものである[13]。バジョットにとって、政治における課題とは、このビジネス能力をもつ人々の政治進出を図ることである。一八七一年に『エコノミスト』に掲載した小論「ビジネス人に特有の危険（The Special Danger of Men of Business）」において、バジョットは、商業的ビジネスに携わる者が議会政治家として台頭してきた変化の傾向を賛美している。彼らは、良い教育（現在では良いものではない）を受けた地方ジェントルマンよりもよい政治家となり得るし、政治指導や判断の面で優れていると評価されている（WB, VI, 139-140）。

バジョットの政治学における真骨頂は、ビジネス能力を賞賛しながらも、それがイギリス社会において政治的権威として十分でないことを理解していたことにある。バジョットによれば、イギリス国民は「敬意の念をもった国民（deferential nation）」であり、特定の選ばれた少数者に指導者を選任する権限を進んで委ねている。そこでは、多数者はエリートに服従し、そのエリートが選任した者に従っている（V, 378）。だが、ビジネス能力をもつ者はエリートとして十分な服従を得られないのがイギリスの実情である。彼は、知的で思慮深い者は、教派的・商業的利益の特別な繋がりに比べて政治的影響力が弱いことを何度か指摘している。[14] イギリスの民衆は全く知らない問題については想像力に訴え、よく知っている問題については習慣によって支配されるという（WB, V, 381）。そういった事情から実際の選挙となると、新興階級でなく、敬意の対象となる階級が勝利するのである（WB, V, 311）。国家体制における「威厳的部分」は、民衆の想像力や習慣に訴え、体制の支持を獲得することが期待される。それは、ビジネスのもつ政治的権威の不足を補うべく作用する。

バジョットによる「威厳的部分」と「実効的部分」の区分は、実質的政治指導と表面上の政治指導を別々に考えることにその本質がある。立憲君主を中心とする宮廷とアリストクラシーは「多くの者の目を引く見世物」としての演劇能力が求められる。彼らは表面上のリーダーであり、「華麗な行列の中でいちばん人目を引く人物」のように「群集は、彼らに感動し、拍手を送る」が、真のリーダーは目立たない馬車の中にいる（WB, V, 379）。バジョットによれば、イギリス国民の大多数の尊敬は「優れていることがはっきりしているから与えられるのではなく、古いことがはっきりしているから与えられる」（WB, V, 381）。つまり、国民における信従の対象は統治能力でなく、伝統的地位に向けられる。イギリスは「身分が市場価値をもつ」社会であり、政治の場で巧妙に利用するならばこれほど役に立つものはない、とバジョットはいう（WB, V, 178）。デモクラシー社会の中で、伝統的統治階級によって得られる民衆の信従を利用しながら、実質上のリーダーがビジネス能力を発揮した統治をおこなうことがバジョットの描いた国家体制の構図であった。

バジョットは、「国民の大多数が無知である信従的社会」が、「不安定な均衡状態」にあることを強調している（WB, V,381）。彼は、デモクラシーの中でこの均衡状態が崩れ、無知な階級による政治支配を恐れる。「デモクラシーは恐ろしい破局の後でないとかつて倒した体制に戻ろうとしない」、「デモクラシーはほとんど耐え難い不幸を体験しないと自らが劣っていることを信じない」（WB, V, 382）とは彼の多数者支配に対する懸念である。大衆に「教養ある少数者の支配を合理的・論理的に論証することは不可能」と彼は判断する（WB, V, 381）。イギリスの政治支配は、大衆の理性でなく、彼らの想像力や習慣に依拠している。「威厳的部分」と「実効的部分」の二重性は、大衆の信従を確保しながら、産業化の中での実務的統治をおこなうのに必要であった。

バジョットの『イギリスの国家体制』における制度分析は、議院内閣制をビジネス能力にもとづく統治に結びつけていることである。背景として、国家による積極的介入が求められている当時の政治状況を考えなければならない。バジョットは行政府を嫌うイギリス国民をアメリカ人、フランス人、スイス人のような「真の近代的国民」といえないと批判しながら、次のように論じる。

「現代は、物質的必要から強力な行政が求められている。強力な政府をもたない国民は、これをもっている国民のように清潔で、健康で、活気に満ちた生活を営むことはできない。定義上からいっても、自由であると自ら公言する国民が政府を警戒すべきではない。というのは、自由は、国民が、すなわち国民の間での統治能力をもった者が政府をつくることを意味しているからである」（WB, V, 393）。イギリスでは、政府が「君主の大権」にもとづく機関と考えられた特有の事情があったと推察される。バジョットは、地方自治をはじめ、イギリスの伝統的統治の弊害を是正して、統治機構の近代化を求めている（WB, V, 393-396）。

しかし、バジョットは、大陸諸国のような国家官僚支配には批判的である。プロシアのめざましい興隆から著述家の間で官僚政治礼賛の風潮が高まっていることを彼は苦々しく思っている（WB, V, 327）。この著述家の中にマシュー・アーノルドも含まれるであろう。バジョットは官僚政治のもつ形式主義、愚民観、後見的性格を批判し、それが人間の活動力を自由に発揮させずに、自らの権限・業務・人員を増やす傾向があることを指摘している（WB, V, 327-328）。そして「能率のよい官僚政治」はそもそも「ビジネス技術の真の原則」――その重要な要素が「専門的精神と非専門的精神がうまく混じっている」こと――に反するとしている（WB, V, 330）。

バジョットは、議院内閣制を通じて、中産階級のビジネス能力を国家運営に役立てることを期待する。そこでは、専門から離れた「新鮮な頭脳のもち主」である議員が内閣の一員として行政実務を運営する。政府の一員として統治に携わる議員は、限定された日常業務に忙殺される国家官僚と異なり、実効的な判断と全体的な判断能力をもつことで統治の実をあげる。実務家は、官僚の上に立って彼らの仕事を管理する。議会政治家は、「豊かな知性・広い知識・豊富な経験」をもつことで「官僚の感覚に対抗して一般の意識を代弁する」ことが求められる（WB, V, 330）。議院内閣制は官僚専制に陥ることなく、実務家の能力を国家運営に取り込むのに有効な政治制度といえる。

バジョットは現実の政治状況に目を向けることをたえず強調しているが、その状況とは、大規模な法人となった当時のビジネス——とくに彼の携わった銀行業——のアナロジーであることが多い。たとえば、議院内閣制の説明では、銀行業務の訓練を受けていない重役会が専門業務に携わる行員を指揮する大銀行の例が示されている(WB, V, 330)。政治とビジネスのアナロジーは、彼がビジネスを描いた『ロンバート街』でよりはっきり理解できる。彼は、銀行業の本質を「非常に多くの人々が少数の者を信用する」関係においている。銀行が創出する信用は政治的忠誠になぞらえられ、イギリス経済は、この上に成り立っているとされる。銀行家は、その経済秩序——有機体的発展を遂げたものであり、近年、デモクラシー化している——を運営する。彼らは優れた知識によって、その信用を委ねられるに足る存在である。彼が金融秩序において描いている銀行家の姿は、『イギリスの国家体制』においてビジネス能力のある政治家に重ねあわせることができよう[15]。多数者の信用を基礎に金融秩序を維持する銀行家と信従を背景にして複雑化した国家を動かすのにふさわしい統治者は、いずれも首尾一貫した態度と特殊な熟練をもつエリートである。双方ともに個別業務を越えた管理的任務に携わり、全体的判断を要求されている[16]。

第四節　バジョットと国民統合

バジョットおよびマシュー・アーノルドは、その前世代のトマス・アーノルドやカーライルと異なり、多数者の政治支配が定着しつつある社会に生きた。彼らはデモクラシーにおいても、統治する少数者が存在する現実を理解し、有能な政治指導者を確保する方法を求めた。新しいデモクラシー社会は、その指導者のリーダーシップの下で、適切に運営されるべきである。彼らは、いずれも伝統的国家体制における伝統的エリート——アリストクラシーという言葉で体現している――の統治の限界を主張し、新しい統治エリートによる政治指導の必要性を訴えることでは共通している。彼らは多数者がエリートに統治を自発的に委ねる社会を想定している。両者の相違は、その新しい統治エリートの優越的地位の根拠に何を求めるかによる。マシューの場合は、教養という精神的価値である。この価値をもつことによって政治指導を担う者としての地位を確保することができるのである。その教養は、伝統的エリートが維持してきた価値体系と親和性をもち、結局のところマシューの政治論は、実際には保守的傾向をもつものと理解される。

これに対し、バジョットは、伝統的教養には否定的であった。すなわち、統治エリートを生み出してきた教育については批判的である[17]。彼は、イギリスの教育制度に対して、「ビジネスに携わるのにふさわしいものではない」（WB, V, 338）、「実務における高い地位にふさわしい人間の教育はほとんどない」（WB, V, 339）と慨嘆している。しかし、「この弊害が近年軽減され」、この「二五年で中産階級の学校教育がめざましく改善されている」と科学的・世俗的教育の進んだ中産階級教育に期待を寄せている（WB, V, 339n）。

バジョットは、マシューのように精神的貴族をエリートとして考えているわけでない。彼は、「純粋に精神の代表を送りたいと毛頭考えていない」とし、「議会はイギリス国民の世論を体現すべきである」とする。この世論を確定するのは、「精神ではなく財産である」と主張している（WB, V, 314）。彼のいう世論とは、中産階級の判断と重なっている。彼は、労働者階級が世論を形成する上でほとんど何も貢献していない」とし、「彼らが議会に影響をもたないからといって、議会と世論の一致をそこなうものでない」と断言する（WB, V, 311）。さらに貴族に対しても、議会で大きな勢力を保ちながらも、「別の身分（カースト）」として独立しておらず、「貴族の共通の意見をもっているわけでない」として過小評価する（WB, V, 311）。世論として重視すべきは、新興の中産階級の判断である。

しかし、バジョットは中産階級全体の資質を高く評価しているわけでない。新興の企業家階級は産業化という時宜にめぐまれ、貴族の対抗者として表れながら、「頭は良いが無作法で偏狭である」ために貴族をしのぐことができない状況にある（WB, V, 265）。バジョットが統治者としての資質を評価したのは、イギリスの金融秩序を動かしているような一部のエリートである。一般の中産階級は、少数のエリートに従い、その統治を支持する世論を形成する。彼らの政治参加は、有能な政治指導者を選ぶことにあり、自ら統治に参加するのではない。つまり、中産階級は二重構造をもって、イギリスの政治社会の主導権を握ることになる。バジョットが描いた信従的国家は、多数者が賢明な少数者の政治的リーダーシップに自発的に従う国家であり、そこではビジネス的知識をもつ者が一般の中産階級の世論に支えられて統治する。

バジョットにおいて現在の国家体制は、貴族ジェントリ階級が政治的優位にあり、新興の中産階級が冷遇されていることが問題であった[18]。彼は、伝統的エリートが「非常に密接な関係をもち、同じ学校で教育を受け、子どもの時から互いの姓を知り、同じ社交界を形成している」のに対し、新興の商業者・工業家が「相互に結束しておらず、相互に交際する習慣がない」という状況が彼らの政治的不遇をもたらしていると考えた（WB, V, 309）。バジョットの求めるビジネス・エリートは、実際に政治的優位を維持する力量を十分もっていなかった。バジョットは「威厳的部分」によって、彼らの政治的権威の不足を補うことを認める。しかし、その後のイギリス政治社会をみるとビジネス・エリートは、統治の二重性を克服していったといいがたい。一九八〇年代に議論されたように、ビジネスは、政治的支配を正統化するほどの権威をイギリス社会で長らくもたなかった。後世、バジョットの『イギリスの国家体制』において、ビジネスによる支配という同時代の政治的論争に関わる部分がそれほどの評価の対象とならなかったのは、このような実状があったゆえではないか。

本書の問題設定から、バジョットの政治論で注目されるべきは、イギリスの伝統的国家体制を神秘性をもたない世俗的機構として解釈したことであろう。[19] このことは伝統的国家体制の支持基盤を拡大させることに貢献した。かつての体制批判者がこの国家体制を擁護する保守主義者となることができた。また、彼の著作は、イギリスの国家組織を伝統的国制論による法学的・制度論的アプローチでなく、その社会機能を中心に実証的に描いてみせたことに意義がある。その方法は、トクヴィルのいう「新しい政治学」の系譜に属するといえよう。

バジョットの政治論において、信従は鍵となる概念である。[20] 現在においても「威厳的部分」の説明は、イギリスの信従を解説するのに有用な概念である。しかし、「威厳的部分」と「実効的部分」が実際の国家体制において彼のいうほど明確に分かれるものかは批判がある。その最大の問題が政治的リーダーシップに関してである。[21] 彼の議論においてリーダーシップの考察の対象は、新興の中産階級に限られ、伝統的支配層には「威厳的」「演劇的」役割しか期待されていない。[22] しかし、実際にはバジョットの期待するビジネス・エリートは、「演劇的」、「威厳的」権威を巧みに利用するどころか、政治において独自の優越的文化を形成することなく、伝統的エリートによる知的世界に組み込まれている。とくに外交となると、バジョットが認めざるを得なかったように、伝統的支配層の得意とするところであり、ビジネス能力が発揮できない部分である（WB, V, 281-282）。一九世紀の国家間競争の時代、外交・安全保障というハイポリティックスの分野は、国民統合のヘゲモニーにもかかわってくる。伝統的支配層による政治的権威を「演劇的」、「威厳的」要素に還元してしまうバジョットの方法は、イギリスに特有な信従を維持する知的構造に十分配慮しているとはいいがたい。大衆に「演劇的」「威厳的」なこけおどしで信従を期待するのは、nobless oblige を強調するアーノルド父子、カーライルよりも実は大衆の知的状況を理解していないのではなかろうか。

このようなバジョットの信従に関する議論は、伝統的国家体制を宗教的・精神的伝統と切り離して解釈することによって、その伝統がもつ国民統合機能を過小評価することによる。神秘なき伝統的国家体制は、政治的権威の神秘性を問わないことで成立しうるものであり、それゆえにビジネス・エリートの正統性は主張できても、伝統的支配階級の統治の奥義を説明するモデルとしては、十分でなかった。バジョットの議論にかかわらず、伝統的国家体制は、政治論としては、国教会を含んだ神秘的体系として議論され続けるのである。

（1）　たとえば、最近出版されたケンブリッジ版の『イギリスの国家体制』の序文で、ポール・スミスは、この書の目的を「英国政府の機能を明らかにし、それを可能とする英国国民の特性を考察し……アメリカの大統領制に比べた長所を擁護する」ことにあるとしている。Paul Smith ed., *The English Constitution* (Cambridge, 2001), ix. スミスにみられるように、バジョット研究は、『イギリスの国家体制』を伝統的国家体制の客観的分析として、制度論の枠組から論じるものが多い。この文献で、スミスが挙げたバジョットの研究リストは、このことを端的に示している。バジョットのわが国における政治思想からの分析として、次の文献を参照。岩重政敏「W・バジョットにおける〈権威〉の問題」、『日本政治学会年報一九七三年』（岩波書店、一九七四年）所収、升味準之輔『ユートピアと権力下』（東京大学出版会、一九七六年）第八章、添谷育志「バジョット—権威・信用・慣習—」、藤原保信・飯島昇蔵編『西洋政治思想史Ⅱ』（新評論、一九九五年）所収。

（2）　Lord Bryce on Walter Bagehot 1877-1916（WB, XV, 72）.

（3）　『エコノミスト』誌におけるバジョットの活動の詳細について、次の文献を参照。R. D. Edwards, *The Pursuit of Reason: The Economist 1843-1993* (Harvard,1993), pp. 226-316.

（4）　バジョットが政治問題としての国教会制度を重視していない例として、カトリック解放についての態度が挙げられる。トマス・アーノルドが関心をもち、当時の重要な政治問題であったこの課題を、バジョットは、「サー・

ロバート・ピールの性格（The Character of Sir Robert Peel)」という小論で、もはや「〈問題〉ではない」、「若い世代にとって……かつてあった不合理で、有害で、人を惑わすような疑念とみられている」と一蹴している（WB, III, 241)。

（5） 大学以来の友人で、ジャーナリストであるリチャード・ハットンによれば、文名が上がるにつれ、バジョットは進化論を認めていると考えられることを警戒していたという。Memoir of Walter Bagehot(WB, XV, 100). しかし、彼の著作の中でダーウィンの理論および研究方法を評価している箇所が多くみられるのも事実である。

（6） バジョットは、一八五八年一月四日付エリザ・ウィルソン（後の妻）宛書簡で自分の宗教観について次のように語っている。「私は、他の人々のように絶対的に確実なものとして、教義の体系を教えられていません。私がわかるのは、自分がおこなっている多くのことです。それは当然、伝統的信条以上に検証が必要となります。ぼんやりと感じているのは、私の内面生活が宗教を忠実に守るには辛辣かつ空虚なのです」(WB, XIII, 443)。バジョットの両親の教派は異なっており、それゆえ、少年時代、礼拝はそれぞれのものに参加していたという事情があった。Norman St John-Stevas, Bagehot's Religious Views（WB, XV, 246). ハットンは、彼の宗教観について「宗教的感情が彼の精神の中で強かったと思わないが、もとからある宗教的衝動は強かった」と評している。Memoir of Walter Bagehot (WB, XV, 97).

（7） この「安定（stationary)」部分と「成長（growing)」部分の対比は、コールリッジが『教会および国家の構成原理』で展開した「永久性（Permanence)」の勢力と「進歩性（Progression)」の勢力の対峙を彷彿させる。コールリッジによれば、前者は土地所有に結びついた勢力であり、後者は、「商業者、工業家、流通業者、専門職」からなる勢力である。Coleridge (1976), vol. X, pp. 24-25.

（8） 労働者階級の政治進出に反対したロバート・ロウは、バジョットのこの著作を「政治家の洞察と哲学者の節度がある」と評している。Edwards (1993), p. 204.

（9）『エコノミスト』誌は、選挙法改正によって社会において教化され、教育を受けた部分が圧倒されることを恐れていた。バジョットの論文は、この立場に沿いながら、必要な改革を提言していた。Edwards (1993), p. 202.

（10） R. H. S. Crossman, Introduction, in *The English Constitution* (London, 1964), pp. 26-27. クロスマンは、「新興の中産

階級――自己を自覚しておらず、政治の技術に無知である――に必要なのは、その自己満足から抜け出るためショックを与えられ、権力の問題に直面することである」とバジョットが考えたと指摘している。Ibid., p. 27.

(11) グロスによれば、バジョットのレトリックは、人物の退屈な気質を評価する中で、賛辞を加える方法をとっている。グロス(一九七二年)、七五頁。バジョットの人物評論をみるとその傾向が確かにある。

(12) ビジネスの重視は、バジョットが主筆を務める『エコノミスト』誌の特徴でもあった。当時の雑誌の中で、ビジネスに特化する『エコノミスト』誌の編集姿勢は注目すべきものであった。Edwards (1993), p. 260. バジョットのいうビジネスとは、政治をゲームや商取引のようにとらえ、合理的計算にもとづいてなされていることを意味すると考えられる。そのことは経済活動のアナロジーで政治活動をとらえるバジョットの視点に通じている。

(13) 政治のビジネス化を強調するバジョットの議論は、イギリス貴族の実際的思考がフランス革命以後の理念化の流れに対応できなくなったというマシュー・アーノルドの見解と対照的である。バジョットの議論は、「時代の精神」(一八三一年)で貴族の実務能力喪失を指摘したミルの考えと共通している。Mill, *Works*, XXII, 315-316.

(14) たとえば、「J・S・ミルの『代議政治論』の考察(Considerations on Representative Government By John Stuart Mill)」参照(WB, VI, 344, 345)。

(15) バジョットは「ビジネス人に特有の危険」において、議会政治家を銀行における役員にたとえ、他人の仕事を管理する任務をもつとしている(WB, VI, 140)。個別業務を官僚と企業家に委ねる点で両者は共通している。

(16) サリバンは、『イギリスの国家体制』と『ロンバート街』を世界的大国としての絶頂期にあったイギリスを反映した政治・経済論であるとしている。自由な討論が基礎にある国家体制、レッセ・フェール・自由貿易原理にもとづく経済秩序は、政治・経済におけるイギリス自由主義の輝かしい成果として描き出されている。Sullivan(1975), p. 148. 参照。

(17) バジョットは、小論「オックスフォード(Oxford)」(一八五二年『プロスペクティブ・レヴュー』初出)において、ジェントルマン向けの伝統的教育が時代遅れなことを次のような表現で表している。「イギリスの教養ある世襲ジェントリが長い間、行使していた権威は、今や、教育を受けず、賢明でなく、学問がなく、洗練されておらず、優雅さ・上品さ・判断の点で劣るが、圧倒的な仕事、野卑なエネルギー、仕事の能力でまさる階級に移っている」

(WB, VII, 369)。「著述家や学校教師は別にして、実務能力、常識、勤勉さ、エネルギーにおいて本を読まない者の方が、多く読む者よりも優れていることは一般に認められている」(WB, VII, 345)。

(18) バジョットは、現在の議会において、土地利益（landed interest）の意見があまりに代表されすぎていると批判している（WB, V, 308）。

(19) 福田歓一は、バジョットについて、バークの保守主義がもっていたリアリズムを洗練し、その constitution 認識から一切の神秘的な要素を洗い落としたことを評価し、政治に何らの神秘もないと言い切ったことに注目している。バジョットにとって、イギリス国家体制は歴史的所与であり、君主の象徴機能を解明することによって「擬制された共和国」の姿が表れ、政治から神秘的なものが完全になくなってしまう、と福田は解釈している。福田歓一『政治学史』（東京大学出版会、一九八五年）、五〇四頁、「福田歓一先生に聞く」『福田歓一著作集　第一〇巻』（岩波書店、一九九八年）、二七六頁参照。

(20) David Spring, Walter Bagehot and Deference, in *American Historical Review*, 81, 1976, p. 525.

(21) Ibid., pp. 529-530. スプリングは、バジョットが土地貴族の役割を劇場の見世物とし、非エリートを単に大掛かりで厚かましいトリックの犠牲者としていることに対し、現実から遊離しているとしている。彼は、信従の実情を理解している点でマシュー・アーノルドの方がバジョットよりも堅固な基盤に立っていると指摘している。

(22) ビアは、バジョットの「威厳的部分」「実効的部分」の二分で、トクヴィル、モスカ、シュンペーターなどによって指摘された伝統的支配階級のリーダーシップが見逃されていることを指摘している。Samuel Beer, Tradition and Nationality: A Classic Revisited, in *American Political Science Review*, vol. 68, 1974, p. 1292. ビアは、バジョットの理論の欠陥について「英国の政治生活の理性と伝統の融合がわかっておらず」、「近代国民国家の政治共同体としての性格や力を理解できていなかった」と述べている。Ibid., p. 1294.

第七章　国教会・保守主義・福祉国家

第一節　ヒュー・セシルの『保守主義』と国教会

イギリス国教会は、二〇世紀において、国家体制での重要な位置を保持し続けていた[1]。デモクラシーにおける階級対立の時代、国教会の有する国民統合機能に対する関心は、かえって増大しつつあった。ここでは、二〇世紀のデモクラシー社会での国教会のもつ政治的位置をヒュー・セシルとウィリアム・テンプルの政治的著作をもとに考えてみたい。前者は保守主義という概念を国教会体制を基礎につくり上げようとし、後者は、福祉国家を国教会の名において正当化しようとした。二人ともテューダー朝以来の名門貴族出身で伝統的国家体制と密接な関係をもっている人物である。

ヒュー・セシル（Lord Hugh Cecil,1869-1956）は、保守党の首相であったソールズベリー侯爵の五男として生まれた。セシル家は、最名門貴族家の一つで祖先にエリザベス一世の側近ウィリアム・セシルがいる。またヒューの兄の一人は、保守党の政治家で閣僚を務めたロバート・セシル卿（1864-1958）である。ヒューは、イートン校、オックスフォードのユニバーシティ・コレッジを卒業した後、一時は聖職をめざしたものの、首相となった父の私設秘書を務めた。一八九五年に保守党の庶民院議員となり、政治家としての経歴を歩み始める。彼は同世代において最も熟練した雄弁家として知られている。しかし、保守党議員として彼は主流となり得ず、平議員のままで終わった。セシルの政治家としての活躍時期は、その前半である。とくに一九〇三年の関税改革問題において、彼はウィンストン・チャーチルとともに自由貿易主義を主張し、保護関税論者ジョゼフ・チェンバレンに対抗した。彼の仲間は、リーダーである彼の名にちなみ、「ヒューリガン」と呼ばれた。また一九一一年の自由党内閣による貴族院改革には、最後まで抵抗して「ダイ・ハード」グループの庶民院における中心であった。[2]その後は、政治論争の第一線から離れ、戦間期には主として国教会問題に関心を寄せている。一九一八年に枢密顧問官に任命され、三六年にイートン校校長（四四年まで）を務め、四一年に盟友チャーチルの推薦もあって男爵位を授与される。

セシルは、一九一二年に『保守主義（*Conservatism*）』を執筆することで、イギリス保守主義を自覚的に政治思想として分析した人物として評価される。[3]以後、イギリスにおける保守主義に関する諸著作で『保守主義』の議論に依拠しているものは少なくない。この著書は、保守主義を自然的保守主義、トーリー主義、帝国主義の三つの要素に分類するなど一般理論的要素をもつが、同時代の政治的状況を背景にしてこそ、その著書のもつ性格が明らかになるであろう。

『保守主義』が出版されたのは、イギリスの伝統的国家体制における重要な変革期であった。一九〇〇年代から一〇年代のイギリスは、主要産業の競争力が弱体化し、ドイツ、アメリカなど新興国家の急速な追い上げにあっていた。外交においても、ボーア戦争など帝国の衰退を示す状況が明らかになりつつあった。セシルがこだわった関税問題は、経済問題にとどまらず、覇権国家としての国家運営の針路にかかわる政治論争であった。この問題をめぐって、支配エリート、とくに保守党の内部に混乱と分裂をもたらしていた[4]。一九〇三年バルフォア内閣の植民地相であったジョゼフ・チェンバレンは、自由貿易主義を破棄し、帝国内の特恵関税を設けることを主張し、閣内で混乱を巻き起こした。この論争は、一九〇六年選挙での保守党大敗の原因の一つとなった。自由貿易論者のセシルは、チェンバレン派との対立で、議席まで失った[5]。

この政治状況において台頭したのは、自由党のロイド＝ジョージであった[6]。彼は、ウェイルズのディセンター出身であり、伝統的エリートに属さない政治家であった。彼は貴族ジェントリを中心とする伝統的支配階級に敵意をもっていた。彼の政治手法は、伝統的エリートの攻撃によって大衆有権者の支持を獲得するというリベラル・ポピュリズムとでも評すべきものであった。彼がおこなった売爵や個人的スキャンダルは、ヴィクトリア時代の謹厳なモラルと人間関係を踏みにじり、エドワード七世時代を象徴するように、精神面からも既存エリートに危惧を抱かせるものであった。彼は、新世紀におけるデモクラシーの中で活躍する新たなタイプの政治家であった。

ロイド＝ジョージが伝統的国家体制に打撃を与えたのは、一九〇〇年代の一連の社会改革においてであった。それは、一九〇六年の自由党の地滑り的大勝を契機とする。自由党は六七〇議席中、三七七議席を獲得した。保守党は、関税自由化をめぐる党内の分裂もあって、前回選挙（一九〇〇年）の議席の四〇二議席から、一五七議席と大幅に減少する。この敗北は歴史的であった。さらに労働代表委員会（後の労働党）が三〇議席、アイルランド民族党が八三議席、親自由党勢力を合わせると、自由党は議会の大多数を握った。一九〇六年のアスキス内閣において、ロイド＝ジョージは中心閣僚である蔵相として入閣し、庶民院での多数を背景に社会改革を実行した。無拠出年金制度、国民保険・失業保険など後の福祉国家につながる制度は、この時期構築された。

他方でロイド＝ジョージは、「貴族が支配するか、国民が支配するか」という階級対立的な政治スローガンを掲げ、伝統的支配層の社会的基盤の切り崩しを意図的におこなっていった。その象徴が一九〇九年の「人民予算」であった。彼は、国家活動の拡大と帝国防衛の強化のための費用を地主階級に負担させることをめざした。年収五千ポンドを超える高額所得者に課せられる累進的所得税、土地の所有権移転時の地価の不労増加分への課税など、この税制は、結果として貴族ジェントリ階級の経済的基盤を大きく揺るがすこととなる。予算は、保守党の激しい反発を招き、一九〇九年に貴族院での予算案否決という憲政上の異常事態に発展する。自由党政府は、この事態を国家制度の根本に関わる問題として、既存エリートに対する大衆の批判を煽り、一九一一年の貴族院の権限削減にまでもっていった。階級利益にこだわる貴族ジェントリが、国民を代表する議会と政府に対抗するという構図は、自由党政府がおこなう社会改革の原動力となった。

セシルの『保守主義』は伝統的国家体制の危機に際して執筆された時論という性格をもっている。そもそも保守主義という概念自体、一八三〇年代の名誉革命体制の崩壊過程において生じたものであり(7)、二〇世紀におけるデモクラシーの本格化とともに議論されるようになった。この書における土地評価をめぐる詳細で具体的な説明、高額所得者への累進課税が不当であるとの訴え、庶民院の絶対的主権に対する批判などは、その政治トラクトとしての性格を端的に示している(8)。保守党の危機は、各政策にとどまらない全体的な保守主義の検討という形で論争的著作を世に登場させた。セシルの他、F・E・スミスの『統一党の政策および諸論説』、レオ・エイマリー『統一と力』（一九一二年）、アルフレッド・ミルナーの『国民と帝国』（一九一四年）、キース・フィリングの『トリー・デモクラシー』（一九一四年）が同時期に出版されている。[9]

セシルが同時代の政治において最も危惧したのは、伝統的国家体制を変革する中で、イギリス人に受け継がれてきた自由を喪失することである。[10] 彼は「臣民の自由こそは、わが国家体制の大きな目的である」とし、「いかなる政党も、自由の原理を擁護せずには、伝統的国家体制を擁護することはできない」と主張する（C, 246）。そして自由党政府による積極的な国家介入こそが、この自由の原理を揺るがすものであるとして次のように指摘している。

「現在では、自由主義の方が、保守主義よりも自由の原理を侵害する誘惑にはるかに多くさらされているように思える。というのも、熱心な改革者は、急速な行動を切望しており、念願とする計画の達成を自分の生きている間に見たいと望んでいる。だが結局、自由を束縛し、個人の財産を害することなしには、彼が心に抱く目的を追求することがほとんど不可能である」（C, 247）。

彼は、自由党の社会工学的な発想による改革が自由を侵害する危険性を指摘する。この点で、変革に不信の念をもっている保守主義の方が自由を侵害する可能性は少ない。

セシルは、国家による社会改革自体を否定するわけでなく、社会工学的発想にもとづく「ジャコバン主義」的変革が国家の権威によって、自由を圧迫することを危惧している。彼は、保守主義が自由と権威の妥協をうまくおこなってきた実績を強調し、その妥協の基準を「宗教の規範」に求める。この基準をもつことで保守主義は、「自由と権威のどちらの行き過ぎに対しても、最も確実に危険から防御できる規範に訴えることができ」、一方に

「人間性への高い評価と正義の神聖視」、他方に「権威に対する尊敬の念と人間の辛苦に対する共感」のバランスをとることで、危険をともなわず効率的な社会改革を実施できる（C, 248）。セシルが唱える保守主義にとって不可欠の基礎であり、伝統的国家体制維持のための原理は、キリスト教であった。土地財産の保護、貴族院の維持など時局的な主張は、この原理の上に成り立っている。社会的平等の要求による財産権の侵害、貴族の特権の廃止が「無法な行為」であるのは、この原理に従った判断である。

セシルは、『保守主義』の中で宗教と国教会の記述に多くを割り当てている。このことは、彼の保守主義に対する理解にかかわる。彼は、保守主義の起源を一七五〇年以降のフランス大革命に反対する立場に求め、エドマンド・バークを保守主義における最初で最大の教師とする。彼は、バークの『フランス革命の省察』を次のように評価している。

「第一に、バークが力説したのは、宗教の重要性と国家によってそれが認められる価値である。第二に、彼が心から嫌悪し批判したのは、政治的もしくは社会的変革の過程において個人に不正が加えられることである。第三に、平等に関する革命的概念を攻撃し、身分や地位の区別には、現実性と必然性があると主張した。第四に、彼は私有財産をそれ自体、神聖なものとし、社会の福利のために不可欠な制度とした。第五に、人間社会を機械的にみるよりも有機体、それも神秘的なものを多く含む有機体とみなした。第六に、社会の有機的性格という理解に密接な関連があるのだが、彼は過去との連続性を維持し、変革を漸進的におこない、混乱をできるだけ少なくする必要性を訴えたのである」（C, 48）。

セシルの唱える保守主義は、このバーク解釈の延長上に存在している。セシルは、宗教と国教制を基本に置きながら、変革にともなう個人への不正、社会的平等、私有財産の否定を宗教によって批判する。さらに国家を歴史的に形成された一つの神秘的有機体として、宗教と密接に結びつけるのが、セシルの保守主義の体系である。

セシルは、政治原理の基礎に「何が正しく何が正しくないか」を決定する正義の基準があるとしている。政治活動は、この基準に従っておこなわれる。その基準は、「新約聖書に啓示されているキリスト教道徳」である。政治問題に関する新約聖書の直接の教えは、「国家の領域では、国家の権威に服従しなければならない。だがこの領域は、純粋な霊的問題には及ばない」ということである（C, 75）。この政治的服従の問題は、国家による政治的支配の根本であるとセシルは考える。彼は次のように述べている。

「個人が国家の領域で国家に服従することとは、国家秩序の安定ばかりでなく、その存立にとって不可欠である。服従を受けない国家は、意味のない馬鹿げた存在である。国家という理念そのものが、国家の手に権威を、個人の側に服従、を意味している」（C, 75）。

しかし、他方でセシルは、新約聖書において「秩序の維持と犯罪の抑制という基本的な義務を越え、国家の機能を拡大することを支持している一節はない」とし、「国家はほとんど完全に背景に退いている」（C, 81）という。聖書では「服従という基本的義務の他には国家に関して何も書かれておらず」、その主題は、教会と個人であって、国家は「視野の外」にある（C, 82）。この点から、彼は、聖書を根拠として社会主義的な政治理念を引き出すことを批判している。彼によれば、国家活動による集産主義的政策は、彼によれば聖書と関係のないものである。

セシルにとって、キリスト教倫理はあくまでも個人主義的なものであった。社会において、その倫理を実践することは、個人の良心に関わる問題であった。「啓示の直接の影響はすべて個人に向けられた」のである（C, 85)。個人は、キリスト教徒となることによって、「社会を改良するための一つの影響力」となる（C, 86)。キリスト教の影響は、「個人に働きかけ、各人の見識に従って、社会に善をなすように個人に働きかける」ものである（C, 87)。

この個人の活動は、あくまでも隣人愛にもとづく慈善から離れるものでない。既存の商工業とそこでの競争制度が利己心にもとづき、キリスト教倫理から遠いものであっても、制度の変革はキリスト教が求める行動ではない。より根本的問題である「人間が利己心に支配される」精神状況を変革することがキリスト教徒の任務である。彼はこのことについて次のように述べている。

「もし、キリスト教が社会制度を改革することであるとすれば、キリスト教は人々の私益を愛に変えることによってのみ、それを成し遂げる。人間社会の仕組は、人間の性質が表れているものに過ぎないのであり、その仕組はそのような人間の性質を生まれ変わらせることはできないということである」（C, 91)。

この点で、社会主義という方法は、制度の変更にすぎず、人間の変革にまで至らない。人間の性格が変わらない中では、経済競争がなくなっても、個人的影響力や政治的圧力が社会を動かすようになる。

セシルにとって国家の役割は、国民の自由な諸活動の舞台をしつらえることである。国家機能は「市民のエネルギーと欲求が働くことを促進する」ことに向けられ、「さまざまな経済的諸集団が活動するための道をととのえて、富が生み出されることに意を払う」ものである（C, 40）。彼はこの機能を具体的に次のように描いている。

「街路や街燈や水道がなければ、大都市での生活は不可能だろう。国家活動によって提供された輸送手段がなかったならば、公道を往き来する人々がおこなっている通商活動は妨げられただろうし、労働者自身も雇用の機会が歩いてゆける範囲に限られてしまうから、仕事を見つけることが一層稀となり、賃金が低下するであろう。そしてもし国家が輸送を支援することで多くのことをおこなうとすれば、生命と財産の安全を維持することでさらに一層多くのことをおこなっているのである。法が実施されることで契約は履行される。警察の努力で犯罪は抑制され、無秩序状態は鎮圧される。こうして、人々は自分の仕事にいそしむことができる。ビジネスでの大規模な企てや冒険もあえて着手される。ほとんど想像を絶するほどの富をつくりだす信用制度が生まれ、現存している。そしてこれらのすべてが国家の提供する保護に依存している」（C, 139-140）。

国家活動は、国民が自由な経済・社会活動をおこなうための保護者としての役割にとどまるものであった。国家が、キリスト教倫理にもとづくと称し、権力を用いて、利己的な人々から富を奪い、それを貧しき者に引き渡すような行動をおこなうことは、国家活動の逸脱であり、個人の自由を侵害する道徳的に不正な活動である。

セシルは、個人的自由主義の政治的伝統の上に立ち、国家介入について懐疑的な立場をとる。彼は、とくに経済的自由主義の主張をとりいれながら――彼が政治家としてこだわった自由貿易主義はその典型であろう――保守主義と経済的自由主義を両立可能なものと理解している。同時代人のＧ・Ｋ・チェスタトンが、セシルの宗教的な側面とともに極端な「個人主義」を指摘し、「昔風の急進主義者」、「一九世紀三〇年代のマンチェスター派」

にたとえているのは[11]、その思想的特徴を言い当てているだろう。前世紀、保守主義的政治思想にとって、自由貿易は積極的に擁護する問題でなかった。マシュー・アーノルドが『教養と無秩序』において、自由貿易主義者のブライトを「俗物」として冷ややかに扱ったのは典型的である。それどころかマシューにみられるように、国家干渉にはおおむね好意的な立場をとっていた。これに対し、セシルは、一九世紀型の自由放任主義こそとらないが、経済的自由主義的な立場から、国家干渉を批判している。彼は、「個人が得てもよい富を規制するのに国家が干渉することは不正であり、それ自体健全でない」とし、共同体全体の福祉の観点からの国家干渉にも否定的である（C, 155）。彼の立場は、自由主義的保守主義というべきものであり、アメリカの保守主義に共通する特徴をもっていることは、イギリス保守主義の歴史を考察する上で注目に値するであろう[12]。

また、セシルの国家観の特徴は、国家の倫理性と国家介入を明確に区分して、後者を抑制的に考えることにある。当時のキリスト教社会主義にみられるように、国家の活動にキリスト教的倫理の実践を委ねる見方を彼は否定する。セシルの描く国家は、キリスト教倫理という価値に立つ点で、いわゆる「中性国家」でないが、その活動を限定することで、近代国家として個人の自由を保障している[13]。

それでは、セシルにおいて、宗教と国家はいかなる点で接点をもつのだろうか。彼にとって重要なのは、保守主義に欠くことのできない部分として、国教会の地位と財産を擁護することである（C, 106）。彼は、イギリス国教会の伝統であるエラストゥス主義の立場にあり、教会と国家が一体であるとの前提に立っている。歴史をみるとイギリスでは、国教会は、デ・ファクトに国王と国民から承認され、キリスト教の真理を受け入れることと同様に理解されてきた。政治活動は、国教会の儀式と密接に結びつけられ、国王の評議会、裁判所、税制は教会組織と密接に関連してきた。彼は、この事実を踏まえて国教会がイギリスの伝統的国家体制の下での歴史的所産であることを次のように強調している。

「わが国では、一四〇〇年の長い歴史のうちに、〈教会〉と〈国家〉の関係は、徐々に発展し、調整されてきた。それは慣習や世論という非公式な影響でなされ、立法という国家の直接活動によっておこなわれ、ついに今日見るような性格をもつようになったのである」(C, 102)。

国教会の正統性は、その教義でなく、国民教会として伝統的国家体制に組み込まれてきた歴史的性格によるのである。

だがセシルは、国教制を名誉革命体制の時代のように現実の政治支配と直接結びつけることを否定する。国教制とは、「国家と教会との間に存在する一つの宗教的関係」である。今やそれは、国民が「正式にその教会を真の宗教の代表として認める」ことにすぎない(C, 102)。かつてのような政治的・社会的特権――セシルは宗教と別の付随事項という――は、現在の国教会にない。

国教制は、国家が宗教的真理を受け入れることの象徴であり、「見えない世界の存在」と「宇宙の精神的支配者の存在」を否定しないものでない限り、国民全体が受容可能であるとする。それゆえ、国家は「一つの集団として宗教的であるべきであり」、その意味では国民全体に共通する宗教的観念である。セシルは、この観念を次のように描いている。

「……目に見える世界、すなわち、すべての人々の精神と身体に善あるいは悪を求め、辛苦と犠牲を要求し、成功と繁栄との贈り物、希望と不安、大望と失意、喜びと苦痛とをともなう世界の背後にあるのは、目に見えない世界である。そこには、〈口に出すのもはばかられる存在〉、〈正義〉、〈全能〉、〈永遠〉の神殿が鎮座している。しかもそれは実に偉大な存在であって、それは、今日でさえも、我々が眼に見、耳で聴き、手で触れ、舌で味わうすべてを支配しており、感覚の世界が消滅し去った時にさえ存在を続ける」(C, 103-104)。

セシルにとって、国教制とは、結局、キリスト教倫理に基礎をおく統治を国家が承認することである。

さらにまた国教制は、国家が有機的共同体であることの反映でもある。この共同体は、キリスト教道徳秩序の中に存在している。国家は「個人の総和」であり、「個人を支配する道徳的義務に従って行動する、個人の集合体」である(C, 162)。いうなれば「個人は太陽であり、国家はそれに照らされて輝く月である」(C, 164)。この観点から、「国家理性」が国家に個人と異なる道徳的基準を与えるものならば、否定されるべきである。彼が強調するのは、「個人に適用される道徳的規範によって国家活動は判断されなければならない」ことである(C, 164)。

このことから、後見的で親権的政府を支持するトーリーの伝統は、キリスト教倫理に沿ったものである。無制限な競争、自由放任の原理に同情を示さず、国家の権威を貧困の救済、通商の管理、奢侈抑制、邪悪の抑圧、宗教的真理の維持のために用いることをセシルは保守主義の名において支持する。一見するとこの立場は、国家干渉を批判し、経済的自由主義に立つ見解と矛盾しているようにみえるが、キリスト教倫理にもとづいて、国家干渉は必要なものとそうでないものとに分けられる。

国家が従うキリスト教倫理において最重要なのは、個人と同様に、国家はいかなる者にも不正を働くことができないということである(C, 164)。この点で、セシルは自由党政府の進める社会改革を批判する。貴族ジェントリへの課税にみられるように、「施しを与えるために奪う」ことは隣人を傷つける行為に他ならない。彼は、公共善という伝統的な価値基準を有機体的国家に認めているが、公共善のための活動であっても個人に対して不正なものであってはならないとする。国家は、「共同社会全体の善とそれを形成するあらゆる個人の善を追求する」ものでなければならない（C, 169）。人々の苦痛を緩和する目的のために社会改革はおこなわれるべきであるが、それは「神の承認」――キリスト教倫理にもとづいた政策――が必要である。セシルは、国家干渉と個人的自由をキリスト教倫理によって調和させている。

セシルの主張する保守主義は、キリスト教倫理を基礎とする統治原理にもとづいて、個人の自由を集産主義的改革から擁護することに本質をもつ。彼は、保守主義の役割について、「政治領域での人々の宗教的生活に意を用いること以上に重要なものはない」（C, 116）と断言する。政治問題をキリスト教倫理に結びつけることで、保守主義はその通用領域を維持できる。そうしたことから彼は、宗教が国民の生活を網羅していることを、次のように強調している。

「宗教は……多くの問題に関して、政治と非常に密接に触れ合っている。たとえば貧富をめぐる諸要求、人々の状態を改善する一切の方策、〈教会〉と〈国家〉との連関、そして国民教育である。その間接的な影響は、これらの限界を超えて、かりにも道徳的義務についてのどのような論議にも及んでいる」（C, 116）。

セシルは、この宗教の擁護者になることが保守主義の機能にとって最重要であり、建造物のアーチの要石と主張する（C, 116）。保守主義は宗教にこだわることで、国民全体が支持できる政治原理となり、自由主義と対抗する別の一党派という地位から脱することができる。つまり、「国民全体の利益を真摯に考慮する努力もなく、成功者の小ざかしい利己心を勝ち誇る以上の高い目的をもたない」、「裕福な者を擁護するためにだけ存在する」党派的主張を免れさせる。宗教こそ「政治家の意図が判断される基準」であり、宗教目的が「その目的と方法を純化する」。宗教に意を用いることで、保守主義は「不必要な党派や利己的な階級の信条でもない」国民全体の政治原理となりうるのである（C, 117）。その意味で国教制は、宗教の政治的適用に正統性を与えるものであり、保守主義を支えるものであった。

国教制に加えてセシルが期待したのは、国民教育による宗教的価値観の定着である。同時代の国民教育において、宗教的党派性を回避する名目で世俗的教育を推進することを、彼は厳しく批判している。教育の脱宗教化を進展することは、保守主義の立脚する基盤を失うことにつながるからである。彼が国教会問題とともに国民教育に多大な関心を払っていたのは、そのためである⒁。

以上のようにセシルは、キリスト教と国教会に依拠することで、自由党政府による階級対立的な政策に対抗した。彼にとって保守主義は、キリスト教倫理の上に立った効率的かつ小さな政府において国民全体の調和をめざす政治的態度であった。

このようなセシルの保守主義は、政治技術としての保守的態度と明確に一線を画している。彼は、保守党政治家が長けていた統治術には好意的でない。ロバート・ピールに対して批判的であったのは、その表れであろう。カトリック解放令、穀物法改正、第一次選挙法改革を成し遂げたピールは、一般には最初の偉大な保守党政治家と高く評されている人物である。セシルは、ピールの実務能力を認めながらも、保守主義に照らして低い評価しか与えていない。セシルによれば、ピールの政治行動は状況対処にすぎない。宗教的自由や自由貿易という抽象的原理にもとづいて改革を決断したのではなく、アイルランドでの内乱の危機、飢饉という現実の危機に直面しなければ、行動しない政治家であった。そのことについて、セシルは次のように述べている。

「純粋な実際的精神のもつ弱点は、それが、一方で問題の現状をはっきり見ていながら、他方で洞察力に乏しいという点にある。それゆえ、事実が譲歩を迫るまで、いいかえると抵抗によって生じた災いがはっきりと表れるまでは、抵抗が続けられる。その実際的精神は、前途を見通せず、つねづね反対してきた政策を実施することによってもたらされる道徳的衝撃を理解する上で不完全であった。なぜなら、一貫性というものは、健全な政治理論の知的一貫性を評価できるように鍛錬された精神のうちに、最も よく成長する徳だからである」（C, 69）。

ピールのような実際家のオポチュニストに欠けているのは、政治における闘争が道徳的情熱や観念によって動かされるという認識である。彼は実務能力において優れているが、政治的洞察力と外面的一貫性を欠いており、保守主義の観点から評価できない。セシルの唱える保守主義は、現実への実際的対処という技術的なもの――サミュエル・ハンチントンのいう〈状況的保守主義〉[15]――でなく、一貫した政治原理をもつものであり、道徳的基準をもつことでそれが可能であった。

セシルが明確にした保守主義は、保守党において実践的原理として機能したか、かなりのところ疑問である。セシルの議論は、同時代の保守党政治家からみても宗教的であった。それは、政治家としてのセシルの行動に表れている。[16] 関税改革をめぐる政治闘争で自由党に移った盟友ウィンストン・チャーチルと異なり、彼は保守党にとどまり続けた。それは、自由党では伝統的にディセンターが強い影響力をもっていたからである。[17] チャーチルが、自由党内閣で要職を歴任し、政治家としてのキャリアを積んだのに対し、セシルは一九〇六年の自由貿易をめぐる選挙で落選したのはまさに対照的であった。一九一四年以降、彼の議会での発言は少なくなり、第一次世界大戦後、セシルの活動は、国教会の問題に集中することになる。とくに国教会会議の一員としての活動の方が目立っている。

セシルがキリスト教倫理を具体的に適用した政治問題は、土地税制批判、累進課税反対などの富裕者の擁護、帝国維持の使命、貴族院の世襲的地位の維持など同時代からみても、超保守的な「ダイ・ハード」に属する主張が多く、国民全体に支持を広げるものではなかった。保守主義を「一つの国民」の政治原理とするはずのキリスト教倫理であったが、その倫理の解釈があまりに保守的であった点は否めないであろう。とくに自由党政府の政策に対する攻撃は、彼を大衆の支持から遠ざけることになった。[18]

また政治理論としても、彼のような自由主義的保守主義者は、その後のイギリス政治における集産主義の発展によって、保守党の中でも次第に少数派となる。一九三〇年代以降、後見的・親権的保守主義は、国家介入に積極的な福祉国家の方向に進んでいった。一九六〇年代にハイエクが『自由の条件』の「私はなぜ保守主義者でないか」という「附言（postscript）」でイギリスの保守主義者が社会主義と妥協し、その考えと制度を採用したと評したゆえんである。[19] だが、国家の権威と自由市場を両立させるセシルの議論枠組は、一九八〇年代の新保守主義論で再び脚光を浴びることになる。そこでは、ヴィクトリア時代のモラルが強調され、この精神が両者をつなぐ要石としての働きをするものとされている。[20]

第二節　福祉国家と国教会共同体――ウィリアム・テンプルの国教会論

二〇世紀初頭のデモクラシーの発展は、公的年金・保険など福祉国家化に向けての諸政策を導いていた。自由党のロイド＝ジョージは、デモクラシーにおける大衆動員の手段として福祉政策を十全に利用した代表的政治家である。一九一二年一〇月の『エジンバラ・レヴュー』におけるアーサー・ボーマン（Baumann）の評論「デモクラシーと自由主義」では「庇護主義」（guarantism）が「デモクラシーの要求のありのままの表現」、「デモクラシーが関心をもつ唯一の事柄」とする見解が表明されている㉑。第一次世界大戦は、国民生活に及ぼす国家の影響を飛躍的に拡大させ、戦間期のイギリスでは、デモクラシー化の進展とともに福祉国家化の要求が並行して示されていた。

この時期のイギリス国教会は、一般国民に対する社会福祉の要求をキリスト教倫理から積極的に支援し、福祉国家への国民的コンセンサスを形成する方向に歩みつつあった。その議論の展開を積極的におこなっていたのが、ここで取り上げるカンタベリー大主教ウィリアム・テンプルである㉒。彼は、イギリス国教会を伝統的国家体制の精神的支柱とする従来の立場を超え、国教会をデモクラシー社会における国民の結節点として位置づけた。国教会を福祉国家に適合した国民のモラルや宗教的義務を提供する存在に転化することに、彼は多大な貢献を理論と実践の双方においてなした。

ウィリアム・テンプル（William Temple,1881-1944）は一八八一年にフレデリック・テンプルの第二子として生まれた。父は、ラグビー校の校長、エクセターとロンドン主教を歴任し、イギリス国教会の聖職者としての頂点であるカンタベリー大主教となった人物である。テンプル家は、セシル家と同様、イギリスの最名門の家系であり、後期スチュアート朝で外交官、文筆家として活躍したサー・ウィリアム・テンプルは祖先の一人である。ウィリアムはラグビー校、オックスフォードのベリオル・コレッジを卒業した。この経歴は、マシュー・アーノルド、T・H・グリーンと共通している。一九二一年にマンチェスター主教、二四年に貴族院議員（聖職者代表）に就任し、一九二八年にヨークの大主教を務め、一九四二年にカンタベリー大主教となる。父子でこの職を務めたのは、テンプルが初めてである。

テンプルの大きな業績は二つある。まず一つは、キリスト教会の合同をめざすエキュメニカル運動に力をつくしたことである。イギリス国教会は、外部からみると、プロテスタントの要素とカトリックの要素をもつ折衷的教会という印象が強いが、イギリスにおける反カトリック感情は、名誉革命以来根強く、イギリスの国民意識の中核になったとの指摘もあるほどである㉓。彼のおこなったエキュメニカル運動は、伝統的な国民感情を克服しながらの事業であった。第二の業績は、国教会が個人の魂の関心にとどまらず、社会改革のため積極的に介入することを提唱したことである。本書でテンプルをとりあげるのは、この点に着目したからである。彼は、マンチェスター主教時代の一九二四年に、キリスト教会が政治・経済問題について論じる「キリスト教政治・経済・市民権についての会議（Conference of Christian Politics, Economics and Citizenship, COPEC と略称）」をバーミンガムで主宰している。この会議は、世界中から一四〇〇人もの代議員を集め、国教会が政治・経済・社会の問題に進出する姿勢を示す上で画期的なものとなった。

最高聖職者としてのテンプルは、戦間期イギリスの精神世界において大きな社会的影響力をもった。彼について、保守党議員で一九七〇～七四年に首相を務めたエドワード・ヒースは、次のように評している。

「私の世代において、ウィリアム・テンプルのもたらした衝撃は、はかり知れない。一九三五年に私がベリオルに行った時に、彼の一九三一年のオックスフォードでの伝道は、生き生きと記憶に残っており、広く議論されていた。テンプルの人格が与えた影響は、同じ考え方の者にとどまらなかった。宗教的信念を全くもたない者や政治的見解を異にする者にも及んでいた。……ウィリアム・テンプルは、世俗的にも霊的にも国家の指導者の中で抜きん出た存在である。世界恐慌、大量失業、社会的絶望の時代に、我々の社会の本質的問題、経済の基礎にある根本的な問題に挑んだからである。……最も重要なのは、我々の心をすべて占めていた同時代の問題に対し、彼が解釈したキリスト教倫理を分かりやすく、力強く適用したことにある」（CSO, 1）。

テンプルは、国教会聖職者という立場以上に、イギリスにおける国民の精神的指導に影響を及ぼした㉔。戦間期、世俗化の進展にかかわらず、政治問題に対する国教会の立場は、国民の注視するところであった。現在でもカンタベリー大主教の政治問題に対する発言は、イギリス社会において注目を集めることが多いが、当時は、階級対立による社会の分化もあって、その政治的方向に関心が集まっていた。一九一九年にカンタベリー大主教による調査委員会の報告書『キリスト教と産業問題（*Christianity and Industrial Problems*）』は、私的利益を得るための経済競争自体を批判し、論議を巻き起こしていた。労働運動の激化や社会主義運動の進展は、既存の社会倫理に脅威を与え、国教会として見過ごすことのできない問題であった。国教会は社会改革の要求を受け入れながら、他方で既存の社会倫理を擁護していく立場をとった。

戦間期は、政治経済が混乱した状況にあり、国教会は、国家教会として、何らかの精神的なリーダーシップをとることが求められていた。保守・労働・自由の三党鼎立状態とエドワード八世退位に示される王室の権威低下は、伝統的国家体制における国教会の政治的要素を相対的に浮上させていた。それは一九二六年のゼネストに対して、当時のカンタベリー大主教デビッドソンが和解に向けてのメッセージを出したことに表れている。だが、その精神的リーダーシップは、どの程度、どの範囲で発揮すべきか等の合意は、国教会全体で確立されておらず、テンプルはその方向づけに大いに貢献したのであった。

テンプルは、同時代のオックスフォードの雰囲気もあって、早くから社会改革に関心を抱いていた。戦間期のオックスブリッジ出身の知識人は、政治参加の気運を高め、政治や社会に対する問題意識にあふれていた。同時期のベリオル・コレッジには、R・H・トーニー、ウィリアム・ベバリッジなどの後の社会改革家が学んでいた。テンプルが影響を受けたのは、エドワード・ケアード（1835-1908）である。ケアードは、オックスフォード理想主義において、グリーンと双璧をなす存在である。彼がベリオルの長を務めていた時期は、テンプルのオックスフォード時代と重なっている。ケアードはすでに研究者としての名声を確立しており、当時、社会問題に関心をもち、トインビー・ホールでの大学セツルメント活動やラスキン・コレッジでの労働者教育に従事していた。テンプルは、最晩年に友人に対して「私の習慣は、すべての人間は本来正しい存在であることを発見することである。……私はケアードによって育てられ、その習慣から抜け出すことはできないのだ」と書いている。[25] さらに彼は、社会経済史家トーニーとラグビー校時代以来の知己であり、交友関係を保っていた。[26] トーニーは、労働党支持の有力知識人であり、社会改革運動に従事していた。テンプルとトーニーは、改革の方法こそ異なるが——トーニーは社会的平等をより重視し、特定の政治的勢力に肩入れした——、社会改革運動で共感していた。

テンプルの基本的立場は、教会による政治・経済問題についての干渉（interfere）を積極的に認めることである。当時、教会が世俗的社会に干渉することに対して、消極的な見解も少なくなかった。たとえば、保守党のボールドウィン首相は、ゼネスト当時、教会が炭坑労働者のストライキについて発言するならば、英国産業連盟はアタナシウス箇条に意見を述べてよいはずだと放言していた。当時、教会の干渉とは経済的自由主義のもたらす状況を批判し、国家の何らかの介入を要求することにつながった。したがって、教会の干渉には、とくに資本家側からの批判が強かった。[27] しかし、テンプルは「教会が現世でなく、来世に関心をもつべきであり、来世に関連のある個人的活動だけを対象にすべきである」との消極的見解に批判的であった。彼は、多くの著作と説教の中で、国教会が社会改革に積極的であるべきことを説いている。それは、労働者の悲惨な経済状態に同情を示すというだけでなく、社会構造の改革まで踏みこむ議論である。

一九四二年に出された小冊子『キリスト教と社会秩序（*Christianity and Social Order*）』は、社会改革に関するテンプルの立場を端的に表した代表的な著作である。同書は、一三万九千部を数え、テンプルの著作の中で最も人口に膾炙したものである。国教会が社会改革にとりくむための基礎的理論をこの著作は簡潔に示している。[28]

テンプルは、教会が政治経済に介入する根拠として、次の四点を挙げている。第一点は、現在の社会悪――その最大のものは失業――に対して、キリスト教徒としての同情である。第二点は、現在の政治・経済制度が人々の価値観形成に与える教育的影響への懸念である。教会は、「人間の中にキリスト教的性質を伸ばしていく」ことに主な関心をもつことから、同時代の状況が人々の価値観形成に与える影響を看過しえないのである。第三点は、正義の名によって既存制度に挑戦する状況が出現している同時代の知的状況である。少なくない知識人を魅了した共産主義革命による社会改革の主張は、その典型である。経済・社会秩序に対する攻撃は、既存のモラルと異なる性格をもつゆえに、教会を干渉に巻きこまざるを得ない。第四点は、神の目的を遂行する教会の使命である。さまざまな人間活動は神の目的にもとづく「自然秩序（natural order）」の下にあり、その秩序から離れる活動に対し、教会は干渉せざるを得ない（CSO, 32-38）。

それでは、教会はいかなる干渉ができるのであろうか。テンプルは「教会活動の中の一〇分の九が、教会の教職制度に属さない信徒がその責任と使命を遂行することによっておこなわれている」（CSO, 39）と論じる。彼の唱える干渉とは、教権制度による聖職者の直接介入でなく、平信徒への影響を通じての社会改革である。この考えは、一九世紀以降のイギリス国教会がもつ平信徒重視——たとえば、トマス・アーノルドの包括主義やキリスト教社会主義者の主張にみられる——の伝統に沿っているといえよう。

さらにテンプルは、教会が団体として活動する場合、特定の政策に関与することを厳に戒めている。特定の政策は、「実際的な因果関係について技術的判断を下す」ことを求められ、キリスト教徒だからといって無神論者より信頼できる判断を下し得るか疑問であり、「教会はいずれの見解にも立つべきでない」のである。テンプルは、このことを次のように断言している。

> 「教会は永遠の福音と、それを明確にする信条に関わるものである。決して細部の活動にわたる一時的計画に関与すべきでない」（CSO, 41）。

この特定の政策に対する態度は、一九二六年のゼネストに対するテンプルの立場に具体的に表れている。彼は、労使双方の主張に加担することを慎重に避け、国教会の調停者としての役割を維持しようと努めていた。

教会の干渉は、間接的に、一般のキリスト教徒に呼びかける方法をとる。国政選挙での投票の前に教会は、一般信徒に対し、「何が自分に対して最も好都合であるか」でなく、「何が国家にとって最善であるか」と考えさせる。教会の役割は、この判断に際して「政治的領域において価値の基準を提供する」ことにある（CSO, 42）。「キリスト教徒である市民」は、投票など市民としての活動において、「その国に最も利益になること」を進めるよう求められ、キリスト教の社会原理はその基準となる（CSO, 43）。

テンプルによれば、この基準を提示する任務は、本来教会がもっていたにもかかわらず、次第に失っていったものである。彼はその原因を、宗教改革以後、教会権威が低下し、個人主義が強調されたことに求めている。たとえば、中世カトリック教会の時代に、個人の所有権に付随していた公共的制約という視点が改革後、希薄になった。ピューリタンの個人主義は「神に対する個人的責任観」をもたらしたが、富を基本的に社会的なものとし、全面的に社会全体の利益のために用いるという考えを危うくした。ピューリタン的信仰は、産業革命による企業活動の原動力になったが、「富の蓄積を是認する道徳」はあっても、「富を得るために競争することを制約する道徳」が残っていない、と彼は指摘する（CSO, 51-55）。教会に期待するのは、競争に対する倫理的規制の回復である。国教会聖職者としてのテンプルのキリスト教は、カトリックのキリスト教共同体論と親和性をもち、社会改革の手段として、普遍的教会秩序の公的規制に期待する視点がうかがわれる。彼がエキュメニカル運動に力をつくしたのもこの普遍的教会秩序を再編する試みと考えられる。この点で、エキュメニカル運動と教会による社会改革は連動しているのである。

テンプルは、教会が社会に働きかけるのに、二つの段階を踏むとする。まず、教会は、現代の社会における問題点をキリスト教倫理の観点から指摘する。その勧告に従って行動するのは、市民としての一般信徒である。社会改革がおこなわれるためには、技術的知識をもち、実際的な判断をもつ者が必要とされるからである（CSO, 58）。したがってテンプルが憂慮し、当時のイギリス社会を最も蝕んでいた失業問題への教会の対応は、間接的である。

教会は人々に次のように宣言する。「失業が慢性的症状となっている社会は、病んだ社会であり、もし、諸君が何らかの救済手段を見つけ、実行するためにできるだけのことをしていないならば、神の前に罪を犯している」と（CSO, 59）。教会の宣言は、社会改革の実践者に宗教的大義を与えるものであった。

テンプルの唱える教会による政治指導は、「完全な社会秩序」を描き、人々にそれを実現させることではない。現実社会をそれに一致させるべきであるとする社会的理想を、彼は信じていない。彼は、政治が「あるべき人間」でなく、「現実の人間」にかかわることを認識している。そのような人間において「完全な社会秩序」を政治によって実現するのは不可能である。彼は「現実の人間」について、次のように描いている。

「……すでに人間があるべき姿になっていると考えることは、失敗と災難をもたらす。人間が全く悪であるとか、善い者よりも悪い者が多いと言っているのではない。強調すべきは、人間は完全に善なるものでなく、その善でさえ、人間の資質――自己中心性――によって汚染されている。この自己中心的性格は、人間の善性をそこない、人間が自由やその能力を行使する限り、常に誘惑にさらされる。このことは決して彼らの自由や能力を否定すべきということではない。それとは反対に、人間がそれを悪用するとしても、自由をもつべきであるというのが、キリスト教的立場にとって根本的なものである」（CSO, 60-61）。

政治は「現実の人間」――自由と能力を悪用する可能性をもつ――を扱う行為であり、その目的は限定的である。つまり、政治・経済的制度において基本的に求められるのは、愛を表現したり、正義を表すことでなく、人殺し・物取り・飢餓から人間を守る方法を与えることである（CSO, 61）。教会の指導は、この方法がキリスト教原理にかなっているかどうかについて一般的に判断する。テンプルによれば、人間の原罪を認識することが教会をきびしく現実的たらしめ、ユートピア主義を免れさせる（CSO, 61）。教会は「あらゆる可能な状況において依拠できる原理」を与えるものである（CSO, 62）。彼にとって「統治技術」とは、「正義が求めるところに利己心を駆り立てるように生活を秩序づける」のであって、聖人に実行されるような最善の組織を企てるのでなく、人間の低い動機から、より高い動機の要求する行動を引き出すことにある[29]。人々の利己心に訴えることなく統治が可能であると考える者は、「夢の国に住む者」であり、「社会の敵」ですらある。

このような観点からテンプルは、社会工学的な改革には否定的であり、社会主義化、財産の公有化について慎重である。彼のめざす社会改革は、この限度を超えない。彼が同時代の社会に対し批判しているのは、人間の利己心が過度に増大する状態であり、その利己心自体を全く閉ざしてしまう公有化には賛成していない。彼は、現実の人間から利己心をとりのぞくことの困難さを理解しており、公有化は利己心をいびつな形にし、ロシアの官僚化のような危険をもつと指摘する。

テンプルは、政治的価値の中心に自由（freedom）を置いている。正しい政治活動の目的は「真の自由を確立し、それを守ること」にある。人間が「十全かつ真にその人格を形成する」のは自由の中であり、それを通じてである（CSO, 67）。彼は、自由を「強制や制限の不在」という「あるものからの自由（freedom from something）」でであるとともに「あるもののための自由（freedom for something）」でなくてはならないとする。この自由は「ある目的を確立し、それをおこなう実際的能力」である。テンプルの自由についての分類は、I・バーリンの二つの自由概念（消極的自由と積極的自由）を思い起こさせる。テンプルは、バーリンのいう積極的自由にあたる目的論的自由をより高く評価する。彼が重視するのは、目的遂行のための規律（discipline）である。この規律とは、当初はわがままな衝動を抑制する外的なものであり、後には自己規律として、真の目的を達成する内在的なものとなる。彼によれば、自由は「自己規律、自己決定、自己指導」という言葉に収斂される。真の政治における最高の目的とは、市民のもつ自由への能力を訓練し、自由な活動の機会を与えることである（CSO, 68）。教会は、その規律の方向を提供する存在である。

テンプルの唱える自由は、社会的友愛（social fellowship）の上に立つことで公共性をもつ。人間本性は社会的なものであり、家族、学校、大学、労働組合、国家、教会などで人々が相互に影響し合うことで、現実に我々が何であるかを確認することができる。現実の自由（liberty）とは、人間が「さまざまな社会単位の中で享受する自由（freedom）」である。この自由は、中間団体の内部で、またその団体を通して存在するものである（CSO, 70）。政治関係を個人と国家の間に限定し、これらの団体を無視することは、現実的な自由を危うくする。テンプルは、フランス革命にその典型例をみる。彼は「孤立した国民は、無秩序状態という代償を払わない限り、国家に対して自由（free）でありえない」とする。自由と国家との関係について次のまとめは注目に値する。

「自由（Liberty）は、人間が形成するさまざまな文化的・商業的・地方的結社（association）において現実的なものとなる。こうしたものの中で、人間は、何かの役に立ち、自分が他人にたよるように、他人も自分にたよっていることがわかる。自由に奉仕し、それを擁護する国家は、そのような集団を育成する。共同生活の一般的秩序の中で、他の同様な結社の自由をそこなわない限り、各集団に活動の自由を与えるのである。このようにして、国家は、共同体（community）の中の共同体（community）――というよりむしろ、集団の管理機構――となるのである。そしてその代表的機関は個人よりも、さまざまな集団を代表するものとして、つくられるべきであるといわれている」（CSO, 70-71）。

彼は、自由（freedom）を利己心のために用いることを許さず、友愛を通じて用いる時にのみ正当とする。自由な社会はこれが実現されるように組織されたものでなければならない（CSO, 71）。この点からテンプルは、フランスなど大陸諸国における合理主義的自由、個人主義的自由に批判的である。これらの自由は、友愛について無関心であり、機械的・唯物的な平等と対立し、結局、専制に圧倒されることになる。イギリスの自由は、諸集団の友愛関係の上に立脚することで政治的安定性を維持されている。

さらにテンプルは、自由と友愛の実践原理として奉仕（serve）をあげる。それは、私的利益のためでなく、公的目的のための行動を要求するものである。奉仕の原理は、自由な個人の社会的活動の基本であり、各集団は、この原理に沿って運営されることで、より広い部分——たとえば家族に対する国家——に対する優先的な要求を認めることにつながる。彼はキリスト教的社会原理として、自由、友愛、奉仕の三点を強調する。

テンプルは、この抽象的原理をかなり具体的な社会改革の遂行のために適用する。彼の唱える自由は、目的を実践することを重視し、友愛・奉仕の原理によって国家の干渉を要求するものである。自由原理による国家干渉の是認の立場は、彼の私淑したケアードをはじめとするオックスフォード理想主義者の自由観と共通している。『キリスト教と社会秩序』の第七章「我々の前にある任務」で掲げている六つの社会改革プログラム——子供の健全な養育環境、教育機会の確保、勤労者の十分な収入の保障、産業に対する勤労者の発言権、勤労者の有給休暇、礼拝・演説・集会等の自由——は、具体的な社会政策に及ぶ内容である。それらの多くは、第二次世界大戦後の福祉国家において実現されていく政策課題である。ただ、このキリスト教の社会原理は、社会改革に限度を設ける機能をもつことにも留意する必要がある。労働運動には、自由と友愛を基礎にして社会をつくりあげることが求められ、それゆえに教会の共感を得られる[30]。革命的運動はその限度を超えるものである。

テンプルは、伝統的エリートの家門に属し、伝統的国家体制の象徴である国教会聖職者でありながら、政治的には労働党の掲げる諸改革に親近感をもっていた[31]。彼は、伝統的国家体制に有機的一体性を求める従来の保守主義的政治思想と一線を画している。トーニーに捧げた『キリスト教と国家（*Christianity and the State*）』（一九二八年執筆）は、ヨーロッパ政治思想史を検討する中で、テンプルの国家観を明らかにしている。ここでの彼の強調点は、国家と社会の峻別であり、彼の立場は、イギリス政治学で有力であった多元主義的国家論に拠っていた。国家に対する見方として、国家を契約によって構築（construct）されたとする契約理論と国家を有機体（Organism）とする有機体理論に大別しながら、両者とも国家と社会の区別が不分明なことを彼は批判する。

テンプルが強調したのは、イギリスにおける社会諸集団の存在である。彼は、ドイツでは国家が社会を再編するのに対し、イギリスでは、社会が国家を編成するほど強力であることを指摘する。イギリスでの社会集団による国家再編は、一八三二年の第一次選挙法改正から現在まで続いている傾向である（CS, 118）。このような彼の議論は、多元主義的政治理論に立っており、社会の国家に対する自立性を強調する。彼は、国家とは「社会集団の中の一つで、最終的な権威を行使するようにしたもので」、「必要ならば物理的な力による制裁でその権威を支持しうる」ものと説明している（CS, 108）。他方、社会とは「その残りすべての社会集団であり、家族・労働組合・教会その他である」（CS, 108）としている。この社会集団の存在によって自由は擁護され、近代国家はこの社会の領域を尊重しなければならない。

テンプルは、多元主義的国家観に立つものの、国家を他の社会集団の延長とはみていない。彼は、同時代の多元主義者Ｒ・Ｍ・マッキーバーが『共同体と現代国家（*Community and Modern State*）』において、国家を特定の目的のために設立された結社（association）の一つとし、その権力を他の結社と同様のものと考えることを批判する。テンプルによれば、国家は、歴史上存在しているデ・ファクトな集団であり、権力をもつというその機能を他の集団に代替させることは不可能である。

テンプルが強調するのは、国家の普遍的性格である。国家は、任意に離れることが可能な政党やクラブと異なっている。彼は、国民共同体としての国家の求めに抵抗するならば、他の国家に移住するか、文明の利益を放棄するかしかないといっている（CS, 113）。彼は社会集団の自立的機能を評価しながらも、国家との質的相違を認識している。テンプルが国家に求めるのは、他の社会集団の自由な活動を保障する舞台としての機能である。彼の描く国家とは、次のように謙譲的性格をもっている。

「国家が最もよく役割を果たすのは、自由と秩序を与えることであり、他の結社が成り立ち、それらの個別で特殊な目的を追求するようにさせることである」（CS, 114）。

特定の領域については、社会集団に委ね、国家は一般的利益に関する限りで、その集団の決定に関与する。この原則は、同時代の労使対立に対するテンプルの対応に現れている。戦間期のイギリスは、一九二六年のゼネストにみられるように資本家と労働組合の対立が深刻であった。労使の平和的関係を維持するのが、国家の役割であるべきだが、実際に国家権力によって解決に導く政策は難しい、と彼は考えていた。もし国家による解決があやまれば、国家権威の正統性をも動揺させるものであった。当時の階級対立の激化は、既存の国家秩序を否定しかねない性格をもっていたからである。テンプルは、この問題で自発的結社である社会集団間の協議で問題解決を図ることを求め、国家は、協議を促進し、結果的に公的権威を与える役割を主張している。

この方法を一般化して、テンプルは、既存の議会制度とは別に、社会諸集団の自立的決定を公式化する制度を提案する。それは任意結社が議会の拒否権の下にありつつ、その部門で立法をおこなう制度である。国教会では、議会の同意を必要としながらも全国会議が教会に関するすべての問題を審議し、立法できる権限をもっており、この方式を産業部門、教育部門にも適用しようというのである。彼は、階級対立の時期にあっても、イギリス社会において調整できない衝突はなく、交渉で解決可能と考えていた。また特定の事業に関して、諸集団の問題解決能力を信頼していた。

このような国家と社会集団の関係で、国教会の立場は独特なものである。キリスト教会は彼の図式では、諸社会集団の一つとして、特定の領域において国家に干渉されない自立的地位をもつ。この観点から、彼は一九二七～二八年の国教会の祈祷書修正についての議会の介入を批判する。しかし、彼は国家を超えた普遍的キリスト教共同体と国教会の連関を認めている。国教会は、国家がキリスト教世界と結びついていることを示す制度であり、国民が高き目的のためにそれぞれの社会集団の中で活動するための指針を提供する。教会は、一方では社会的集団としての特殊性をもちながら、他方では全体世界にかかる問題に関与する。国教会は、そのエラストゥス主義的性格から、国民全体に関する問題に携わることになる。ただし国家と同様、国教会は、社会集団に対して一般的原則を提供する調停者の謙譲的役割に限定される。国教会の政治に対する干渉が、間接的で平信徒に委ねられるべき根拠はこの点にある。しかし、その調停者としての教会は、諸集団の相互的自立性が認められた国家の中で、諸利益から超越した特別の地位をもつことにもなる。

テンプルは、「近代国家に適応した近代化された国教会論」を展開したと評される。[32] それは、デモクラシー社会に対応した国教会理論といえる。彼の議論は、来るべき福祉国家の実現に際して、国家の政策に宗教的倫理性と普遍的性格を与えた。その方向は、デモクラシー下での一般国民の要求に沿うものであった。この方針によって、国教会は伝統的支配階級の精神的支配の道具とみなされる立場から、全国民の精神的統合の対象へと転換することに成功した。また逆にこのことは、社会改革とそのための国家の活動を「もたざる階級」の私的利益の追求でなく、既存エリートを含めた国民全体の利益に沿うものに正統化させた。第二次世界大戦後、保守党を含めて、イギリスにおいて集産主義を容認する政治コンセンサスが形成されたのも、伝統的国家体制の精神的中心である国教会が福祉国家を宗教的に正統化したことが大きいのではなかろうか。

テンプルの主張は、「一つの国民」としての国民統合を重視する伝統的エリートの価値観から離れるものでなく、この価値観と経済的自由主義との結びつきを取り除いたことに特徴がある。彼は、保守主義的政治思想のもつ精神共同体への志向を強調し、産業資本主義の修正を強調する。こういったことからウィーナーは、貴族ジェントリ階級における反産業的価値観の系列に、テンプルの主張を位置づけている。[33] テンプルにおける社会改革志向は、イギリスの支配エリートにおける柔軟な現実対応——失業問題の深刻化による国民分裂の危機への対応——の一つとして評価できるのではないか。

テンプルの唱える社会改革のための政治モデルは、階級政党の枠組から脱しなかった労働党よりも、「一つの国民」を標榜し、ケインジアン的政策を支持し、政府と社会的諸集団の相互的自立性を擁護した戦後の保守党に共通している。たとえば、首相を務めたハロルド・マクミランは、戦間期の早い段階から、自由放任資本主義でも社会主義でもない「中間の道（Middle Way）」として、国家が生産と分配に介入することを積極的に認めている。

彼は住宅、教育、社会保障での国家の責任を重視し、資本主義の社会的責任を強調する。[34] 戦後、保守党を支配した「ウェット」な保守主義――イデオロギー論争を避け、国民統合のため柔軟な妥協によるコンセンサスを重視する――とテンプル的立場に立つ国教会は、かなりの程度共通した政治的前提があったのではないか。[35]

（1）ダイシーは、一八三〇年よりも、民主的国家体制の一九〇四年の方が国教会の影響力と人気があり、逆に非国教徒の影響はかつてより影響を減じているという。Dicey (1926), p. 58. 邦訳一〇三頁。

（2）一九一四年までのセシルの議会活動について次の文献を参照。R. A. Rampel, Lord Hugh Cecil's Parliamentary Career, 1900-1914: Promise Unfulfilled, in *The Journal of British Studies*, XI, 1972.

（3）セシルの政治思想について、次の文献を参照。栄田卓弘「保守主義における自由主義の伝統」、『イギリス自由主義の展開―古い自由主義の連続を中心に―』（早稲田大学出版部、一九九一年）所収、三九四―四一三頁。S. Rodner, Conservatism, Resistance and Lord Hugh Cecil, in *History of Political Thought*, vol, IX, no. 3, 1988; W. H. Greenleaf, *The British Political Tradition* (Cambridge,1983), vol. 2, pp. 287-295.

（4）当時、保守党は、アイルランド自治権付与をめぐって分裂した自由党統一派（ジョゼフ・チェンバレンはこの派に属する）と合同し、統一党（Unionist）という名称を用いていた。本書では、便宜上、保守党と表記する。

（5）チェンバレン派は、保守党から自由貿易主義者を排除しようと試み、選挙区での大衆動員を通じて圧力をかけていた。その結果、セシルは落選し、チャーチルは自由党に移った。

（6）ロイド＝ジョージの第一次世界大戦前の政治活動について、次の文献を参照。水谷三公『王室・貴族・大衆』（中央公論社、一九九一年）、高橋直樹『政治学と歴史解釈―ロイド・ジョージの政治的リーダーシップ―』（東京大学出版会、一九八五年）。

（7）ジョナサン・クラークは、保守主義の概念を、バークが擁護した教会と政治の連合が支配的地位を失った一八三〇年代に出現した体制政党の世俗的・現実的な教義としている。このことからバークを「保守主義の父」とするのは、根本的な誤解と指摘している。J. Clark (2000), p. 6.

（8）セシルの政治活動の重点は、自由党政権の時期、自由貿易から改革批判に転じる。そのためチェンバレン派と和解し、一九〇九年に議席を回復する。Rampel (1972), pp. 126-127.

（9）E. H. Green, *Ideologies of Conservatism* (Oxford, 2002), p. 7.

（10）セシルは、自由の象徴として規律、自己統制、冷静で倫理にかなった判断能力を挙げている。その点から国家は、個人が自由を用いる能力を発展させ、知的な選択を促す機会を提供する義務があると考える。Rodner (1988), p. 532.

（11）G・K・チェスタトン『自叙伝』吉田健一訳（春秋社、一九七三年）、三三二頁。

（12）グリーンリーフは、保守主義の双子の遺産として、集産主義（collectivist）的保守主義と自由派（libertarian）的保守主義を指摘している。これは、「トーリー」と「新自由主義（Neo-Liberal）」、「ウェット」と「ドライ」に相当する区分である。グリーンリーフは、後者にセシルを入れている。Greenleaf (1983), pp. 185-195.

（13）丸山真男は「超国家主義の論理と真理」の中で、ヨーロッパの近代国家の特徴として、「真理とか道徳とかの内容的価値に関して中立的立場」をとる「中性国家」であることを挙げている。このような近代国家は「内容的価値から捨象された純粋に形式的な法機構の上に立つ」ものであると、彼は指摘している。しかし、ヨーロッパの実際の国家を見る限り、「中性国家」といえるものは皆無である。それに最も近いと思われるフランスにおいても、大革命に対する国家の態度をめぐって論争が繰り広げられてきた。「中性国家」でないことと「純粋に形式的な法機構の上に立つ」ことが両立するところにヨーロッパ近代国家の特徴があるのではないか。丸山真男『現代政治の思想と行動（増補版）』（未来社、一九六四年）、一三頁。

（14）セシルは、一九〇二年のバルフォア内閣による教育法を熱心に支持している。この法律は、国教会系の学校を公費で保護するものでディセンターの反発を招いた。

（15）Samuel Huntington, Conservatism as an Ideology, in *American Political Science Review*, 1957, vol. 51-2, p. 455.

（16）チェスタトンによれば、セシルは自由党系の出版物で、「中世の苦行者」として描かれ、そこに「長い法衣に非常にイタリア風の角帽という扮装」、「ゴシック風のステンド・グランスの窓」が添えられているという。チェスタトン自身の会った印象では、彼に「完璧で堅固なプロテスタントの精神」をみて、「かつてはプロテスタントがすべて信じていたキリスト教徒の共通の神学と倫理を擁護することで彼がいる世界の人たちを時々驚かす」と評している。チェスタトン（一九七三年）、三二〇―三二一頁。

（17）当時、チェンバレン派の圧力に対し、保守党の自由貿易派と自由党の選挙協力を模索する動きがあったが、セシルはそれを不道徳として反対している。自由党の側からいえば、セシルは一九〇二年の教育改革でディセンターの不興を買っており、協力は困難であった。Rampel (1972), pp. 116-117.

（18）Rampel (1972), p. 128. セシルが平議員のままで終わった原因は、関税改革論者との激しい対立の後遺症とともに、自由党政府に対する攻撃が不人気であったことによる。彼が敵対したジョゼフ・チェンバレンやロイド＝ジョージがデモクラシーの時代潮流を利用したのに比べて、セシルの政治手法は大時代的であった。彼のデモクラシーに対する態度は、保守主義との両立を図ったディズレイリでなく、両者を相容れないものとした父ソールズベリー卿の方法を受け継ぐものといえる。経済的自由主義の主張、国家介入の批判など父子の主張は、共通する点が多い。ソールズベリー卿の政治思想については、次の文献を参照。Anthony Quinton, *The Politics of Imperfection: The religious and secular traditions of Conservative Thought in England from Hooker to Oakeshott* (London,1978), pp. 84-87. ; Andrew Roberts, *Salisbury: Victorian Titan* (London,1999).

（19）F. Hayek, *The Constitution of Liberty* (London, 1990), pp. 398-399.

（20）グリーンは、イギリス保守主義の検討の中で、セシルの政治思想を「自由派的保守主義（Libertarian Conservative）」とし、一九世紀終わりから二〇世紀初頭にかけてと二〇世紀最後の四半世紀に保守党において有力であったとしている。Green (2002), p. 257, 272.

（21）Democracy and Liberalism, in *Edinburgh Review*, vol. 231, 1912, October, pp. 428-446.

（22）テンプルに関する文献として、次のものを参照。F. A. Iremonger, *William Temple, Archbishop of Canterbury: His Life and Letters* (Oxford, 1948); John Kent, *William Temple: Church, State and Society in Britain 1880-1950* (Cambridge, 1992); Alan Suggate, *Wiliam Temple and Christian Social Ethics Today* (Edinburgh, 1987).

（23）コリーは、「プロテスタント的な世界観によって、非常に多くのイギリス人は自分たちが他の人びとと本質的に異なる、選ばれた者たちである」と考えたとし、プロテスタンティズムを「イギリス人のナショナル・アイデンテイティの核」としている。L・コリー『イギリス国民の誕生』川北稔監訳（名古屋大学出版会、二〇〇〇年）、三八六頁参照。

（24）当時、知識人の中でも国教会聖職者が世論に及ぼす影響力は、現在に比べると大きかった。マス・コミュニケーションの発達は、中央の聖職者の影響力を増していった。テンプルの他にも、たとえば、ロンドン・セント・ポール教会のW・R・イング（Inge, 1860-1954）は『イヴニング・スタンダード』紙で一九二一年から一九四六年まで毎週、小論を掲載し、人気を集めていた。イングはデモクラシーに軽蔑を示すなどテンプルに比べて保守的な議論を展開した。

（25）Iremonger (1948), p. 37.

（26）Kent (1992), p. 16.

（27）『エディンバラ・レヴュー』一九二〇年一月号での「教会と社会主義（The Church and Socialism）」という評論では、『キリスト教と産業問題』にみられる反競争主義を批判しながら、それを社会主義へのコミットメントであると攻撃している。教会の社会改革に向けての活動は一六世紀の狂信的な再洗礼派にたとえられ酷評されている。*Edinburgh Review*, vol. 471, 1920, Jan, pp.1-25.

（28）この書が出された一九四二年は、福祉国家の青写真となったベバリッジ報告書が出された年でもある。当時は、戦時体制下にあって戦後の福祉国家化の政治的コンセンサスができつつあった。テンプルの『キリスト教と社会秩序』は、国教会の側から福祉国家化に向けての立場表明という意味がこれまでの著作以上に強かった。

（29）テンプルは、「統治技術」が現実的でなければならないことを認めながらも、それがキリスト教倫理から切り離されることを厳に戒めている。一九二四年のCOPECでの演説の冒頭で、彼は「マキアヴェッリ的統治術が破綻した」ことを宣言している。Iremonger (1948), p. 335.

（30）Ibid., p. 333.

（31）テンプルは、一九一八～二一年に労働党に入党していた。Kent (1992), p. 25. 彼は、労働党の掲げる一般的プログラムを道徳的観点から支持した。Iremonger (1948), p. 333.

（32）Kent (1992), p. 1.

（33） Wiener (1981), pp. 116-117.

（34） 同時代のマクミランの政治的主張については、次の文献を参照。H. Macmillan, *Winds of Change 1914-1939* (London, 1966). ハイエクが『自由の条件』「附論」で、社会主義と妥協して、Middle Way を主唱する保守主義者と批判しているのは、マクミランが念頭にあると考えられる。Hayek (1990), p. 399.

（35） バーネットは、一九四〇年代、イギリスの「開明的エスタブリッシュメント」が人道主義的立場からキリスト教共同体としての福祉国家（バーネットはそれを「新しきエルサレム」と呼んでいる）形成に熱心であったことを指摘している。テンプルは、「新しきエルサレム」の建設を積極的に唱え、ベバリッジ報告など福祉国家政策を受け入れる国民の雰囲気を高めたという。バーネットは、この「新しきエルサレム」の理想による現実無視が戦後イギリスの経済的衰退を招いたと主張する。彼は、「開明的エスタブリッシュメント」の精神がパブリック・スクールにみられるジェントルマン教育によって受け継がれたことを指摘している。Barnett (1986), pp. 11-38. サッチャー主義のイデオローグといえる政治家キース・ジョゼフ（1918-1994）がバーネットの見解を支持していたように、バーネットの主張は、八〇年代の市場化の時代に注目されていた。Andrew Denham and Mark Garnett, *Keith Joseph* (Chesham, 2001), pp. 300-301.

おわりに

本書の課題への取組は、日本学術振興会特別研究員（ＰＤ）としての研究「一九世紀英国における宗教と国民統合――その政治思想史的考察――」に始まる。この研究は、政治・社会的変化の背景にある精神的条件や人間観を考察対象とすることによって、近代デモクラシー確立の問題を多面的に理解することをめざし、本書の内容へと発展したものである。研究成果として発表した次の論文にかなりの削除・加筆・修正を加え、さらにいくつかの章を新たに執筆することで本書をまとめた。

一　トマス・アーノルドにおける教会と国民統合
『法政研究』、第六七巻第三号、二〇〇一年一月

二　トマス・アーノルドにおける教育と国民統合
『政治研究』、第四八号、二〇〇一年三月

三　マシュー・アーノルドにおける教養と国民統合
『政治研究』、第四九号、二〇〇二年三月

本書の刊行に当たり、今日まで私の研究にさまざまな形で御指導・御助言いただいた諸先生・多くの先輩方にあらためて感謝の意を表したい。とくに、小山勉先生にはその御高恩を深く感謝し、今後のますますの精進をお誓いしたい。また今回の出版に当たって、ひとかたならぬお世話になった岩岡中正先生に御礼申し上げたい。さらに関口正司先生に研究のご指導を感謝したい。

最後に本書がこのように刊行されるのに至ったのは、木鐸社の坂口節子氏の御心尽くしの賜物であり、感謝の意を表したい。

なお本書の刊行に当たり、平成一五年度科学研究費補助金（研究成果公開促進費）の交付を受けた。

二〇〇三年一〇月

著者記

索引（人名および事項）

ア行

カ行

サ行

タ行

ナ行

ハ行

マ行

ラ行

著者略歴

清滝　仁志（きよたき　ひとし）

1966年　北九州市生まれ

1997年　九州大学大学院法学研究科博士課程修了

1999－2002年　日本学術振興会特別研究員

現在　福岡大学法学部非常勤講師，西南学院大学法学部非常勤講師，博士（法学）

論文　「政治思想家としてのジョン・ミルトン」（一七世紀英文学会編『一七世紀英文学のポリティクス』金星堂，1999年，所収）など

近代化と国民統合：イギリス政治の伝統と改革

2004年1月30日第一版第一刷印刷発行　©

著者との了解により検印省略

著　者　清　滝　仁　志

発行者　坂　口　節　子

発行所　㈲　木《ぼく》　鐸《たく》　社《しゃ》

印刷　㈱アテネ社　製本　関山製本社

〒112-0002　東京都文京区小石川5-11-15-302

電話（03）3814-4195　ファクス（03）3814-4195

郵便振替　00100-5-126746　http://www.bokutakusha.com

（乱丁・落丁本はお取替致します）

ISBN4-8332-2346-5　C3022